Die Reichweite des europäischen Lex mitior-Prinzips bei der Anwendung unionsrechtsakzessorischer Blankettstrafgesetze

Europäische Hochschulschriften Recht

European University Studies in Law

Publications Universitaires Européennes de Droit

Band/Volume **6812**

Vera Hoff

Die Reichweite des europäischen Lex mitior-Prinzips bei der Anwendung unionsrechtsakzessorischer Blankettstrafgesetze

PETER LANG
Berlin · Bruxelles · Chennai · Lausanne · New York · Oxford

Bibliografische Information der Deutschen Nationalbibliothek
Die Deutsche Nationalbibliothek verzeichnet diese Publikation in der Deutschen Nationalbibliografie; detaillierte bibliografische Daten sind im Internet über http://dnb.d-nb.de abrufbar.

Zugl.: Trier, Univ., Diss., 2023

D 385
ISSN 0531-7312
ISBN 978-3-631-91838-8 (Print)
E-ISBN 978-3-631-91849-4 (E-PDF)
E-ISBN 978-3-631-91850-0 (E-PUB)
DOI 10.3726/b21799

Verlegt durch Peter Lang GmbH, Berlin (Deutschland)
info@peterlang.com

Diese Publikation wurde begutachtet.

www.peterlang.com

Inhaltsverzeichnis

Einleitung

Diese Untersuchung befasst sich im Kern mit der Reichweite des europäischen Lex mitior-Prinzips bei der Anwendung unionsrechtsakzessorischer Blankettstrafgesetze. Sowohl die Verfassungsmäßigkeit von Blankettstrafgesetzen mit Unionsrechtsbezug, als auch die Reichweite und der Rang des Lex mitior-Prinzips auf nationaler und europäischer Ebene, waren in den letzten Jahren Gegenstand zahlreicher Diskussion in der Literatur und Rechtsprechung.

Auf nationaler Ebene hat das Bundesverfassungsgericht (BVerfG) ein Blankettstrafgesetz mit Rückverweisungsklausel wegen eines Verstoßes gegen das strafrechtliche Bestimmtheitsgebot des Art. 103 II GG für verfassungswidrig erklärt.[1] Dies hatte eine Debatte über die Verfassungskonformität ähnlich konzipierter Gesetzesmodelle in der Literatur zur Folge.[2] Zudem entfachte das Verdikt aus Karlsruhe eine Diskussion um die stetige Ausdehnung des Strafrechts im Nebenstrafrecht und die Notwendigkeit einer Strafbarkeitsbegrenzung im Lichte des Ultima-Ratio-Prinzips.

Während sich die oben genannte Rechtsprechung mit der verfassungsrechtlichen Problematik von Blankettstrafgesetzen befasste, hatte das BVerfG kurze Zeit später Gelegenheit, sich auch mit dem in § 2 III StGB verankerten Lex mitior-Prinzip und dessen Rang auseinanderzusetzen.[3]

Nachdem das Lex mitor-Prinzip im deutschen Recht viele Jahre ein „Schattendasein" geführt hat, ist es im Zuge der jüngsten Novellierung des Kapitalmarktrechts durch die EU-Marktmissbrauchsverordnung[4] in den Fokus der rechtswissenschaftlichen Debatte gelangt. Hintergrund war, dass das in § 38 WpHG normierte Blankettstrafgesetz im Zeitpunkt seines Inkrafttretens auf die entsprechende EU-Verordnung verwies, bevor dieses Verweisungsobjekt nach europäischem Recht in Kraft getreten war. Diskutiert wurde ob dieser Leerverweis des nationalen Blankettstrafgesetzes zu einer Strafbarkeitslücke geführt hat. In der Literatur wurde daraufhin die Frage aufgeworfen, ob für die noch nicht

1 BVerfGE 143, 38 = NJW 2016, 3648.

2 *Bülte* in BB 2016, 3075f.; *Hecker*, Kap. 9 Rn. 15; *Honstetter*, NZWiSt 2017, 320; *Boch*, ZLR 2017, 317 (321 f.).

3 BVerfG, Urt. v. 23.6.2010 – 2 BvR 2559/08, NJW, 2010, 3209f.

4 Verordnung EU Nr. 596/2014 des Europäischen Parlamentes und des Rates L173/1.

abgeurteilten Altfälle das Lex mitor-Prinzip greift,[5] was vom BGH in Abrede gestellt wurde.[6] Zwischen der Literatur und der Rechtsprechung entspann sich eine Kontroverse über das Vorliegen einer Ahndungslücke und die Zulässigkeit einer rückwirkenden Schließung dieser Lücke. In diesem Zusammenhang stellen sich grundsätzliche Fragen im Hinblick auf den Anwendungsbereich der GRCh, den Schutzbereich des europäischen Lex mitor-Prinzipes (Art. 49 I S. 3 GRCh) und den Rang des nationalen Meistbegünstigungsgrundsatzes (§ 2 III StGB).

Die von unionsrechtsrechtsakzessorischen Blankettstrafgesetzen aufgeworfenen Rechtsprobleme, insbesondere die rechtlichen Auswirkungen einer verspäteten nationalen Anpassungsgesetzgebung an Änderungen auf europäischer Ebene haben daher stark an Bedeutung gewonnen. Dieser Befund gibt Anlass, sich mit der Entwicklung der Rechtsprechung zum Lex mitior-Prinzip auf europäischer und nationaler Ebene näher zu befassen. Im Rahmen der Analyse sind nicht nur die Rechtsprechung des EuGH und des BVerfG, sondern auch die Rechtsprechung des EGMR von großer Relevanz.

Die Entwicklung der europäischen und nationalen Rechtsprechung wirft dabei auch Fragen hinsichtlich der Behandlung einer weiteren Fallgruppe nationaler Einschränkungen des Lex mitior-Prinzips auf: des Einsatzes von Zeitgesetzen i.S.d. § 2 IV StGB.

Zur Beantwortung dieser Fragen werden zunächst allgemeine Parameter für die Einschränkungen der GRCh in Bezug auf den Lex mitor-Prinzip festgelegt. Anschließend wird die Unionsrechtskonformität einzelner deutscher Strafgesetze anhand dieser Paramater überprüft.

Im Wesentlichen sollen im Rahmen der Arbeit folgende Hypothesen überprüft werden:

1. Änderungen des persönlichen Anwendungsbereiches einer Strafnorm können eine taugliche Rechtsänderung i.S.d. Art. 49 I S. 3 GRCh, § 2 III StGB sein.
2. Das in § 2 III StGB verankerte Lex mitior-Prinzip ist auch im nationalen Recht ein Grundsatz mit Verfassungsrang.
3. Der in § 2 IV StGB genannte Begriff des Zeitgesetzes ist einschränkend auszulegen; Zeitgesetze sind am Schrankenregime des Art. 52 GRCh zu messen.

Der *erste* Teil der Arbeit richtet den Blick auf die verfassungsrechtliche Bewertung der nationalen Blankettstrafgesetzgebung. Nach einer kurzen Einführung in die

---

5 Vgl. hierzu nur *Rothenfußer/Jäger*, NJW 2016, 2689.; *Gaede*, wistra 2017, 41; *Bülte/Müller*, NZG 2017, 205; *Lorenz/Zierden*, HRRS 2016, 433; *Wessing/Janssen*, EWiR 6/2017, S. 165.

6 BGH, Beschl. v. 10.1.2017 – 5 StR 532/16, NJW 2017, 966.

verschiedenen Gesetzes-Modelle werden die Entscheidungen des BVerfG zum Rückverweisungsmodell, das ggf. mit Entsprechungsklauseln ergänzt wird, unter Berücksichtigung der in der Literatur vertretenen Ansichten erläutert und bewertet. Anschließend wird auf die Paralleldiskussion um die Ausweitung des Neben- und Blankettstrafrechts und das Bedürfnis einer Begrenzung des Strafrechts eingegangen.

Der *zweite* Teil der Arbeit beschäftigt sich mit dem in Art 49 I S. 3 GRCh verankerten europäischen Lex mitor-Prinzip. Zunächst wird auf die Auslegungsregeln und Einschränkungsmöglichkeiten der GRCh eingegangen. Anschließend wird die Entwicklung der Rechtsprechung des EuGH und des BVerfG zum Anwendungsbereich der Charta genauer untersucht und bewertet. Auch wird das Verhältnis zwischen der EMRK und der GRCh beleuchtet. Sodann wird der Gewährleistungsgehalt des Art. 49 I S. 3 GRCh, insbesondere im Hinblick auf das sog. Meistbegünstigungselement und die Anforderungen an die Einführung einer milderen Strafe untersucht. In diesem Zusammenhang wird die oben genannte These, dass Änderungen des persönlichen Anwendungsbereiches einer Strafnorm eine taugliche Rechtsänderung i.S.d. Art. 49 I S. 3 GRCh, § 2 III StGB sein können, überprüft.

Der *dritte* Teil widmet sich dem auf nationaler Ebene in § 2 III StGB festgeschriebenen Lex mitior-Prinzip und der Ausnahme von seinen Regeln für sog. „Zeitgesetze" (§ 2 IV StGB). Unter Bezugnahme auf Art. 49 I S. 3 GRCh und Art. 7 I EMRK wird erläutert, warum § 2 IV StGB zwingend einschränkend bzw. unionsrechtskonform ausgelegt werden muss. Zudem wird das Verhältnis zwischen EMRK und Grundgesetz betrachtet sowie der normenhierarchische Rang des nationalen Lex mitor-Prinzipes diskutiert (2. These). Da der Fokus dieser Arbeit auf dem europäischen Lex mitior-Prinzip des Art. 49 I S. 3 GRCh liegt, ist die verfassungsrechtliche Herleitung des nationalen Lex mitior-Prinzips hier bewusst kurz gehalten.

Im *vierten* und letzten Teil werden zwei Modalitäten nationaler Einschränkungen des europäischen Lex mitior-Prinzips näher begutachtet: die rückwirkende Schließung von Strafbarkeitslücken mithilfe von Interklusionsnormen und die weniger prominente Einschränkung durch die Verwendung strafrechtlicher Zeitgesetze. Dazu werden im ersten Schritt allgemeine Parameter für die Zulässigkeit von Einschränkungen nach Art. 52 GRCh festgelegt (3. These). In einem zweiten Schritt wird sodann die Unionsrechtskonformität von Einschränkungen am Beispiel von §§ 38 III Nr. 2, III, 39 III b, III d WpHG und § 11 SchwaArbG i.V.m. §§ 404 I, 284 I SGB III überprüft.

Teil 1: Unionsrechtsakzessorische Blankettstrafgesetzgebung

A. Allgemeines zur unionsrechtsakzessorischen Blankettstrafgesetzgebung

Um die Reichweite des europäischen Lex mitor-Prinzipes erfassen zu können, muss zuerst die Frage geklärt werden, wann dieser Grundsatz im nationalen Recht Wirkung entfalten kann. Dazu wird die Reichweite des Grundsatzes bei der Anwendung von nationalen Strafgesetzen untersucht, die zur Ausfüllung ihres Tatbestandes auf EU-Verordnungen verweisen. Aufgrund des unmittelbaren Verweises auf das Recht der EU bezeichnet man diese als unionsrechtsakzessorische Blankettstrafgesetze. Im folgenden Kapitel soll insbesondere auf die verfassungsrechtlichen Anforderungen eingegangen werden, die an diese Gesetzgebungstechnik gestellt werden.

Zum besseren Verständnis der verfassungsrechtlichen Grenzen der unionsrechtsakzessorischen Blankettgesetzgebung soll zunächst erörtert werden, warum der nationale Gesetzgeber Verstöße gegen EU-Recht sanktioniert und wie Blankettstrafgesetze aufgebaut sind.

I. Funktion der Blankettstrafgesetzgebung

Hintergrund der Konzeption der Blankettstrafgesetze ist der Umstand, dass der EU nach allgemeiner Ansicht keine eigene Kompetenz zur Kriminalstrafgesetzgebung zukommt.[7]

Unumstritten ist, dass die EU keine souveräne Staatlichkeit mit unbegrenzter Rechtsetzungsgewalt besitzt.[8] Vielmehr reichen die Kompetenzen der EU nur soweit, wie ihr die Mitgliedstaaten die Befugnis zur eigenen Rechtssetzung übertragen haben.[9] Nach dem Prinzip der begrenzten Einzelermächtigung in Art. 5 II EUV wird die Union nur innerhalb dieser ihr übertragenen Zuständigkeiten tätig. Alle der Union nicht in den Verträgen übertragenen Kompetenzen verbleiben bei den EU-Mitgliedstaaten.

---

7 *Satzger*, § 8 Rn. 18, der eine originäre Strafrechtssetzungskompetenz nur im Bereich der Betrugsbekämpfung, des Zollwesens, der illegalen Einwanderung und des Menschenhandels annimmt; *Schützendübel* S. 70; *Hecker*, Kap. 4 Rn. 58 ff.

8 *Hecker*, Kap. 4 Rn. 58 f.

9 *Ambos*, § 9 Rn. 19.

Die h.M. sieht keinerlei Hinweis auf eine solche Kompetenzübertragung für Kriminalstrafen. Aus den Verträgen ergebe sich lediglich eine Befugnis der Union zum Erlass nichtstrafrechtlicher Sanktionen, die zwar punitiven Charakter haben, aber kein sozialethisches Unwerturteil fällen oder Freiheitsstrafen anordnen (sog. Strafrecht im weiteren Sinne).[10] Darunter fallen die Verhängung von Geldbußen, Zwangsgeld und Strafgeld sowie der Erlass von Verwaltungssanktionen wie Subventionskürzungen, Subventionssperrungen oder Strafzuschlägen.[11] Auch die Überführung der früheren dritten Säule des Unionsrechts, der polizeilichen und justiziellen Zusammenarbeit in Strafsachen, in den einheitlichen Rahmen des Unionsrechts durch den Vertrag von Lissabon habe nichts an der Kompetenzverteilung im Bereich der Strafrechtssetzung geändert.[12]

Die Vertreter der Gegenansicht sind hingegen der Auffassung, die Kompetenzen der Union würden stets auch die Befugnis zur Schaffung von Kriminalstrafen innerhalb der jeweiligen Regelungsmaterie beinhalten.[13] Unter Berufung auf die Lehre der „implied powers", wonach geschriebene Kompetenznormen immer auch die Befugnis zu Setzung notwendigerweise mitzuregelnder Kompetenznormen beinhaltet, wird argumentiert, dies impliziere die uneingeschränkte normative Übertragung der jeweiligen Zuständigkeit, mithin die Schaffung kriminalstrafrechtlicher Sanktionsnormen.[14] Die ausdrücklich angeordneten Kompetenzen der EU an anderer Stelle (Art. 103 II a AEUV für Geldbußen für Kartellverstöße; Art. 325 IV AEUV für Maßnahmen der Betrugsbekämpfung) sprechen jedoch dafür, dass die Union entsprechend der h.M keine Kompetenz zur Kriminalstrafgesetzgebung innehat.[15] Ein weiteres Indiz gegen eine Kompetenzübertragung ist die ausdrückliche Ermächtigung zur Strafrechtsangleichung durch Richtlinien in Art. 83 II AEUV (sog. Annexkompetenz). Hiernach kann die Europäische Union durch den Erlass von Richtlinien auf die Schaffung von Straftatbeständen hinwirken und innerhalb harmonisierter Politikbereiche Mindestvorschriften zur Ausgestaltung der Tatbestände sowie Mindesthöchststrafen (Mindestmaß für die Höchststrafandrohung) festlegen.[16] Die Harmonisierung von Strafrechtsvorschriften der EU-Mitgliedstaaten ist damit streng von der

10 *Satzger*, § 8 Rn. 1 f.; *Hecker*, Kap. 4 Rn. 55 f.
11 *Satzger*, § 8 Rn. 1 f.; *Hecker*, Kap. 4 Rn. 55 f.
12 *Zöller*, ZIS 2009, 340, 343; *Hecker*, Kap. 4 Rn. 64.
13 *Hecker*, Kap. 4 Rn. 64.
14 *Hecker*, Kap. 8 Rn. 3 f.
15 *Hecker*, Kap. 4 Rn. 64.
16 *Hecker*, Kap. 8 Rn. 23.

tatsächlichen Setzung von Kriminalstrafrecht durch die Europäische Union zu unterscheiden.

Trotz der fehlenden Strafrechtsetzungskompetenz der Union müssen deren Rechtsgüter und Interessen wirksam geschützt werden. Da der Union der Erlass supranationaler europäischer Strafgesetze zum strafrechtlichen Schutz ihrer Rechtsgüter und Interessen verwehrt ist, bleibt nur die Möglichkeit, die unionsrechtlichen Rechtsgüter in das Strafrecht der Mitgliedstaaten miteinzubeziehen. Die Indienststellung des nationalen Strafrechts zum Schutz unionaler Interessen benennt der Begriff Assimilierung.[17]

Bei dieser Indienststellung sind der Gestaltungsfreiheit des Gesetzgebers jedoch Grenzen gesetzt.[18] Zum einen hat der Gesetzgeber keine Entscheidungsfreiheit darüber, ob er die Verletzung einer EU-Norm unter Strafe stellen will oder nicht. Die Mitgliedstaaten sind durch das allgemeine Loyalitätsgebot des Art. 4 II UA 2, 3 EUV zur Unterstützung der Ziele der Union verpflichtet und können bei einem Verstoß gegen diese Verpflichtung einem Vertragsverletzungsverfahren der Europäischen Kommission ausgesetzt werden.[19] Zum anderen sind sie auch bei der Ausgestaltung der Sanktion an gewisse Vorgaben gebunden. Der EuGH hat in seiner Leitentscheidung „Griechischer Mais“ weitere Vorgaben zur Umsetzung des europäischen Loyalitätsgebots aufgestellt. Danach haben die Mitgliedstaaten Verstöße gegen das Gemeinschaftsrecht (heute: Unionsrecht) nach ähnlichen sachlichen und verfahrensrechtlichen Regeln zu verfolgen, wie nach Art und Schwere vergleichbare Zuwiderhandlungen gegen nationales Recht (sog. Gleichstellungserfordernis).[20] Auch müssen die nationalen Stellen bei Verstößen gegen das Gemeinschaftsrecht mit derselben Sorgfalt vorgehen, die sie bei der Anwendung der entsprechenden nationalen Vorschriften walten lassen.[21] Zudem müssen die angedrohten Sanktionen wirksam, verhältnismäßig und abschreckend sein (sog. Mindesttrias).[22]

Zur strafrechtlichen Sanktionierung von Verstößen gegen das Unionsrecht sind grundsätzlich verschiedene Möglichkeiten denkbar. Der Gesetzgeber könnte

---

17 *Hecker*, Kap. 7 Rn. 78.

18 *Satzger*, § 9 Rn. 25.

19 *Satzger*, § 9 Rn. 25, 26.

20 EuGH, Urt. v. 21.9.1989 – Rs. 86/88 *Kommission vs. Griechische Republik*, NJW 1989, 3080.

21 EuGH, Urt. v. 21.9.1989 – Rs. 86/88 *Kommission vs. Griechische Republik*, NJW 1989, 3080; *Hecker*, Kap. 7 Rn. 78.

22 EuGH, Urt. v. 21.9.1989 – Rs. 86/88 *Kommission vs. Griechische Republik*, NJW 1989, 3080.

Unionsrecht in nationales Strafrechtecht umsetzen, indem er Unionsrecht wortlautgetreu in nationale Ge- und Verbotstatbestände aufnimmt oder in einer nationalen Blankettnorm auf die unionsrechtlichen Vorschriften Bezug nehmen (unionsrechtsakzessorisches Blankettstrafgesetz).[23]

Sind die zu schützenden Interessen der Union Gegenstand einer EU-Verordnung, ist der Gesetzgeber jedoch auf die Bezugnahme der Verordnung in einer Blankettnorm beschränkt. Dies gebietet die Natur der EU-Verordnung. Eine EU-Verordnung ist eine verbindliche Regelung, die für jeden Mitgliedstaat ohne weitere Umsetzungsakte unmittelbar gilt.[24] Sie bedarf daher im Gegensatz zu einer Richtlinie keiner Umsetzung ins nationale Recht. Auch eine wortgenaue Wiederholung des Norminhalts einer Verordnung der EU in einem nationalen Tatbestand verbietet sich aufgrund des sog. Normwiederholungsverbots.[25] Anderenfalls wäre der unionsrechtliche Charakter der Norm für den Bürger nicht erkennbar.[26] Auch wäre die umgesetzte Norm nicht mehr Teil des Anwendungsvorrangs des Unionsrechts und des Auslegungsmonopols des EuGH.[27]

II. Unionsrechtsakzessorische Blankettstrafgesetze

1. *Aufbau von Blankettstrafnormen*

Bei unionsrechtsakzessorischen Blankettstrafgesetzen handelt es sich um eine sog. Außenverweisung des deutschen Strafrechts auf eine europäische Verordnung.[28] Sie werden zumeist im Nebenstrafrecht und im Ordnungswidrigkeitenrecht eingesetzt, da dort der Einfluss der EU weitreichender ist als im Kernstrafrecht.[29] Der Aufbau einer Blankettnorm gestaltet sich dabei folgendermaßen: Das nationale Blankettgesetz beschränkt sich auf eine Beschreibung der wesentlichen Straf- und Ahndungsvoraussetzungen und ordnet eine bestimmte Sanktion an.[30] Für die übrigen Tatbestandsvoraussetzungen verweist das Gesetz auf eine konkrete EU- bzw. EG-Verordnung. Letztere bleibt dabei materiell eigenständig und den

23 Vgl. hierzu und zum Nachfolgenden: *Schützendübel*, S. 70.

24 *Ruffert*, Callies/Ruffert, EUV/AEUV, Art. 288 AEUV Rn. 16; *Schützendübel*, S. 66, 70.

25 *Schützendübel*, S. 71; BGH, Beschl. v. 10.1.2017 – 5 StR 532/16 Rn. 9, NStZ 2017, 234.

26 *Satzger*, Europäisierung des Strafrechts, S. 214; *Schützendübel*, S. 71.

27 EuGH, Urt. v. 2.2.1977 – *Amsterdam Bulb*, Rs. 50/76, NJW 1977, 1009; *Schützendübel*, S. 71.

28 *Hecker*, Kap. 7 Rn. 60.

29 *Schützendübel*, S. 59; *Gaede*, wistra 2011, 365f.

30 *Hecker*, Kap. 7 Rn. 60; *Schützendübel*, S. 69.

unionsrechtlichen Auslegungsmaßstäben, insbesondere der Rechtsprechung des EuGH, unterworfen, weshalb *Satzger* diese Gesetzeskonstruktion als „janusköpfiges Gebilde“ beschreibt, bei dem die Verweisungsnorm national geprägt und die Tatbestandsseite unionsrechtlich bestimmt sei.[31] Die Berücksichtigung der europäischen Auslegungsgrundsätze bedeutet auch und vor allem, dass die deutsche Sprachfassung der Verordnung keine Grundlage für eine Auslegung des Wortlauts sein kann.[32] Vielmehr ist der Wortlaut aller 24 Amtssprachen der EU zu berücksichtigen. Überdies ist – dem „effet utile“-Grundsatz folgend – stets die Auslegung zu wählen, die den Zielsetzungen der EU zur größtmöglichen Wirkung verhilft.

2. Grundarten der Verweisungstechniken

Unionsrechtsakzessorische Verweisungen können in Form von statischen und dynamischen Verweisungen auf eine europäische Norm auftreten.[33] Von einer statischen Verweisung spricht man, wenn sich der nationalen Blankettnorm genau entnehmen lässt, auf welches Verweisungsobjekt in welcher Fassung Bezug genommen wird.[34] Eine dynamische Verweisung liegt demgegenüber vor, wenn die nationale Vorschrift auf eine EU-Verordnung in ihrer jeweils geltenden Fassung verweist.[35] Daneben existieren auch statische Verweisungen, bei denen das Verweisungsobjekt seinerseits einen dynamischen Verweis auf eine weitere Norm enthält (sog. verdeckt dynamische Verweisung).[36] Wird das europäische Verweisungsobjekt geändert, passt sich der Blanketttatbestand folglich automatisch an die neue Gesetzeslage an. Diese Gesetzgebungstechnik hat gegenüber der Verwendung von statischen Verweisungen somit einen großen Vorteil. Durch die automatische Anpassung an sich ändernde Verordnungen wird die Gesetzgebung entlastet, die anderenfalls die nationalen Tatbestände stetig anpassen müsste. Ein weiterer entscheidender Vorteil ist die Vermeidung von Strafbarkeitslücken, die entstehen, wenn der nationale Gesetzgeber die nationalen Blankettstrafgesetze nicht rechtzeitig an geänderte EU-Verordnungen anpasst.[37] Aufgrund des Lex mitior-Prinzips in Art. 49 I S. 3 GRCh, § 2 III StGB bleiben bei einer solchen verzögerten Anpassung nicht nur alle Taten straflos, die im Zeitraum bis zur

31 *Schützendübel*, S. 69; *Satzger*, Europäisierung des Strafrechts, S. 233.
32 Vgl. hierzu und zum Nachfolgenden: *Satzger*, § 9 Rn. 73.
33 *Schützendübel*, S. 60.
34 *Hecker*, Kap. 7 Rn. 61; *Satzger*, § 9 Rn. 78.
35 *Hecker*, Kap. 7 Rn. 61; *Satzger*, § 9 Rn. 78.
36 *Hecker*, Kap. 7 Rn. 66; *Schützendübel*, S. 60.
37 *Hecker*, NJW 2016, 3648f.; ders., Kap. 7 Rn. 70.

Anpassung begangen werden, sondern auch alle Taten, die im Zeitpunkt des Lückenaufbruchs noch nicht abgeurteilt waren.

Neben den Vorteilen bringt diese Art der Verweisung jedoch auch Probleme hinsichtlich der Anforderungen des verfassungsrechtlichen Bestimmtheitsgrundsatzes mit sich.[38] Durch die Inkorporation der Verordnung in ein nationales Strafgesetz wird die Blankettnorm insgesamt zu formellem Bundesrecht und unterliegt folglich auch dem Bestimmtheitsgrundsatz des Art. 103 II GG.[39] Danach hat der Bürger das Recht, durch klar formulierte Strafgesetze in die Lage versetzt zu werden, sein Verhalten so auszurichten, dass er eine Strafbarkeit vermeiden kann, wobei vom Maßstab eines „verständigen Rechtsunterworfenen auszugehen ist".[40] Problematisch ist, dass durch die Verweisung auf das Unionsrecht auf eine autonome Rechtsordnung Bezug genommen wird, die zahlreichen und kurzfristigen Änderungen unterliegt.[41] Auch für einen verständigen Bürger stellt sich die Rechtsfindung im komplexen Unionsrecht, das durch eine Vielzahl von Änderungsvorschriften und nur zum Teil konsolidierten Rechtsakten geprägt ist, äußerst schwierig dar.[42] Hinzukommt die Hürde, die jeweilige aktuelle Fassung des Verweisungsobjektes zu finden. Aufgrund dieser Bestimmtheitsproblematik bewerten einige Literaturstimmen dynamische Verweisungen als verfassungswidrig und fordern ausschließlich statische Verweisungen, welche die in Bezug genommene EU-Verordnung nach Artikel, Absatz, Unterabsatz und Buchstabe zitieren.[43]

Einen anderen Weg zur Vermeidung eines aufwendigen formellen Gesetzgebungsverfahrens zur Anpassung von Blankettstrafgesetzen und der erleichterten Rechtsfindung für den Bürger bietet die sog. Rückverweisungsmethode.[44] Diese ist so ausgestaltet, dass das Blankettstrafgesetz nicht selbst auf die europäische Verhaltensvorschrift verweist, sondern der nationale Verordnungsgeber zur Festlegung der konkreten EU-Normen bestimmt wird.[45] Der Gesetzgeber verweist im Blankettstrafgesetz lediglich auf „eine Vorschrift in Rechtsakten der Europäischen Gemeinschaft oder Union, soweit eine Rechtsverordnung für einen

38 *Ambos*, § 11 Rn. 30; *Fischer*, StGB, § 1 Rn. 13; *Hecker*, Kap. 7 Rn. 52; *Satzger*, § 9 Rn. 79.
39 *Satzger*, § 9 Rn. 79.
40 BVerfG, Urt. v. 22.6.1988 – 2 BvR 232/87, NJW 1989, 1663; *Satzger*, § 9 Rn. 75.
41 *Satzger*, § 9 Rn. 79.
42 *Satzger*, § 9 Rn. 79.
43 *Hecker*, Kap. 7 Rn. 62; OLG Stuttgart, NJW 1990, 657.
44 *Satzger*, § 9 Rn. 80.
45 *Hecker*, Kap. 7 Rn. 71f.; *Satzger* § 9 Rn. 81.

bestimmten Tatbestand auf diese Strafvorschrift verweist."[46] Gleichzeitig wird der nationale Verordnungsgeber ermächtigt, durch eine Rechtsverordnung ohne Zustimmung des Bundesrates, die Tatbestände zu bezeichnen, die als Straftat zu ahnden sind, soweit dies zur Durchsetzung der Rechtsakte der Europäischen Gemeinschaft oder der Europäischen Union erforderlich ist.[47]

Oft werden diese Rückverweisungsklauseln zusätzlich durch sog. Entsprechungsklauseln ergänzt, die die Bewehrung des jeweils geltenden Unionsrechts von der Entscheidung des nationalen Verordnungsgebers abhängig machen, ob die zu bewehrende EU-Verordnung inhaltlich einer nationalen Rechtverordnung entspricht.

Sowohl die schlichte Rückverweisungsmethode als auch die durch Entsprechungsklauseln ergänzte Rückverweisungsmethode sind verfassungsrechtlich hoch umstritten und waren in den letzten Jahren Diskussionsthema in Literatur und Rechtsprechung.[48] Letztere Methode wurde vom BVerfG jedenfalls in der Ausgestaltung des § 10 I, III RiFlEtikettG für unzulässig erklärt.[49] Im folgenden Kapitel wird daher näher auf die Ansichten von Literatur und Rechtsprechung eingegangen.

B. Verfassungsrechtliche Anforderungen an Blankettstrafgesetze

I. Zulässigkeit von Rückverweisungsklauseln

1. BVerfG, Beschl. v. 21.9.2016 – 2 BvL 1/15

Der Beschluss des BVerfG betraf die Entscheidung über die Verfassungsmäßigkeit von § 10 I und III Rindfleischetikettierungsgesetz (RiFlEtikettG) im Rahmen eines Normenkontrollverfahrens.[50] Der streitgegenständlichen Bestimmung lag das oben beschriebene Regelungsmodell der Verwendung von Rückverweisungsklauseln zugrunde, bei denen die Strafbewehrung von Unionsrecht durch den deutschen Verordnungsgeber festgelegt wird.

46 Siehe § 58 I LFGB.

47 Vgl. § 58 I LFGB, § 62 LFGB.

48 BVerfG, Beschl. v. 21.09.2016 – 2 BvL 1/15, NJW 2016, 3648; LG Stade, Beschl. v. 15.03.2017 – 600 KLs 1100 Js 7647/10 (1/15), NZWist 2017, 320f.; *Bülte*, BB 2016, 3076; *Dannecker*, ZIS 10/2016, 730; *Hecker*, Kap. 7 Rn. 71 ff.; *Satzger*, § 9 Rn. 80.

49 BVerfG, Beschl. v. 21.09.2016 – 2 BvL 1/15, NJW 2016, 3648.

50 BVerfGE 143, 38 = NJW 2016, 3648.

> Nach § 10 I RiFlEtikettG *„wird mit Freiheitsstrafe bis zu einem Jahr oder Geldstrafe bestraft, wer einer unmittelbar geltenden Vorschrift in Rechtsakten der Europäischen Gemeinschaft im Anwendungsbereich des § 1 I zuwiderhandelt, soweit eine Rechtsverordnung nach Absatz 3, in der das zuständige Bundesministerium die als Straftat nach Absatz 1 zu ahndenden Tatbestände bezeichnet, für einen bestimmten Tatbestand auf die Strafvorschrift des Absatzes 1 verweist.“*
>
> Nach § 10 III RiFlEtikettG *„wird das Bundesministerium ermächtigt durch Rechtsverordnung ohne Zustimmung des Bundesrates die Tatbestände zu bezeichnen, die als Straftat nach Abs. 1 zu ahnden sind, soweit es zur Durchsetzung der Rechtsakte der Europäischen Union erforderlich ist.“*

Das AG Berlin-Tiergarten sprach den geständigen Angeklagten des vorsätzlichen Verstoßes gegen das Rindfleischetikettierungsgesetz schuldig. Im anschließenden Berufungsverfahren setzte das LG Berlin[51] gemäß Art. 100 GG die Hauptverhandlung aus und legte dem BVerfG § 10 I und II RiFlEtikettG zur Normenkontrolle vor. Das BVerfG entschied mit Beschl. v. 21.9.2016, dass § 10 I und III RiFlEtikettG mit Art. 103 II GG i.V.m. Art. 104 I 1 GG sowie mit Art. 80 I 2 GG unvereinbar und nichtig sind. Zu Beginn führte das Bundesverfassungsgericht aus, dass die Überprüfung der Blankettvorschrift durch das Bundesverfassungsgericht nicht wegen des Bezuges auf europäisches Gemeinschaftsrecht eingeschränkt sei,[52] da der deutsche Gesetzgeber innerhalb des ihm eingeräumten innerstaatlichen Umsetzungsspielraums gehandelt hat.

a) Verfassungsrechtliche Würdigung

Nach Auffassung des BVerfG müssen bei einem Verweis auf eine nationale Rechtsverordnung

> *„die Voraussetzungen der Strafbarkeit und die Art der Strafe für den Bürger schon aufgrund des Gesetzes und nicht erst auf aufgrund der hierauf gestützten Rechtsverordnung vorhersehbar sein. Um den Grundsatz der Gewaltenteilung zu wahren, darf dem Verordnungsgeber lediglich die Konkretisierung des Straftatbestandes eingeräumt werden, nicht aber die Entscheidung darüber, welches Verhalten als Straftat geahndet werden soll.“*

§ 10 I, III RiFlEtikettG genüge diesen Anforderungen nicht. Durch die globale Bezugnahme auf unionsrechtliche Vorgaben verweise das Gesetz auf einen nicht näher konkretisierten Bezugspunkt erst noch zu bestimmender Verhaltensgebote und –verbote. Anstatt selbst oder durch Verweis auf ein anderes Gesetz festzulegen, welches Verhalten mit Strafe bewehrt werden soll, überlässt § 10 I RiFlEikettG

51 LG Berlin = NZWiSt 2016, 112.

52 Vgl. hierzu und zum Nachfolgenden: BVerfGE 143, 38, 52 = NJW 2016, 3648.

es dem Bundesministerium festzulegen, welche Tatbestände als Straftat zu ahnden sind. Der Bürger könne aufgrund des Parlamentsgesetzes nicht erkennen, welches Verhalten strafbar sei. Die Strafbarkeit lasse sich erst aufgrund der auf der Basis von § 10 III RiFlEtikettG erlassenen Rechtsverordnung voraussehen, weshalb es sich bei § 10 I RiFlEtikettG um eine unzulässige Blankoermächtigung zur Umsetzung des Art. 22 I VO EG Nr. 1760/2000 durch eine nationale Rechtsverordnung handele. Bereits deshalb fehle es an einem gesetzlich geregelten, wenn auch konkretisierungsbedürftigen Straftatbestand.

Darüber hinaus liege auch ein Verstoß gegen Art. 80 I 2 GG vor, wonach Gesetze, die zum Erlass von Rechtsverordnungen ermächtigen, Inhalt, Zweck und Ausmaß der erteilten Ermächtigung bestimmen müssen. § 10 III RiFlEtikettG bestimme lediglich, dass die Bezeichnung der Tatbestände der Durchsetzung der Rechtsakte der Europäischen Gemeinschaft dienen und zu deren Durchsetzung erforderlich sein müssen. Welche konkreten Normen in Rechtsakten der Europäischen Gemeinschaft gemeint sind, wird dabei offengelassen.

Deshalb fehle es an einer gesetzgeberischen Grundentscheidung über die mit Strafe bedrohte Handlung; es sei weder erkennbar noch vorhersehbar, in welchen Fällen und mit welcher Tendenz der Verordnungsgeber von dieser Ermächtigung und der unbegrenzt an ihn delegierten Gesetzentscheidungsbefugnis Gebrauch machen wird und welchen Inhalt die aufgrund der Ermächtigung erlassene Verordnung haben kann. Der Gesetzgeber habe insbesondere keinerlei Einschränkungen formuliert, welche Verstöße gegen unmittelbar wirksame unionsrechtliche Rechtsakte durch den Verordnungsgeber mit Strafe zu bedrohen sind. Bei solch pauschalen Verweisungen handele es sich deshalb um verfassungsrechtlich unzulässige Blankoverweisungen.

b) Abweichende Beurteilung aufgrund von Unionsrecht?

In Bezug auf eine Verletzung des Art. 80 I S. 2 GG sprach sich der Generalbundesanwalt für die Verfassungsmäßigkeit des § 10 III RiFlEtikettG aufgrund des Gebotes der Unionstreue aus Art. 4 UA 3 EUV aus. Den verfassungsrechtlichen Anforderungen sei unter anderem deshalb Genüge getan, weil der Gesetzgeber durch das unionsrechtliche Loyalitätsgebot zu einer Sanktionierung verpflichtet und die Grundentscheidung über die Strafbarkeit damit bereits getroffen sei. Der Gesetzgeber habe nur die tatsächliche Ausgestaltung seiner Grundsatzentscheidung von dem hinzutretenden Recht des Verordnungsgebers abhängig gemacht.

Der ausdrückliche Hinweis des BVerfG auf die Ausfüllung eines Umsetzungsspielraums kann als Ablehnung der Argumentation des

Generalbundesanwalts verstanden werden.[53] In Art. 22 I VO (EG) 1760/2000 wird zwar eine Bewehrung mittels Sanktionen vorgegeben; hierbei kann es sich aber ausdrücklich auch nur um verwaltungsrechtliche Sanktionen handeln. Das Unionsrecht gibt folglich nicht die Schaffung eines Straftatbestandes zur Sanktionierung von Verstößen gegen die Etikettierung vor. Die Bindung des Gesetzgebers an das unionsrechtliche Loyalitätsgebot kann deshalb auch nicht die Grundentscheidung des Gesetzgebers ersetzen und die Rechtsetzungsmacht des Verordnungsgebers in hinreichendem Maße beschränken. Mit der Feststellung eines Verstoßes gegen Art. 80 I 2 GG lehnt das BVerfG implizit auch eine Überlagerung des Art. 80 GG durch den Anwendungsvorrang des Unionsrechts ab, die in der Berufungsentscheidung des LG Berlin erörtert wird.

Einige Stimmen in der Literatur vertreten insoweit die These, dass der Anwendungsvorrang des Unionsrechts Art. 80 I 2 GG sperren würde.[54] Das LG Berlin lehnte einen Anwendungsvorrang des Unionsrechts jedoch mangels Kollisionslage ab. Der Grundsatz des Anwendungsvorrangs des Unionsrechts habe keinen Einfluss auf die Gültigkeit und den Anwendungsbereich jener Vorschriften, die regeln, wer im Verfassungsgefüge der Bundesrepublik Deutschland zur Umsetzung des Unionsrechts, insbesondere zum Erlass flankierender Strafvorschriften zuständig sei.[55]

Dem ist im Ergebnis zuzustimmen. Eine Kollisionslage, die zu einer Neutralisierung einer nationalen Strafnorm führt, besteht nur dann, wenn die Anwendung der Strafnorm im konkreten Einzelfall zwangsläufig gegen unmittelbar geltendes Unionsrecht verstößt.[56] Voraussetzung dafür ist auf Seiten des Unionsrechts eine deutliche und abschließende Regelungsvorgabe, die den Mitgliedstaaten keinerlei Gestaltungsfreiraum belässt.[57] Verstößt nationales Recht hingegen nur gegen Zielvorgaben einer nicht unmittelbar anwendbaren Richtlinie, handelt es sich um einen scheinbaren Kollisionsfall.[58] Eine scheinbare Kollision kann demzufolge nicht zu einer Neutralisierung einer Strafnorm führen, erst recht nicht zu einer Unanwendbarkeit einer rein innerstaatlichen verfassungsrechtlichen Vorschrift.

---

53 Hierzu und zum Nachfolgenden: *Bülte*, BB 2016, 3075f.

54 *Klink*, 131ff., 158; *Remmert*, Maunz/Dürig, GG Rn. 115; *Sackreuther*, Graf/Jäger/Wittig, LFGB, Vor §§ 58–61 Rn. 26.

55 LG Berlin, Beschl. v. 16.4.2015 – (572) 242 AR 27/12 NS (82/12), NZWiSt 2016, 112f.

56 *Hecker*, Kap. 9 Rn. 15.

57 *Hecker*, Kap. 9 Rn. 15.

58 *Satzger*, § 9 Rn. 88.

Einige Stimmen in der Literatur wenden zudem ein, die Übertragung der Auswahlkompetenz auf den Verordnungsgeber sei gerade im Lebensmittelrecht erforderlich, um den „effet utile"-Grundsatz zu wahren.[59] Dies sei im Lebensmittelrecht besonders wichtig, weil untersagende Verwaltungsakte eine untergeordnete Rolle spielen würden und bevorzugt auf strafrechtliche Sanktionen zurückgegriffen werde.[60] Dem Gesetzgeber müsse deshalb die Möglichkeit gegeben werden, in geeigneter Weise auf sich schnell ändernde Rechtslagen zu reagieren.[61] Überdies seien die jeweils betroffenen Ministerien, infolge ihrer permanenten Überwachung des Regelungsgebietes und durch ihre Fachkompetenz dazu in der Lage, einen lückenlosen Schutz der Rechtsgüter des Regelungsgebietes zu gewährleisten.[62]

Dagegen spricht jedoch, dass zum einen die Vorgaben zur Fleischetikettierung auf Unionsebene lediglich einmal geändert wurden, sodass auf diesem Gebiet kein ständiger Novellierungsdruck angenommen werden kann. Ein Informations- und Kompetenzvorsprungs der Ministerien auf dem Gebiet des Lebensmittelrechts mag zwar bestehen, können den Gesetzgeber aber nicht davon befreien festzulegen welche Gefährdungen von Rechtsgütern er unter Strafe stellen will. Praktikabilitätsargumente sind jedoch – unabhängig davon, ob sie tatsächlich zutreffen – nicht geeignet, verfassungsrechtliche Garantien auszuhebeln.

c) Eigene Stellungnahme

Auch wenn sich das Verdikt der Verfassungswidrigkeit zunächst nur auf pauschale Verweisungen ohne Einschränkungen für den Verordnungsgeber bezieht, hat das BVerfG mit diesem Urteil die an die Zulässigkeit der im Wirtschaftsstrafrecht häufig verwendeten Rückverweisungs- und Entsprechungsklauseln anzulegenden Maßstäbe verschärft.[63] Diese Entwicklung ist sowohl im Hinblick auf die Bestimmtheit von Strafgesetzen in ihrer freiheitssichernden Funktion als auch hinsichtlich der Wahrung des Parlamentsvorbehaltes begrüßenswert.

Gerade im „besonders grundrechtssensiblen Bereich des Strafrechts",[64] dem „schärfsten Schwert des Staates",[65] vom Parlamentsvorbehalt abzuweichen und

59 *Satzger*, § 9 Rn. 88.
60 *Dannecker*, ZIS 10/2016, 730.
61 *Sackreuther*, Graf, LFGB, Vor §§ 58–61 Rn. 26; *Schröder*, ZLR 2004, 265.
62 Hierzu und zum Nachfolgenden: Hinweis in LG Berlin, Beschl. v. 16.4.2015 – (572) 242 AR 27/12 NS (82/12), NZWiSt 2016, 112 f.
63 *Bülte*, BB 2016, 3076.
64 Siehe BVerfG, BVerfGE 143, 38=NJW 2016, 3648.
65 *Tiedemann* Rn. 188; *Krey* Rn. 17f.

wesentliche Entscheidungen über die Strafbarkeit einer Tat auf die Exekutive zu übertragen, sollte unbedingt vermieden werden. Dies erscheint im Nebenstrafrecht wie dem Rindfleischetikettierungsgesetz auf den ersten Blick nicht sonderlich alarmierend, verstößt aber eklatant gegen einen Grundpfeiler der Demokratie, den Grundsatz der Gewaltenteilung.

Hinzukommt, dass es dem Normadressaten durch eine Verweisung wie in § 10 I RiFlEtikettG mit der globalen Bezugnahme auf „eine unmittelbar geltende Vorschrift in Rechtsakten der Europäischen Gemeinschaft im Anwendungsbereich des § 1 I" nicht annähernd ermöglicht wird, anhand des Gesetzes eine mögliche Strafbarkeit vorauszusehen und sein Verhalten danach auszurichten.

Es ist zu erwarten, dass der Gesetzgeber zukünftig wieder vermehrt auf verfassungsrechtlich unbedenkliche statische Verweisungen zurückgreifen wird.[66] Will der Gesetzgeber dem Risiko von Strafbarkeitslücken durch eine verspätete Anpassung der nationalen Blankettstrafgesetze vorbeugen, könnte er die Sanktionsgewalt für Verstöße gegen Unionsrecht auf die EU übertragen.[67] Entsprechend der Sanktionsgewalt in dem Bereich der Betrugsbekämpfung[68] wären das Europäische Parlament und der Rat infolgedessen ermächtigt, „alle erforderlichen Maßnahmen" zu treffen, mithin auch der Erlass supranationaler Tatbestände. Ein weniger invasiver gangbarer Weg bestünde darin, einen ständigen Ausschuss im Bundestag[69] damit zu betreuen, geplante Änderung auf EU-Ebene zu beobachten und auf eine rechtzeitige Umsetzung hinzuwirken um sicherzustellen, dass zumindest in Bereichen, in denen eine Straflosigkeit der noch nicht abgeurteilten Taten unerträglich wäre, das Gesetzgebungsverfahren beschleunigt wird.

II. Zulässigkeit von Entsprechungsklauseln

Insbesondere ist fraglich, wie die Zulässigkeit von Rückverweisungen ins Unionsrecht durch Entsprechungsklauseln im Lichte dieses Urteils zu bewerten ist. Bei der Verwendung von Entsprechungsklauseln innerhalb der Rückverweisungsklauseln wird die Strafbewehrung des jeweils geltenden Unionsrechts von der Entscheidung des nationalen Verordnungsgebers davon

66 *Hecker*, FS Rengier, S. 471ff.

67 *Schützendübel*, S. 300f.

68 Vgl. *Satzger*, § 8 Rn. 22f. auch zum Schutz des Zollwesens, Bekämpfung von Menschenhandel und illegaler Einwanderung, siehe oben, Fn. 1.

69 So auch *Hecker*, NJW 2016, 3648f.; *Schützendübel*, S. 300f.

abhängig gemacht, ob die zu bewehrende EU-VO inhaltlich einer nationalen Rechtsverordnung entspricht, zu deren Erlass das nationale Gesetz ermächtigt.[70]

1. LG Stade, Beschl. v. 15.3.2017 – 600 KLs 1100 Js 7647/10 (1/15)

Mit dieser Fragestellung befasste sich das LG Stade in seinem Beschl. v. 15.3.2017.[71] Aufgrund von Zweifeln an der Verfassungsmäßigkeit von § 58 III Nr. 2 LFGB im Zuge der Rechtsprechung des BVerfG vom 21.9.2016, stellte die Strafkammer des LG Stade das Verfahren gegen den Angeklagten vorläufig ein, um die Entscheidung des BVerfG zur Verfassungsmäßigkeit von § 58 III Nr. 2 sowie § 62 I Nr. 1 LFGB einzuholen.

> Nach § 58 III Nr. 2 LFGB „*wird bestraft, wer einer anderen als in Abs. 2 genannten unmittelbar geltenden Vorschrift in Rechtsakten der Europäischen Union zuwiderhandelt, die inhaltlich einer Regelung entspricht, zu der die in Abs. 1 Nr. 18 genannten Vorschriften ermächtigen, soweit eine Rechtsverordnung nach § 62 Abs. 1 Nr. 1 für einen bestimmten Straftatbestand auf diese Vorschrift verweist.*“

Das LG Stade ist der Ansicht, die vorliegende Konkretisierung durch eine Entsprechungsklausel genüge nicht, um den Normadressaten in die Lage zu versetzen anhand des Gesetzes selbst zu ersehen, welche Zuwiderhandlungen im Einzelnen strafbewehrt sind. Das Gesetz nenne keinerlei Anhaltspunkte, anhand welcher Kriterien zu beurteilen ist, ob die fragliche Vorschrift inhaltlich einer Regelung gleicht, zu der die in I Nr. 1 genannten Vorschriften ermächtigen. Der wesentliche Akt der Bewertung bleibe damit allein dem Verordnungsgeber überlassen. Hinzukommend falle besonders ins Gewicht, dass sich die Entsprechung nicht auf ein förmliches Gesetz, sondern auf Normen bezieht, die im Wege der Verordnungsermächtigung zustande gekommen sind. Damit entferne sich die inhaltliche Vorgabe der Strafdrohung noch weiter von der eigenen gesetzgeberischen Entscheidung.

Darüber hinaus genüge § 62 I Nr. 1 LFGB auch nicht den Anforderungen des Art. 80 I 2 GG, da sie nicht hinreichend bestimmt sei.

§ 62 I Nr.1 LFGB genüge den Anforderungen an eine hinreichend gesetzliche Bestimmtheit von Inhalt, Zweck und Ausmaß der Ermächtigung zum Erlass von Rechtsverordnungen nicht. Nach § 62 I Nr. 1 LFGB

---

70 *Hecker*, Kap. 7 Rn. 75.

71 Vgl. hierzu und zum Nachfolgenden: LG Stade, Beschl. v. 15.3.2017 – 600 KLs 1100 Js 7647/10 (1/15), NZWist 2017, 320f.

> *„wird das Bundesministerium ermächtigt, soweit dies zur Durchsetzung der Rechtsakte der Europäischen Gemeinschaft, der Europäischen Union oder der Europäischen Atomgemeinschaft erforderlich ist, durch Rechtsverordnung ohne Zustimmung des Bundesrates, die Tatbestände zu bezeichnen, die als Straftat nach § 58 III oder § 59 III Nr. 1 und 2 zu ahnden sind."*

Eine nähere Eingrenzung für die Bezeichnung des Verordnungsgebers finde sich lediglich dahingehend, dass diese „zur Durchsetzung der Rechtsakte der Europäischen Gemeinschaft, Union oder der Atomgemeinschaft erforderlich sein muss." Um welche Rechtsakte es sich hierbei konkret handeln soll, bleibe offen.

Auch aus einer Zusammenschau mit § 58 III Nr. 2 LFGB und anhand des Gesamtzusammenhangs der gesetzlichen Regelung ergebe sich nicht, welche Tatbestände letztlich unter Strafe gestellt werden sollen. § 62 I Nr. 1 LFGB lasse daher weder erkennen, welche Tatbestände strafbewehrt sein sollen, noch in welchen Fällen der Verordnungsgeber von der ihm eingeräumten Ermächtigung Gebrauch machen wird. Nach Ansicht des LG Stade handelt es sich bei § 58 II Nr. 2 i.V.m. § 62 I Nr. 1 LFBG daher um eine § 10 I, III RiFlEtikettG inhaltlich gleich gelagerte, unzulässige pauschale Blankoermächtigung zur Schaffung von Straftatbeständen.

2. *BVerfG Beschl. v. 11.03.2020 – 2 BvL 5/17*

Entgegen der Ansicht des LG Stade gelangt das BVerfG[72] im Verfahren der konkreten Normenkontrolle nach Art. 100 GG zu dem Ergebnis, dass sich die zur Überprüfung vorgelegte Blankettstrafnorm des § 58 III Nr. 2 LFGB „noch" mit den verfassungsrechtlichen Anforderungen des Bestimmtheitsgebotes in Einklang stehe. Darüber hinaus sei auch die Vorschrift des § 62 Abs. 1 Nr. 1 LFGB (soweit die Entsprechungsklausel die Verordnungsermächtigung nach § 13 I Nr. 1 und 2 LFGB) mit Art. 80 I S. 2 GG vereinbar.

Das BVerfG begrenzte das Normenkontrollverfahren zunächst auf den entscheidungserheblichen Teil des Ausgangsverfahrens, nämlich auf die Frage, ob § 58 III Nr. 2 LFGB mit dem Grundgesetz vereinbar ist, soweit die Entsprechungsklausel von den in § 58 I Nr. 18 LFGB enthaltenen Verordnungsermächtigungen diejenige nach § 13 I Nr. 1 und 2 LFGB in Bezug nimmt.

a) Kompetenzsichernde Funktion

Weiter führt das BVerfG aus, die in Frage stehende Regelungstechnik der Entsprechungsklausel trage hier der kompetenzsichernden Funktion des

72 BVerfGE 153, 310.

Bestimmtheitsgebots (noch) hinreichend Rechnung. Die Voraussetzungen der Strafbarkeit, das geschützte Rechtsgut (die menschliche Gesundheit) und die Tathandlung (die unzulässige oder beschränkungswidrige Verwendung bestimmter Stoffe, Gegenstände oder Verfahren oder das Unterlassen der Anwendung bestimmter Verfahren beim Herstellen oder Behandeln von Lebensmitteln sowie das anforderungswidrige Herstellen, Behandeln oder Inverkehrbringen von Lebensmitteln) seien noch hinreichend deutlich durch den Gesetzgeber umschrieben. Anders als im Falle von § 10 I RiFlEttikG würde dem Verordnungsgeber hier kein vorbehaltsloses Bezeichnungsrecht eingeräumt, da ihm bei der Vervollständigung des zu ergänzenden Straftatbestandes kein substanzieller Ausgestaltungsspielraum verbliebe.

Zum einen könne der Anwendungsbereich vor dem Hintergrund der vielfältigen Überlagerung des nationalen materiellen Lebensmittelrechts durch das Lebensmittelrecht der Europäischen Union zurückgedrängt werden. Der Verordnungsgeber ist nicht berufen einzelne Tatbestandsmerkmale des § 13 I 1, 2 LFGB zu bestimmen, sondern allein dazu, im Sinne einer hypothetischen Konkretisierung zu bestimmen, welche Regelungen er selbst hätte erlassen können, gäbe es die Bestimmungen des Unionsrechts nicht.

Zum anderen ändere sich das Prüfprogramm des Verordnungsgebers durch die Entsprechungsklausel im Vergleich zu § 58 I Nr. 18 LFGB nur unwesentlich. Erlasse der Verordnungsgeber selbst eine Bestimmung, muss er jeweils prüfen, ob die Vorschrift den Vorgaben der Ermächtigungsgrundlage genügt. Eine solche Prüfung müsse der Verordnungsgeber hier gleichfalls vornehmen, bezogen auf eine Norm eines anderen Normgebers. Die gesetzliche Zweckvorgabe, die auf die Schaffung von Vorschriften zur Vorbeugung und Abwehr von Gesundheitsgefahren abzielt, ändert sich dadurch nicht.[73]

Zudem eröffne die Entsprechungsklausel einen zwingend auszufüllenden Rahmen. Mit der Entscheidung des Gesetzgebers für die Umsetzung der unionsrechtlichen Regelung im Wege der Strafbewehrung ergebe sich in Verbindung mit dem Loyalitätsgebot des Art. 4 III EUV eine Verpflichtung des Verordnungsgebers, von seiner Kompetenz Gebrauch zu machen.

b) Freiheitssichernde Funktion

Weiterhin hebt das BVerfG hervor, dass in § 58 III Nr. 2 i.V.m. § 58 I Nr. 18, § 13 I Nr. 1 und 2 LFGB auch die freiheitssichernde Komponente des Bestimmtheitsgebotes gewahrt wird. Der Aufwand der Normlektüre sei zwar erhöht, führe aber nicht zur Unkenntlichkeit des Regelungsgehalts. Darüber

73 So auch *Boch*, ZLR 2017, 317 (321 f.).

hinaus sei der Adressatenkreis der Norm zu berücksichtigen. Da sich sowohl die Verbotsnorm als auch die streitgegenständliche Norm der EU-Verordnung an Lebensmittelunternehmer richtet, seien typischerweise besondere Sach-und Fachkenntnisse zu erwarten. Jedenfalls seien diese Normadressaten gehalten, sich notfalls durch fachkundige Beratung Kenntnis über ihre verwaltungsrechtlichen Pflichten zu verschaffen. Zudem benennen die Vorschriften der lebensmittelrechtlichen Straf- und Bußgeldverordnung in einer dem Bestimmtheitsgrundsatz ausreichend Rechnung tragenden Weise alle relevanten Ausfüllungsbestimmungen.

c) *Verfassungsmäßigkeit der Ermächtigungsgrundlage*

Des Weiteren gelangt das BVerfG zu dem Ergebnis, dass § 62 I Nr. 1 LFGB den Vorgaben des § 80 I S. 2 GG entspricht. Aufgrund des Verweises auf § 58 Abs. 3 Nr. 2 LFGB sei diese Vorschrift für die Bestimmung des Inhalts, Zwecks und Ausmaßes ebenso heranzuziehen. Über § 58 III Nr. 2 i.V.m. I Nr. 18 i.V.m. § 13 I Nr. 1 und 2. i.V.m. der Bezugnahme auf die in § 1 festgelegte Zwecksetzung – der Abwendung einer Gefahr für die menschliche Gesundheit festgelegt und auch begrenzt auf Fälle in denen in denen bei dem Herstellen, Behandeln oder Inverkehrbringen von Lebensmitteln Gefahren für die menschliche Gesundheit drohen. Zwar fehle es an einer gesetzgeberischen namentlichen Bezeichnung der Rechtsakte, deren Verhaltensgebote oder -verbote; dieses Defizit habe der Gesetzgeber aber durch die inhaltlichen Vorgaben des § 13 I Nr. 1, 2 ausgeglichen.

3. *Stellungnahme*

Die umfangreiche, wenn auch stellenweise nicht überzeugende Urteilsbegründung des BVerfG macht deutlich, dass die vom LG Stade verfassungsrechtlichen Beanstandungen nicht völlig unbegründet waren. An vielen Passagen des Urteils wird zudem deutlich, dass auch das BVerfG, trotz letztendlich festgestellter Verfassungskonformität, die Untergrenze der Gesetzesbestimmtheit als erreicht ansieht „... eine Vorschrift [...], die sich mit den verfassungsrechtlichen Anforderungen des Bestimmtheitsgebotes [...] im Ergebnis noch vereinbaren lässt.“; „Mithin schafft das Entsprechungskriterium keine zusätzlichen Defizite bei der Bestimmtheit des Tatbestandes.“).[74]

Hinsichtlich der vermuteten Unbestimmtheit des § 58 III Nr. 2 LFGB stellte das LG Stade im Wesentlichen auf die Unklarheit der Entsprechungsklausel ab. Das Gesetz benenne keinerlei Kriterien, anhand welcher zu beurteilen ist, ob

74 BVerfG, Beschl. v. 11.3.2020 – 2 BvL 5/17, BVerfGE 153, 310, NVWZ-RR 2020, 569; *Herz*, NZWist 2020, 253.

die fragliche Vorschrift einer Regelung gleicht, zu der die in Abs. 1 Nr.1 genannten Vorschriften ermächtigen; der wesentliche Akt der Bewertung bliebe daher allein dem Verordnungsgeber überlassen.[75] Nach hier vertretener Ansicht liegt das Problem der Bestimmtheit aber an einer anderen Stelle.

Viel problematischer als die Unklarheit der Klausel bezüglich der Kriterien der Entsprechung ist der Umstand, welche staatliche Stelle letztendlich über die Strafbewehrung von Verstößen gegen EU-Normen entscheidet.

Das BVerfG ist der Ansicht, dass dies unverändert der Gesetzgeber sei, da er über § 58 I Nr. 18 i.V.m. § 13 I Nr. 1, 2 LFGB hinreichend genau festlege, dass Verstöße gegen unionsrechtliche Verhaltensgebote und Verbote im Zusammenhang mit Lebensmitteln zu sanktionieren sind und den Verordnungsgeber zudem eine Verpflichtung zur Rechtsetzung aufgrund des unionsrechtlichen Loyalitätsgebots treffe.[76] Bei dieser Beurteilung legt das BVerfG die Prämisse zugrunde, dass der Gesetzgeber mit der Verordnungsermächtigung die Entscheidung getroffen habe, für die Umsetzung der unionsrechtlichen Regelungen gerade den Weg der Strafbewehrung von Verstößen zu wählen.[77] Bei näherer Betrachtung zeigt sich aber, dass genau die Entscheidung, ob und welche unionsrechtliche Regelung mit Strafe bewehrt werden soll, allein dem Verordnungsgeber überlassen wird. Nach hier vertretener Ansicht kann auch das Loyalitätsgebot aus Art. 4 III EUV diesen Missstand nicht lösen, da es nur so weit reichen kann, wie dies die jeweils in Rede stehende EU-Verordnung vorgibt. Die dem § 58 III Nr. 2 LFGB zugrundeliegende Verordnung (EG) Nr. 178/2002 enthält in Art. 17 als Sanktionsvorgabe lediglich die aus dem Urteil „Griechischer Mais“[78] bekannte Mindesttrias für Sanktionen, dass diese wirksam, verhältnismäßig und abschreckend sein müssen. Daraus folgt keine zwingende Verpflichtung zum Erlass einer Strafnorm, denkbar wäre beispielsweise auch ein Ordnungswidrigkeitstatbestand.[79] Dem nationalen Verordnungsgeber bleibt sowohl die Wahl der Sanktion, als auch deren Ausgestaltung. Daher kann auch das unionsrechtliche Loyalitätsgebot im vorliegenden Fall nicht zu einer Korrektur der erheblichen Kompetenzzuweisung an den Verordnungsgebers beitragen. Der Verordnungsgeber allein entscheidet, welche Verstöße gegen gesundheitsschützende Normen der EU nach deutschem

---

75 LG Stade, Beschl. v. 15.3.2017 – 600 KLs 1100 Js 7647/10 (1/15), NZWist 2017, 320f.; siehe auch *Bülte* in BB 2016, 3075f.; *Honstetter*, NZWiSt 2017, 320.

76 BVerfG, Beschl. v. 11.3.2020 – 2 BvL 5/17, NVWZ-RR 2020, 569.

77 LG Stade, Beschl. v. 15.3.2017 – 600 KLs 1100 Js 7647/10 (1/15), NZWist 2017.

78 EuGHE 1989, 2965 ff. = EuZW 1990, 99 („Griechischer Mais“), *Tiedemann*, EuZW 1990, 100.

79 Siehe auch *Pohlreich*, HRRS 2020, Nr. 549, S. 487.

Recht mit Strafe zu bewehren sind, eine Entscheidung der sich der Gesetzgeber nicht entledigen kann. Es ist denkbar, dass der Gesetzgeber mit der Intention gehandelt hat, alle gesundheitsschützenden Vorschriften des Lebensmittelrechts der EU unter Kriminalstrafe zu stellen. Für eine solch drastische Entscheidung fehlen aber jegliche Anhaltspunkte. Vielmehr ist es die Aufgabe des Gesetzgebers, die Strafwürdigkeit eines gesundheitsgefährdenden Verstoßes zu bewerten und in einzelnen Tatbeständen festzulegen.

Weiterhin wirft der Verweis des BVerfG auf die Ermessungsreduzierung des Verordnungsgebers durch das unionsrechtliche Loyalitätsgebot die Frage auf, wie die Verfassungsmäßigkeit des rein nationalen und nicht unionsrechtlich determinierten § 58 Abs. 1 Nr. 18 LFGB, mit dem die vorgelegte Strafnorm verglichen wurde, zu begründen ist. Denn auch ohne eine etwaige unionsrechtliche Begrenzung des Ausgestaltungsspielraums des Verordnungsgebers muss dieser nicht nur über die Vergleichbarkeit, sondern auch über das „ob", mithin über die Erforderlichkeit der Strafe entscheiden. § 58 Abs. 1 Nr. 18 LFGB i.V.m. § 13 I Nr. 1, 2 LFGB wäre demnach verfassungswidrig.[80] Die hier vom BVerfG vorgenommene Argumentation hätte in konsequenter Anwendung auch die Verfassungswidrigkeit weiterer Blankettstrafgesetze mit Rückverweisungsklauseln ohne unionsrechtliche Determinierung zur Folge, z.B. § 17 I AWG, § 27 I Nr. 1ChemG oder § 74 i.V.m. § 73 Ia Nr. 24 IfSG.[81]

Auch die Ausführungen des BVerfG zur Wahrung der freiheitsgewährleistenden Funktion können nach hier vertretener Ansicht nicht vollends überzeugen. Während sich das LG Stade lediglich darauf beschränkt festzustellen, die Konkretisierung durch die Entsprechungsklausel genüge nicht um den Normadressaten in die Lage zu versetzen, anhand des Gesetzes selbst zu ersehen, welche Zuwiderhandlungen im Einzelnen strafbewehrt sind,[82] begründet das BVerfG die Bestimmtheit der Norm mit der Perspektive eines sach- und fachkundigen Normadressaten (s.o.).[83] Von Lebensmittelunternehmern seien besondere Sach- und Fachkenntnisse auch über sein verwaltungsrechtliches Pflichtenprogramm zu erwarten.

Das BVerfG verweist hier implizit auf das sog. „Expertenstrafrecht", worunter das Lebensmittelstrafrecht zweifelsfrei eingeordnet werden kann.[84] Das gesteigerte

80 *Bülte*, wistra 2020, 251; ebs. *Pohlreich*, HRRS, 2020, 481.

81 *Bülte*, wistra 2020, 251.

82 LG Stade, Beschl. v. 15.3.2017 – 600 KLs 1100 Js 7647/10 (1/15), NZWist 2017.

83 Hierzu und zum Nachfolgenden BVerfG, Beschl. v. 11.3.2020 – 2 BvL 5/17, NVWZ-RR 2020, 569.

84 Hierzu und zum Nachfolgenden *Ernst*, Blankettgesetze und ihre verfassungsrechtlichen Grenzen, S. 63f.; *Herz*, NZWist 2020, 253.

Wissen der Normadressaten rechtfertigt es die Anforderungen an die Klarheit und Bestimmtheit von Normen im Vergleich zu Normen, die sich an Normalbürger richten, zu senken, was sich auf die sprachliche Abfassung der Norm auswirken kann. Insofern wäre es demnach gerechtfertigt gewesen eine lebensmittelrechtliche Strafnorm mit (für den Normalbürger unklaren) Fachtermini auszustatten. Auch dürfen sog. Experten als Normadressaten gewisse Erkundigungspflichten auferlegt werden.

Im Fall des § 58 III Nr. 2, 58 I Nr. 18, 13 I Nr.1, 2 LFGB geht es allerdings nicht um das sprachliche Verständnis der Norm, sondern um das Verständnis der Gesetzestechnik und die Fähigkeit des Zusammenlesens von Normen, was von einer besonderen Expertise bezüglich Lebensmittel nicht umfasst ist.[85] Das Zusammenlesen der Norm kann im vorliegenden Fall selbst einem geübten Rechtsanwender Probleme bereiten. Erst durch das Kombinieren von insgesamt sechs Vorschriften, drei unterschiedlicher Normgeber ergibt sich der konkrete Straftatbestand der Verwendung von Knorpel des Kehlkopfs und der Luftröhre für Fleischerzeugnisse.[86] Zudem dürfte auch das Entsprechungselement für einen Experten der Lebensmittelbranche und selbst für Juristen, die sich nicht regelmäßig mit Blankettgesetzen befassen, unverständlich sein, da nicht deutlich wird, dass die Entsprechungsprüfung an den Verordnungsgeber gerichtet ist. Man kann die Klausel auch so verstehen, als müsse man als Bürger selbst überprüfen, welche unmittelbaren Rechtsakte der EU einer Rechtsvorschrift nach § 58 I Nr. 18 LFGB entsprechen.[87] Nach hier vertretener Auffassung verstößt § 58 III Nr. 2 i.V.m. §§ 58 I Nr. 18, 13 I Nr. 1, Nr. 2 LFGB deshalb auch gegen das Bestimmtheitsgebot des Art. 103 II GG in seiner freiheitsgewährleistenden Funktion.[88]

III. Begrenzung der Blankettstrafgesetzgebung durch das Ultima-Ratio-Prinzip

Das Normenkontrollverfahren des BVerfG[89] hat nicht nur die Diskussion über die verfassungsmäßigen Anforderungen an Blankettstrafgesetze neu entfacht. Im Zuge des Vorlageverfahrens wurde auch ein anderer, in den vergangenen Jahren

85 Siehe *Ernst*, S. 103, der die §§ 58 f. LFGB aufgrund des weiten und konturenlosen Lebensmittelbegriffs für verfassungswidrig hält.

86 *Heger/Widmann*, EuR 2021, 356f.

87 Ebd.

88 *Herz* plädiert für die Überprüfung einer Strafnorm nach Art. 103 II GG allein aus der Perspektive eines durchschnittlichen Normadressaten.

89 BVerfGE 153, 310.

viel diskutierter Aspekt in den Fokus gerückt: die Bedeutung und Reichweite des Ultima-ratio-Prinzips als strafrechtsbegrenzender Faktor.

Konkreter Anlass für die Thematisierung im Rahmen dieses Verfahrens war der Zustellungsvermerk, in welchem der Vorsitzende des Zweiten Senats gemäß § 27a BVerfGG die Stellungnahme sachkundiger Dritter zu diesem Verfahren ersucht hatte.[90] Darin wurde die Frage aufgeworfen, ob sich aus Art. 2 I GG i.V.m. Art. 1 I GG besondere Anforderungen an die Strafbewehrung einer Verhaltensnorm ergeben, weil die Strafe den Wert- und Achtungsanspruch des Betroffenen berühren würde. In diesem Zusammenhang bestünde Gelegenheit, sich zu dem in der jüngeren Rechtsprechung des Bundesverfassungsgerichts gestärkten Gedanken der Prozeduralisierung mit Blick auf den Beurteilungs-und Gestaltungsspielraum des Strafgesetzgebers zu äußern.[91] Die vom Senat aufgeworfene Frage ist im Beschluss des BVerfG vom 21.9.2016 jedoch unbeantwortet geblieben. Nichtsdestotrotz hat sie den wichtigen Diskurs über den Rang und die Reichweite des Ultima-Ratio-Prinzips wiederbelebt. Im Wesentlichen geht es um die Frage, inwiefern der Gesetzgeber frei in seiner Entscheidung darüber ist, ob er einen Verstoß gegen Verhaltensnormen mit Kriminalstrafe bedroht.[92]

Anlass für die Fragestellung ist die seit einigen Jahren zu beobachtende erhebliche Ausweitung des Strafrechts insbesondere im Wirtschafts- und Nebenstrafrecht,[93] häufig in Form von Blanketttatbeständen, die auf Pflichtenkataloge in außerstrafrechtlichen Gesetzen und europäische Verordnungen verweisen.[94]

Der Ultima-Ratio-Grundsatz besagt, dass das Strafrecht nur als letztes Mittel möglicher rechtlicher Instrumente zur Steuerung eines Lebensbereichs eingesetzt werden darf.[95] Das Kriminalstrafrecht soll „die schärfste Waffe“ des Staates sein.[96] Bisher unklar und umstritten ist, ob diesem Grundsatz Verfassungsrang beizumessen ist und ob und in welcher Weise das Ultima-Ratio-Prinzip die Strafgesetzgebung einzuschränken vermag. Da diese Debatte erhebliche Auswirkungen auf die Verfassungsmäßigkeit von Blankettstrafgesetzen im

---

90 Nicht veröffentlicht; *Jahn/Brodowski*, ZStW 2017, S. 372.

91 *Jahn/Brodowski*, ZStW 2017, S. 372.

92 *Hamm*, NJW 2016, 1537.

93 *Jahn/Brodowski*, JZ 2016, 969; *Landau*, FS Schlinck, S. 523; *Leutheusser-Schnarrenberger*, ZStW 123 (2011), 4 (651–654); Stellungnahme Nr. 03/2016 der Bundesrechtsanwaltskammer, S. 11.

94 Stellungnahme Nr. 03/2016 der Bundesrechtsanwaltskammer, S. 11.

95 *Krey*, Deutsches Strafrecht, AT Rn. 17 f., *Tiedemann*, Wirtschaftstrafrecht AT Rn. 188.

96 *Wessels/Beulke/Satzger*, Strafrecht AT Rn. 15.

Wirtschafts-und Nebenstrafrecht hat, werden im Folgenden die wesentlichen Standpunkte zu diesem Aspekt dargestellt und bewertet.

1. *Rechtsprechung des Bundesverfassungsgerichts*

In der Rechtsprechung des BVerfG findet das Ultima-Ratio-Prinzip zum ersten Mal in der Schwangerschaftsabbruch-Entscheidung Erwähnung.[97] Hier legte das BVerfG fest, dass der Gesetzgeber nur im äußersten Fall Gebrauch von den Instrumenten des Strafrechts machen solle, und zwar nur in solchen Fällen, in denen der von der Verfassung gewünschte Schutz mit keinen anderen Mitteln zu erreichen ist.[98] Die Strafnorm solle die Ultima-Ratio im Instrumentarium des Gesetzgebers darstellen.[99]

In späteren Entscheidungen des BVerfG findet das Ultima-Ratio-Prinzip nur vereinzelt Erwähnung. Das BVerfG prüft das Ultima-Ratio-Prinzip in diesen Entscheidungen als Unterfall des Verhältnismäßigkeitsprinzips. Eine über die Erforderlichkeitsprüfung im Rahmen der Verhältnismäßigkeit hinausgehende Bedeutung ist nicht erkennbar. Deutlich wird hingegen, dass das BVerfG dem Ultima-Ratio-Prinzip keine strafrechtsbegrenzende Funktion beimisst. Immer wieder betont das BVerfG den Beurteilungsspielraum des Gesetzgebers bei dem Erlass von Strafnormen.[100] Dem Gesetzgeber stehe bei der Beurteilung der Eignung und Erforderlichkeit der gewählten Mittel zur Erreichung der erstrebten Ziele sowie bei der in diesem Zusammenhang vorzunehmenden Einschätzung und Prognose der dem Einzelnen oder der Allgemeinheit drohenden Gefahren ein Beurteilungsspielraum zu, welcher vom Bundesverfassungsgericht je nach Eigenart des in Rede stehenden Sachbereichs, der auf dem Spiel stehenden Rechtsgüter und den Möglichkeiten, sich ein hinreichend sicheres Urteil zu bilden, nur in begrenztem Umfang überprüft werden könne.[101] In seinem Beschluss zum sog. „Containern" erwähnt das BVerfG sogar Initiativen einer Entkriminalisierung, sieht den Gesetzgeber aber letztendlich in seiner Entscheidung frei „auch wirtschaftlich wertlose Sachen mit Mitteln des Strafrechts zu schützen".[102] In der Entscheidung zur Verfassungsmäßigkeit des § 217 StGB

97 BVerfGE 39, 1.
98 BVerfGE 39, 1, 47.
99 BVerfGE 39, 1, 47.
100 BVerfGE 153, 182, 238; BVerfGE 120, 224, 240; BVerfG, Urt. v. 28.3.2006 – 1 BvR 1054/01.
101 BVerfGE 120, 224, 237.
102 BVerfG, Urt. v. 5.8.2020 – 2 BvR 1985/19, NStZ 2021, 483.

findet das Ultima-Ratio-Prinzip keine gesonderte Erwähnung.[103] Die Prärogative des Gesetzgebers wird jedoch insoweit eingeschränkt, dass kein schwerwiegender Eingriff in ein hochrangiges Grundrecht stattfinden darf, wenn Unklarheiten in der Bewertung von Tatsachen vorliegen.[104] Es genüge aber, dass sich der Gesetzgeber an einer sachgerechten und vertretbaren Beurteilung der ihm verfügbaren Informationen und Erkenntnismöglichkeiten orientiert hat.[105]

2. *Literaturstimmen/DAV*

Teilweise wird angenommen, dass das Ultima-Ratio-Prinzip im Bereich des Wirtschaftsstrafrechts, abweichend zum Kernstrafrecht weniger streng angewendet wird.[106] Bei der Überprüfung, ob ein milderes Mittel zur Verfügung steht, sei nicht nur auf den Täter abzustellen, sondern auch auf die Wirkungen für die Allgemeinheit.[107] Eine Kriminalstrafe sei auch dann zu verhängen, wenn eine den Täter weniger treffende, nicht strafrechtliche Regelung Dritte so sehr belasten würde, dass das Strafrecht dennoch aus der Sicht der Gesamtheit der Betroffenen das mildere Mittel darstelle.[108]

Nach Ansicht der Bundesrechtsanwaltskammer handelt es sich bei dem Ultima-Ratio-Grundsatz um eine Funktionsbedingung der funktionstüchtigen Strafrechtspflege, welche nach der Rechtsprechung des Bundesverfassungsgerichts als Bestandteil des Rechtsstaatsprinzips Verfassungsrang zukomme.[109] Der Ultima-Ratio-Grundsatz sei deshalb selbst Element des Rechtsstaatsprinzips und vom Strafgesetzgeber zu befolgen.[110] Hinsichtlich der Anforderungen, die, ausgehend von diesem Grundsatz, an den Gesetzgeber zu stellen sind, vertritt die Bundesrechtsanwaltskammer im Wesentlichen die Ansicht von *Frisch*.[111] Demnach sei unter prozeduralen Aspekten vom Gesetzgeber zu fordern, dass dieser die Qualifikation als Straftat belastbar begründe; es solle dem

---

103 BVerfGE 153, 182, 238.

104 Ebd.

105 BVerfGE 153, 182, 238.

106 *Achenbach*, ZStW 119 (2007), 4 (789, 813); *Tiedemann*, Wirtschaftsstrafrecht AT Rn. 1228.

107 *Achenbach*, ZStW 119 (2007), 4 (789, 813).

108 *Achenbach*, ZStW 119 (2007), 4 (789, 813); *Frisch*, NStZ 2016 Rn. 23.

109 Stellungnahme der Bundesrechtsanwaltskammer zum Vorlagebeschluss des LG Berlin vom 16.4.2015, S. 9 ff.

110 Stellungnahme der Bundesrechtsanwaltskammer zum Vorlagebeschluss des LG Berlin vom 16.4.2015, S. 9 ff.

111 *Frisch*, NStZ 2016, 16.

Normunterworfenen einleuchten und von dem mit Strafe Bedrohten akzeptiert werden können, dass und warum ein bestimmtes Verhalten als Straftat angesehen wird.[112] Daneben seien auch inhaltliche Anforderungen an die Begründung zu formulieren. Jenseits von evidenten Fällen sozialer Unverträglichkeit müsse der Gesetzgeber seine Einstufung der Verhaltensweise als Straftat nachvollziehbar und einleuchtend darlegen, wobei an die Begründung umso höhere Anforderungen zu stellen seien, je mehr sich die Neupönalisierung vom Kernstrafrecht entferne und den Tatbeständen des Ordnungswidrigkeitenrechts nähere. Einen ähnlichen Ansatz vertreten im Ergebnis auch *Jahn/Brodowski*, die bei der Prüfung der Verhältnismäßigkeit (im Rahmen einer Verletzung des „Grundrechts auf Freiheit von Sanktionierung" als Unterausprägung des allgemeinen Persönlichkeitsprinzips) einen Offensichtlichkeitsmaßstab anlegen wollen. Nach diesem sei eine Strafvorschrift dann nicht erforderlich, wenn das verfolgte Regelungsziel für jeden Sachkundigen, ohne längere Prüfung erkennbar durch andere, mildere Instrumente als das Kriminalstrafrecht hinreichend effektiv erreichbar wäre.[113]

Auch der Deutsche Anwaltsverein (DAV) spricht sich für den Verfassungsrang des Ultima-Ratio-Prinzips aus, dessen Bedeutungsgehalt sich nicht in einem Unterfall des Verhältnismäßigkeitsgrundsatzes erschöpfe, sondern der Prüfung der Verhältnismäßigkeit vorausgehe,[114] um Kriminalisierungsfreiräume des Gesetzgebers einzuschränken.[115] Der von *Jahn/Brodowski* vorgeschlagene Offensichtlichkeitsmaßstab reiche jedoch für die Feststellung der Verfassungswidrigkeit nicht aus. Vielmehr müsse die Erforderlichkeit und Eignung einer Strafnorm als letztes Mittel anhand generell überprüfbarer Kriterien feststehen.[116] Dafür könne, entgegen der Meinung einiger Literaturstimmen,[117] auf die Rechtsgutslehre[118] zurückgegriffen werden. Diese vermöge das Strafrecht

---

112 Hierzu und zum Nachfolgenden: Stellungnahme der Bundesrechtsanwaltskammer zum Vorlagebeschluss des LG Berlin vom 16.4. 2015, S. 9 ff.

113 *Jahn/Brodowski*, ZStW 129 (2017), 2 (380).

114 Stellungnahme des Deutschen Anwaltsvereins (DAV) durch den Strafrechtsausschuss und den Verfassungsrechtsausschuss, Nr. 8/2016; so auch *Hamm*, NJW 2016, 1537.

115 *Hamm*, NJW 2016, 1537.

116 *Hamm*, NJW 2016, 1537.

117 *Engländer*, ZStW 127 (2015), 3 (616–634); *Kudlich*, ZStW 127 (2015), 3 (635 ff.).

118 Die Rechtsgutslehre sieht die Aufgabe des Strafrechts im Schutz von Rechtsgütern vor Verletzung bzw. Gefährdung. Nach dieser herrschenden Auffassung liegt der maßgebliche Sozialschaden in der Verletzung bzw. Gefährdung von Rechtsgütern, nicht in der Gefährdung der Normgeltung, *Hassemer/Kargl*, NK-StGB, § 1 Rn. 108–109.

vom reinen Ordnungswidrigkeitenrecht und den Sanktionsdrohungen gegenüber solchen Verhaltensweisen, zu trennen, die keinen konkreten Gefährdungs- und Sozialschadensbezug aufweisen.[119]

Diesen Ansatz vertritt auch *Landau*.[120] Nach seiner Auffassung verdient das Konzept des Rechtsgüterschutzes Zustimmung, da es ermögliche, vorhandene Strafnormen auf ihre Schutzrichtung hin zu überprüfen. Der demokratisch legitimierte Gesetzgeber müsse die Möglichkeit haben, Strafnormen als sozialethisches Unwert-Urteil der Rechtsgemeinschaft im demokratischen Diskurs zu definieren. Entscheidend müsse sein, dass es sich bei den jeweiligen Strafnormen um sozial verwurzelte oder historisch begründete anerkannte Wertanschauungen handelt.

Noch weiter geht *Gärditz*, der von einer „Demokratizität" des Strafrechts ausgeht und damit die Prärogative des Gesetzgebers bei der Ausgestaltung von Strafgesetzen in den Vordergrund stellt.[121] Nach seiner Auffassung lassen sich aus dem Ultima-Ratio-Grundsatz keine verfassungsrechtlichen Kriminalisierungsschranken ableiten. Das Strafrecht sei Gestaltungsmasse einer demokratischen Gesetzgebung und transportiere neben der justiziellen Rechtsanwendung auch Symbolik und politische Werturteile. Eine Rationalisierung des Strafgesetzgebers hätte zur Folge, dass die Entscheidung darüber was strafbar sein soll, vom Gesetzgeber zum BVerfG abwandern würde.

3. *Stellungnahme*

Die Auffassung *Tiedemanns*, wonach das Ultima-Ratio-Prinzip im Wirtschaftsstrafrecht milder zu verstehen sei als im Kernstrafrecht,[122] vermag nicht überzeugen. Auch ist es nach hier vertretener Ansicht nicht sinnvoll, die hypothetische Beeinträchtigung der Allgemeinheit durch präventive Systeme zur Vermeidung fehlerhaften Verhaltens in die Beurteilung der Erforderlichkeit einer Kriminalstrafe miteinzubeziehen.[123] Wer schon einmal Adressat eines Ermittlungsverfahrens und den damit einhergehenden Effekten ausgesetzt war, wie z.B. dem Verlust des Arbeitsplatzes, dem drohendem Verlust einer Approbation oder dem Imageschaden eines Unternehmens, ist sich der gesellschaftlichen Stigmatisierung

119 Stellungnahme des Deutschen Anwaltsvereins (DAV) durch den Strafrechtsausschuss und den Verfassungsrechtsausschuss, Nr. 8/2016; so auch *Hamm*, NJW 2016, 1537.

120 Hierzu und zum Nachfolgenden: *Landau*, FS Schlinck, S. 532.

121 Hierzu und zum Nachfolgenden: *Gärditz*, JZ 2016, S. 641f.

122 *Tiedemann* Rn. 228.

123 *Tiedemann* Rn. 228.

und dem sozialethischen Tadel einer Kriminalstrafe bewusst.[124] Dass es sich dabei um ein wirtschaftsstrafrechtliches Verfahren handelt, macht für den moralischen Vorwurf keinen Unterschied. Gerade im unternehmerischen Kontext ist das Risiko, in einen Bereich nebenstrafrechtlich relevanten Handels zu geraten, größer als im Bereich des Kernstrafrechts, dessen Straftatbestände größtenteils allgemein bekannt sind und weshalb bei diesen in der Regel ein höheres Maß an Unrechtsbewusstsein des Täters zutage tritt. Zudem muss beachtet werden, dass auch im Wirtschaftsstrafrecht Freiheitsstrafen angedroht werden. Die Freiheit der Person ist ein Grundrecht mit besonders hohem Rang, in das nur unter strikter Wahrung des Verhältnismäßigkeitsgrundsatzes eingegriffen werden darf.[125] Die Berücksichtigung von Interessen Dritter bzw. der Allgemeinheit kann nicht dazu führen, dass eine freiheitsentziehende Maßnahme insgesamt als weniger belastend bewertet wird als präventive Kontrollsysteme für die Allgemeinheit.[126]

Überdies ist zu berücksichtigen, dass die Ahndung einer Straftat im Gegensatz zu einer Ordnungswidrigkeit auch ins Bundeszentralregister des Betroffenen eingetragen wird. Die Verhängung einer Freiheitsstrafe sollte deshalb Taten vorbehalten bleiben, die so strafwürdig sind, dass sie eine Freiheitsstrafe auch verdienen.[127]

Ebenso wenig vermag der Ansatz von *Gärditz* zu überzeugen, der die Strafgesetzgebung als rein politische Gestaltungsaufgabe versteht, die keinerlei verfassungsrechtlichen Schranken unterliegt.[128] Wenn er befürchtet, die Entscheidungsmacht darüber, was legitimerweise strafbar sein soll, würde partiell vom Gesetzgeber zum BVerfG abwandern,[129] verkennt er die zentrale rechtsstaatliche Kontrollfunktion des BVerfG und den Grundsatz der Gewaltenteilung in Bezug auf das Verhältnis zwischen Gesetzgeber und Bundesverfassungsgericht.[130] Aus der strafrechtlichen Kompetenzzuweisung in der Lissabon-Entscheidung oder des Inzestbeschlusses des BVerfG[131] abzuleiten, der Gesetzgeber sei in seiner Entscheidung über die Strafgesetzgebung völlig frei sei, ist zu weitgehend,

124 *Cornelius*, S. 301.

125 BVerfG, Urt. v. 4. 5. 2011 – 2 BvR 2365/09 Rn. 98, NJW 2011, 1931.

126 So auch *Cornelius*, S. 301; a.A. *Tiedemann*, Verfassungsrecht und Strafrecht, 1991, S. 51 ff.; *Frisch*, NStZ 2016, S. 14.

127 *Frisch*, NStZ 2016, 16; *Krey* Rn. 17f., *Jescheck/Weigend*, § 7 I 1; *Rudolphi* in SK-StGB Rn. 15 vor § 1.

128 *Gärditz*, JZ 2016, S. 641 ff.; *Jahn/Brodowski*, ZStW 129 (2017), 2 (363–381).

129 *Gärditz*, JZ 2016, S. 641 ff.

130 So auch *Jahn/Brodowski*, ZStW 2017, 129 (2), 363–381; *Prittwitz*, ZStW 129 (2017), 2 (390–400).

131 BVerfG, Beschl. v. 26.2.2008 – 2 BvR 392/07, BVerfGE 120, 224.

bezieht sich die Lissabon-Entscheidung[132] doch in erster Linie auf die Abgrenzung der nationalen Kompetenzen von denen der Europäischen Union und der Inzestbeschluss auf die Abgrenzung des materiellen Strafrechts von gesellschaftlichen Moralvorstellungen.

Insbesondere der Auffassung, dass das Kriminalstrafrecht ein geeignetes Mittel sei, politische Werturteile zu transportieren um öffentlichen Reaktionsbedürfnissen zu genügen, ist nicht zuzustimmen.[133] Strafrecht ist kein geeignetes Mittel zur Lösung gesellschaftlicher Probleme und sollte Verhaltensweisen vorbehalten bleiben, die so schwerwiegend und unerträglich erscheinen, dass eine strafrechtliche Reaktion unerlässlich ist.[134] Der inflationäre Einsatz von Strafrecht als Ordnungsrecht birgt zum einen das Risiko, dass mit der Kriminalisierung von Bagatellstraftaten auch zugleich schwere Delikte verharmlost werden und es zu einer generellen Entwertung des Strafrechts kommt.[135] Zum anderen kann die Existenz einer Strafnorm auch bewirken, dass Verwaltungs- und Aufsichtsbehörden im Vertrauen auf die präventive Wirkung einer Strafvorschrift ihre Kontrollen reduzieren.[136] Nicht zuletzt sei die oben bereits erwähnte (Über-) Belastung der Justiz genannt, die mit einer Ausweitung des Strafrechts unter Missachtung des Ultima-Ratio-Prinzips einhergeht.

Unabhängig von der verfassungsrechtlichen Einordnung des Ultima-Ratio-Prinzips wäre ein formales sowie inhaltliches Begründungserfordernis des Gesetzgebers bei der Schaffung neuer Straftatbestände zu begrüßen.[137] In Bezug auf die inhaltlichen Anforderungen an die Begründung eines Straftatbestands, in Abgrenzung zu einem Ordnungswidrigkeitentatbestand, wäre die Rechtsgutslehre ein geeignetes Instrument. Auch wenn der Begriff des Rechtsgutes im Einzelnen nicht klar gefasst ist und die Rechtsgutslehre nicht alle Bereiche des Strafrechts zu klären vermag, liegt zumindest einer Vielzahl von Strafvorschriften der Schutz eines konkreten Rechtsgutes zugrunde, dessen Kenntnis die Auslegung der Norm vereinfacht und es ermöglicht, eine Grenzlinie zwischen Verwaltungsungehorsam und Strafwürdigkeit zu ziehen.[138]

---

132 BVerfG, Urt. v. 30.6.2009 – 2 BvE 2/08, BVerfGE 123, 267.

133 *Gärditz*, JZ 2016, S. 641 ff.

134 *Landau*, FS Schlinck, S. 533.

135 *Jahn/Brodowski*, JZ 2016, 970; *Kindhäuser*, ZStW 2017, S. 386.

136 Stellungnahme des Deutschen Anwaltsvereins (DAV) durch den Strafrechtsausschuss und den Verfassungsrechtsausschuss, Nr. 8/2016, S. 12.

137 Vgl. Stellungnahme der Bundesrechtsanwaltskammer zum Vorlagebeschluss des LG Berlin vom 16. April 2015, S. 9 ff.

138 Vgl. *Joecks*, MüKo StGB, Einleitung Rn. 43; *Landau*, FS Schlinck, S. 530.

Teil 2: Das europäische Lex mitor-Prinzip in Art. 49 I S. 3 GRCh

A. Geschichte und Bedeutung der GRCh

Um die Auslegung und Tragweite des europäischen Lex mitor-Prinzips in Art. 49 I S. 3 GRCh zu untersuchen, muss zunächst auf die Entstehung, Struktur und Bedeutung der GRCh für die nationalen Rechtsordnungen der EU-Mitgliedsstaaten eingegangen werden.

I. Rechts- und Rechtserkenntnisquellen der EU-Grundrechte

Die Chartagrundrechte und die allgemeinen Rechtsgrundsätze des Unionsrechts beruhen auf verschiedenen Rechts- und Rechtserkenntnisquellen.[139] Während Rechtsquellen den Geltungsgrund des Rechts bilden und unmittelbar wirksame Rechtssätze vorgeben, dienen Rechtserkenntnisquellen lediglich der Ermittlung der Rechtsquellen und können für die Auslegung von Rechtsnormen herangezogen werden.[140]

Die Rechtsquellen der Chartagrundrechte lassen sich in den in Art. 6 EUV festgelegten Bestimmungen finden.[141] Wichtigste Rechtsquelle ist die in Art. 6 Abs. 1 EUV beschriebene und mit Primärrechtsrang ausgestattete „Charta der Grundrechte der Europäischen Union" sowie deren allgemeine Bestimmungen, die ihre Anwendung und Auslegung regeln (Art. 51–54 GRCh).[142] Hinzu kommen die in den Verträgen (EUV und AEUV)[143] festgelegten Grundrechte, die Bestimmungen über Zuständigkeiten der Europäischen Union[144] und die beigefügten Protokolle zu den Rechtsquellen der EU-Grundrechte, sofern sie sich auf die Grundrechte beziehen.

Die in den Verträgen verankerten Grundrechte sind mitunter das Gleichheitsgebot, allgemeine Diskriminierungsverbot in Art. 18 AEUV sowie die Rechte der Unionsbürgerschaft.[145]

---

139 *Jarass*, GRCh, Einleitung Rn. 1; *Kingreen*, Calliess/Ruffert, EUV/AEUV, Art. 6 EUV Rn. 7.

140 *Jarass*, GRCh, Einleitung Rn. 1.

141 *Jarass*, GRCh, Einleitung Rn. 2.

142 *Pache*, Heselhaus/Nowak, § 7 Rn. 145.

143 Siehe Legaldefinition in Art. 18 GRCh.

144 Hierzu und zum Nachfolgenden: *Pechstein/Nowak/Häde*, Art. 6 EUV Rn. 43, 44.

145 *Terhechte*, von der Groeben/Schwarze/Hatje, Vorbemerkung zur GRCh Rn. 5.

Die Freiheiten des Binnenmarktes, die sog. Grundfreiheiten (Warenverkehrsfreiheit in Art. 28 ff. AEUV, Arbeitnehmerfreizügigkeit in Art. 45 ff. AEUV, Niederlassungsfreiheit in Art. 49 ff. AEUV, Dienstleistungsfreiheit in Art. 56 ff. AEUV und die Kapitalverkehrsfreiheit in Art. 63 ff AEUV) haben grundsätzlich eine andere Schutzrichtung als Grundrechte.[146] Grundrechte sind vorrangig subjektive Rechte Einzelner gegenüber der Union bzw. den Mitgliedstaaten, wenn sie Unionsrecht durchführen.[147] Die Grundfreiheiten stellen hingegen Verpflichtungen der Mitgliedstaaten gegenüber der Europäischen Union dar und dienen primär der Schaffung und Sicherung eines gemeinsamen Binnenmarktes. Sie führen jedoch auch zu subjektiven Rechten privater Personen gegenüber den Mitgliedstaaten, weshalb die Grundrechte und die Grundfreiheiten aufeinander abgestimmt auslegt werden müssen.[148]

Gemäß Art. 6 III EUV sind die Grundrechte, wie sie in der EMRK gewährleistet sind und sich aus den gemeinsamen Verfassungsüberlieferungen der Mitgliedstaaten ergeben als allgemeine Grundsätze Teil des Unionsrechts. Darunter fallen neben den Chartagrundrechten auch die vom EuGH als „allgemeine Rechtsgrundsätze“ (auch Rechtssatz-Grundrechte genannt) entwickelten Grundrechte.

Art. 6 III EUV rührt daher, dass die Gründungsverträge der EU selbst keine Grundrechte enthielten.[149] Der EuGH erkannte aber lange vor dem Inkrafttreten der GRCh, nämlich bereits im Jahr 1964 an, dass das Gemeinschaftsrecht unter bestimmten Voraussetzungen unmittelbare Rechtswirkungen gegenüber dem Bürger haben kann.[150] Um zu verhindern, dass die Anwendung nationaler Grundrechte die einheitliche Geltung des Unionsrechts beeinträchtigt, stufte der EuGH den unionsrechtlichen Grundrechtsschutz als allgemeinen Rechtsgrundsatz der Gemeinschaftsordnung ein.[151] Die vom EuGH entwickelten Grundrechte sind vielfältig und bilden einen umfänglichen Grundrechtskatalog.[152] Auch bildete der EuGH justizielle und rechtsstaatliche Garantien heraus.[153]

---

146 *Pache*, Frankfurter Kommentar, Art. 6 EUV Rn. 15.

147 *Pache*, Frankfurter Kommentar, Art. 6 EUV Rn. 15.; *Jarass*, GRCh, Einleitung Rn. 29.

148 EuGH, Urt. v. 11.7.2002 – *Carpenter*, C-60/00, EuR 2002, 852 Rn. 46; *Jarass*, GRCh, Einleitung; *Pieper*, Dauses/Ludwigs, 4. bb) Rn. 122.

149 *Kingreen*, Callies/Ruffert, EUV/AEUV, Art. 6 EUV Rn. 4, 5.

150 EuGH, Urt. v. 5.2.1963 – *Van Gend & Loos*, Slg. 196, 1, 25.

151 EuGH, Urt. v. 12.11.1969 – *Stauder*, Rs. 29/69, Slg. 1969, 419 Rn. 7; *Kingreen*, Callies/Ruffert, EUV/AEUV, Art. 6 EUV Rn. 4, 5.

152 *Pechstsein/Nowak*, Frankfurter Kommentar, Art. 6 EUV Rn. 57, 58.

153 *Pechstsein/Nowak*, Frankfurter Kommentar, Art. 6 EUV Rn. 57, 58.

Art. 6 III EUV nennt neben der direkten Rechtsquelle der allgemeinen Rechtsgrundsätze zudem die wichtigsten Rechterkenntnisquellen der EU-Grundrechte, die Europäische Menschenrechtskonvention und die gemeinsamen Verfassungsüberlieferungen der Mitgliedstaaten.[154] Ebenso dienen die Erläuterungen zur Grundrechte-Charta sowie die in Abs. 5 der Präambel angesprochenen Sozialchartas und die Rechtsprechung des EuGH und des EGMR als Rechtserkenntnisquelle der EU-Grundrechte.[155] Die „von der Union und dem Europarat beschlossenen Sozialchartas" sind die vom Europarat beschlossene Europäische Sozialcharta (ESC) und die Gemeinschaftscharta der sozialen Grundrechte der Arbeitnehmer (GSGA) der Europäischen Union.[156] Die Sozialchartas sind für die Mitgliedstaaten des Europarates nicht bindend, tragen aber dennoch zur Bestimmung der Reichweite der Charta-Grundrechte bei.[157] Hinzu kommen die Rechtsprechung des EuGH und des EGMR sowie teilweise auch Regelungen des Sekundärrechts, insbesondere Regelungen, die als Konkretisierungen des jeweiligen Grundrechts verstanden werden können,[158] was allerdings keine Pflicht zur sekundärrechtskonformen Auslegung der Grundrechte auslöst. Anderenfalls würde der primärrechtliche Rang der Grundrechte unterwandert werden.[159]

II. Entstehung und Ausarbeitung der GRCh

Nach der höchstrichterlichen Anerkennung der Grundrechte als allgemeine Rechtgrundsätze entstand das Bedürfnis diese Grundrechte verbindlich in einem Gesetzestext auszufertigen.[160] Die Grundrechtecharta wurde in den Jahren 2009 und 2010 durch den europäischen Grundrechtekonvent erarbeitet. Der europäische Konvent unter dem Vorsitz von *Roman Herzog* bestand aus Beauftragten der Staats- und Regierungschefs der Mitgliedstaaten, Mitgliedern des europäischen Parlaments, einem Vertreter des Präsidenten der Europäischen Kommission und Mitgliedern der nationalen Parlamente.[161] Die Charta wurde

154 *Kingreen*, Callies/Ruffert, EUV/AEUV, Art. 6 EUV Rn. 20, 21; *Streinz*, EUV/AEUV, Art. 6 EUV Rn. 25.

155 *Jarass*, GRCh, Einleitung Rn. 3.

156 *Jarass*, GRCh, Art. 52 Rn. 81f.

157 *Jarass*, GRCh, Art. 52 Rn. 81f.

158 vgl. EuGH, Urt. v. 22.11.2005 – *Mangold*, C-144/04 Rn. 67 ff; *Jarass*, GRCh, Einleitung Rn. 55.

159 *Jarass*, GRCh, Einleitung Rn. 55.

160 *Jarass*, GRCh, Einleitung Rn. 4.

161 *Stern/Hamacher*, Stern/Sachs, GRCh, A. Einführung und Grundlagen Rn. 14.

am 7. Dezember 2000 auf dem EU-Gipfel in Nizza vom Europäischen Parlament, vom Rat und der Kommission verkündet, erlangte jedoch zunächst noch keine Rechtsverbindlichkeit.[162]

Ein erster Versuch der Charta Rechtskraft zu verleihen, bestand in dem Entwurf eines europäischen Verfassungsvertrages, in welchen die Grundrechte als Teil II inkorporiert werden sollten.[163] Nachdem der Verfassungsvertrag für Europa 2005 in den Referenden in Frankreich und den Niederlanden abgelehnt worden war, erlangte die Charta erst mit Inkrafttreten des Vertrags von Lissabon am 12. Dezember 2009 Rechtskraft.[164] Die Charta wurde dabei nicht wie ursprünglich vorgesehen in die Verträge eingegliedert, sondern durch den Verweis in Art. 6 I EUV Teil des europäischen Primärrechts.[165] Sie blieb damit ein eigenständiges Dokument, was die Bedeutung und Eigenart der Grundrechte hervorheben sollte.[166] Um die Bedenken einiger Staaten um die Rechtsverbindlichkeit der Charta auszuräumen, wurden einige zusätzliche Erklärungen und Protokolle zu den Verträgen aufgenommen, wie etwa das Protokoll Nr. 30 über die Anwendung der Charta der Grundrechte auf Polen und das Vereinigte Königreich sowie die Erklärungen Nr. 61 und 62.[167]Auch Irland und Tschechien erhielten Zusicherungen in Form von Beschlüssen des europäischen Rates.[168]

B. Auslegung und Einschränkbarkeit der Charta-Grundrechte

I. Einschränkbarkeit der in der GRCh anerkannten Rechte

Die GRCh enthält, anders als die EMRK, keine konkreten Ausnahmetatbestände, sondern vielmehr eine allgemeine Einschränkungsklausel für alle einschränkungsfähigen Charta-Grundrechte.[169] Gemäß Art. 52 I GRCh muss „jede Einschränkung der Ausübung der in dieser Charta anerkannten Rechte und Freiheiten gesetzlich vorgesehen sein und den Wesensgehalt dieser Rechte und Freiheiten achten. Unter Wahrung des Grundsatzes der Verhältnismäßigkeit dürfen Einschränkungen nur vorgenommen werden, wenn sie erforderlich sind und den von der Union

162 *Jarass*, GRCh, Einleitung Rn. 4.
163 *Terchechte*, von der Groeben/Schwarze/Hatje, Vorbemerkungen Rn. 9.
164 *Stern/Hamacher*, Stern/Sachs, GRCh, A. Einführung und Grundlagen Rn. 18.
165 *Jarass*, GRCh, Einleitung Rn. 7.
166 *Jarass*, GRCh, Einleitung Rn. 7.
167 *Stern/Hamacher*, Stern/Sachs, GRCh, A. Einführung und Grundlagen Rn. 27.
168 *Terhechte*, von der Groeben/Schwarze/Hatje, Vorbemerkungen Rn. 12.
169 *Lenaerts*, EUR 2012, S. 7; *Schwerdtfeger*, Meyer/Hölscheidt, GRCh, Art. 52 Rn. 28.

anerkannten dem Gemeinwohl dienenden Zielsetzungen oder den Erfordernissen des Schutzes der Rechte und Freiheiten anderer tatsächlich entsprechen."

Neben den „einschränkungsfähigen" Chartagrundrechten existieren auch Grundrechte, die keinerlei Beschränkungen erfahren dürfen.[170] Dies betrifft die in Titel I der Charta genannten Rechte der Art. 1, 3, 4 und 5, mithin die Würde des Menschen, das Recht auf Leben, das Verbot der Folter und unmenschlicher oder erniedrigender Strafe oder Behandlung sowie des Verbots der Sklaverei und der Zwangsarbeit.[171]

Im Übrigen können die Charta-Grundrechte unter den Voraussetzungen des Art. 52 I GRCh und des vom EuGH entwickelten Verhältnismäßigkeitsgrundsatzes eingeschränkt werden, sofern die ergriffenen Maßnahmen nicht die Grenzen dessen überschreiten, was zur Erreichung der [in Art. 52 GRCh genannten] Ziele geeignet und erforderlich ist.[172] Dabei ist, wenn mehrere geeignete Maßnahmen zur Auswahl stehen, die am wenigsten belastende zu wählen; ferner müssen die verursachten Nachteile in angemessenem Verhältnis zu den angestrebten Zielen stehen und den Wesensgehalt des Grundrechts achten.

Der Grundsatz der Verhältnismäßigkeit gehört nach der Rechtsprechung des EuGH zu den allgemeinen Grundsätzen des Unionsrechts, die den gemeinsamen Verfassungstraditionen der Mitgliedstaaten zugrunde liegen.[173] Für das Strafrecht ist er zudem explizit in Art. 49 III GRCh geregelt, welchen der Gerichtshof gemeinsam mit Art. 52 I GRCh anwendet.[174] Nachstehend wird konkret auf die einzelnen Voraussetzungen des Verhältnismäßigkeitsgrundsatzes eingegangen.

1. Gesetzesvorbehalt („Gesetzlich vorgesehen")

Einschränkungen von Charta-Grundrechten unterliegen einem einfachen Gesetzesvorbehalt. Die für Grundrechtseinschränkungen erforderliche gesetzliche Grundlage kann sowohl im Unionsrecht als auch in nationalen Rechtsvorschriften enthalten sein.[175] Auf Unionsebene kommen als Rechtsakt Verordnungen,

---

170 *Schwerdtfeger*, Meyer/Hölscheidt, GRCh, Art. 52 Rn. 28.

171 EuGH vom 12.6.2003 – *Schmidberger*, NVwZ 2004, 207 Rn. 80; *Schwerdtfeger*, Meyer/Hölscheidt, GRCh, Art. 52 Rn. 27; Erläuterungen zur Charta der Grundrechte (ABl. EU 2007 C 303/17).

172 EuGH, Urt. v. 22.1.2013 – *Sky Österreich*, C-283/11, EuZW 2013, 347.

173 EuGH, Urt. v. 4.10.2018 – *Link Logistik N&N*, C-384/17, ECLI:EU:C:2018:810; *Meyer/Hölscheidt*, GRCh Art. 52 Rn. 37.

174 EuGH, Urt. v. 4.10.2018 – *Link Logistik N&N*, C-384/17, ECLI:EU:C:2018:810.

175 *Pache*, Pechstein/Nowak/Häde, Art. 52 GRCh Rn. 18; EuGH, Urt. v. 9.11.2010, C-92/09 – *Schecke*.

Richtlinien, sofern die Voraussetzungen ihrer unmittelbaren Anwendbarkeit erfüllt sind, Beschlüsse, sofern sie an die Mitgliedstaaten gerichtet sind oder auch Vertragsvorschriften in Betracht.[176] Die Beteiligung des Europäischen Parlaments bei dem Erlass eines Rechtsaktes ist nicht zwingend erforderlich.[177] Sofern Grundrechtseinschränkungen durch nationale Rechtsvorschriften erfolgen, richten sich die Vorgaben an den Gesetzesvorbehalt nach nationalem Recht.[178] Einzige Voraussetzung ist, dass es sich um eine Norm mit Außenwirkung handeln muss. Rein verwaltungsinterne Vorschriften können die Anforderungen an eine „gesetzlich vorgesehene“ Einschränkung nicht erfüllen.

2. Wesensgehaltsgarantie und Verhältnismäßigkeitsgrundsatz

Darüber hinaus muss jede Grundrechtseinschränkung den Wesensgehalt des betreffenden Grundrechts „achten“. Teilweise wird vertreten, dass die Wesensgehaltsgarantie bereits dem Verhältnismäßigkeitsgrundsatz innenwohne.[179] Der Aufbau des Art. 52 GRCh, der die Wesensgehaltsgarantie in Satz 1 und den Verhältnismäßigkeitsgrundsatz in Satz 2 aufteilt, spricht hingegen für einen eigenständigen Gehalt.[180] Auch der EuGH prüft in der neueren Rechtsprechung Verhältnismäßigkeit und Wesensgehaltsgarantie unabhängig voneinander.[181] Der Wesensgehalt eines Grundrechts ist gewahrt, wenn die Gewährleistung des Rechts nicht in Frage gestellt wird und die Einschränkung nur aufgrund des individuellen Verhaltens und in Ausnahmefällen greife.[182] Der Wesensgehalt wird mithin als Kern eines jeden Grundrechts verstanden, in den keinesfalls eingegriffen werden darf.[183] Eine Verletzung des Wesensgehaltes wurde für den Fall angenommen, dass der Rechtschutz gegen Beeinträchtigungen unmöglich gemacht wird, sowie dann wenn eine gewichtige Beeinträchtigung ohne weitere Prüfung erfolgt.[184]

---

176 *Krämer*, Stern/Sachs, GRCh, Art. 52 Rn. 33.

177 *Krämer*, Stern/Sachs, GRCh, Art. 52 Rn. 33.

178 Hierzu und zum Nachfolgenden: *Jarass*, GRCh, Art. 52 Rn. 26.

179 *Becker*, Schwarze, EU-Kommentar, Art. 52 Rn. 7; *Pache*, Pechtstein/Nowak/Häde, Frankfurter Kommentar, Art. 52 GRCh Rn. 31; a.A. *Heselhaus/Nowak*, § 32 Rn. 90.

180 *Jarass*, GRCh, Art. 52 Rn. 28.

181 EuGH, Urt. v. 22.1.2013 – *Sky Österreich*, C-283/11, EuZW 2013, 347; EuGH, Urt. v. 8.4.2014 – *Digital Rights Ireland*, C-293/12, C-594/12, NJW 2014, 2169; *Krämer*, Stern/Sachs, GRCh, Art. 52 Rn. 58.

182 EuGH, Urt. v. 15.02.2016, C-601/15 Rn. 52; NVwZ 2016, 1789.

183 *Krämer*, Stern/Sachs, GRCh, Art. 52; Rn. 58.

184 EuGH, Urt. v. 5.10.2010 – *PPU*, C-400/10 Rn. 55, DÖV 2010, 1025; *Jarass*, GRCh, Art. 52 Rn. 29.

Zudem zählen die aus der Menschenwürde resultierenden Anforderungen zum Wesensgehalt der Grundrechte.[185] Die Anforderungen an den Wesensgehalt sind darüber hinaus stets anhand des konkret betroffenen Grundrechts zu bestimmen.[186]

Die übrige Verhältnismäßigkeitsprüfung weist Parallelen zur Prüfung der Verhältnismäßigkeit von Eingriffen in nationale Grundrechte anhand des deutschen Verfassungsrechts auf. Im Folgenden sollen die einzelnen Voraussetzungen dennoch kurz skizziert werden.

a) Legitimes Ziel

Art. 52 GRCh bestimmte zwei spezifische Kategorien von legitimen Zielen, zum einen die „von der Union anerkannten dem Gemeinwohl dienenden Zielsetzungen“ und zum anderen Ziele, die „auf den Schutz der Rechte und Freiheiten anderer“ ausgerichtet sind. Der Begriff „Gemeinwohl“ meint vorrangig Interessen der Allgemeinheit.[187] Von der Union anerkannt sind insbesondere die in den Verträgen aufgeführten Ziele und die Charta Grundrechte.[188] Darüber hinaus können aber auch im Sekundärrecht verankerte Ziele erfasst werden.[189] Von der Union anerkannt wurden bisher unter anderem der Aufbau einer gemeinsamen Marktorganisation, der Schutz der öffentlichen Gesundheit und der öffentlichen Sicherheit, die Erfordernisse der internationalen Sicherheit oder das Wohlbefinden der Tiere.[190] Der Gerichtshof verfolgt hinsichtlich der Zielsetzung einen weiten Ansatz.[191] Neben den Interessen der Allgemeinheit kommen nach einer verbreiteten Ansicht auch aggregierte individuelle Belange in Betracht, die ihrerseits grundrechtlich geschützt sind, wie beispielsweise die Bekämpfung der schweren Kriminalität zur Gewährleistung der öffentlichen Sicherheit.[192]

Unter „Rechte und Freiheiten anderer“ werden individuelle Rechtspositionen anderer Personen als derjenigen, in deren Grundrecht eingegriffen wird

---

185 EuGH, Urt. v. 23.03.2006 – *K/Belgien*, C-408/03 Rn. 68, NVwZ 2006, 918; *Jarass*, GRCh, Art. 52 Rn. 29.

186 *Jarass*, GRCh, Art. 52 Rn. 28.

187 *Becker*, Schwarze, EU-Kommentar, Art. 52 Rn. 5.

188 *Jarass*, GRCh, Art. 52 Rn. 31.

189 *Jarass*, GRCh, Art. 52 Rn. 31.

190 *Lenaerts*, EuR 2012, S. 10.

191 Ebd., *Schwerdtfeger*, Meyer/Hölscheidt, GRCh, Art. 52 Rn. 35; EuGH, Urt. v. 13.12.1979 – *Hauer*, Rs. 44/79; EuGH- Urt. v. 29.4.1999 – C-291/97.

192 *Jarass*, GRCh, Art. 52 Rn. 31; hierzu und zum Nachfolgenden: *Krämer*, Stern/Sachs, GRCh, Art. 52 Rn. 47.

verstanden. Voraussetzung ist, dass es ich um Grundrechte handelt, die durch das Unionsrecht, vorrangig die Unionsgrundrechte, eingeräumt werden.

b) Geeignetheit und Kohärenz

An die Geeignetheit einer Maßnahme werden keine hohen Anforderungen gestellt.[193] Es genügt, wenn denn die Maßnahme zur Zielerreichung beiträgt, auch wenn sich die Maßnahme nur für eines von mehreren verfolgten Zielen eignet.[194] Insbesondere bei speziellen Gleichheitsgrundrechten ist hinzukommend die Frage zu stellen, ob die Regelung, den eingriffsrechtfertigenden Belang „in kohärenter und systematischer Weise" fördert.[195] Die Kohärenz kann beispielsweise durch Ausnahmeregelungen beeinträchtigt werden, etwa weil der „Eingreifende" selbst gegenläufige Maßnahmen vornimmt, die die fördernde Wirkung auf den eingriffsrechtfertigenden Belang aufheben.[196]

c) Erforderlichkeit

Einschränkungen dürfen gemäß Art. 52 GRCh nur dann vorgenommen werden, wenn sie erforderlich sind. Zunächst bedeutet dies, dass es kein anderes Mittel geben darf, mit dem das verfolgte Ziel ebenso gut erreicht werden kann, dessen Eingriff in das Grundrecht milder ist und das mildere Mittel auch Dritte und die Allgemeinheit nicht stärker belastet.[197] Zudem darf das eingesetzte Mittel nicht über das zur Erreichung des Ziels „Erforderliche" hinausgehen, was bedeutet, was für den zeitlichen, sachlichen und persönlichen Anwendungsbereich einer Maßnahme gilt.[198] Die Erforderlichkeit hängt in der Regel von den Umständen des Einzelfalles ab.[199]

---

193 *Pache*, Pechstein/Nowak/Häde, Art. 52 GRCh Rn. 26.

194 *Jarass*, GRCh, Art. 52 Rn. 37.

195 *Schwerdtfeger*, Meyer/Hölscheidt, GRCh, Art. 52 Rn. 39.

196 Ebd., EuGH, Urt. v. 5.7.2017 – *Fries*, C-190/16 Rn. 48, EuZW 2017, 729; EuGH, Urt. v. 21.7.2011 – *Fuchs und Köhler*, C-159/10 und C-160/10, NJW 2011, 2781.

197 *Jarass*, GRCh, Art. 52 Rn. 39.

198 EuGH, Urt. v. 20.4.2010, C-265/08 Rn. 35–43, BeckEuRS 2010, 518005; *Jarass*, GRCh, Art. 52 Rn. 40.

199 *Jarass*, GRCh, Art. 52 Rn. 40.

d) *Angemessenheit*

Nach der Rechtsprechung des EuGH muss zwischen den verursachten Nachteilen und den verfolgten Zielen ein angemessenes Verhältnis bestehen.[200] In dieser Formulierung verbirgt sich das Element der Verhältnismäßigkeit im engeren Sinne bzw. das der Angemessenheit. Häufig ist in der Rechtsprechung des EuGH aber auch keine eindeutige Trennung zwischen der Voraussetzung der Erforderlichkeit und der Angemessenheit erkennbar.[201] Sofern eine Maßnahme verschiedene Grundrechte berührt, bedeutet dies, dass eine Auslegung vorzunehmen ist, „die es erlaubt ein angemessenes Gleichgewicht zwischen den verschiedenen durch die Rechtsordnung der Union geschützten Grundrechten sicherzustellen."[202] Sofern Gleichheitsrechte und Diskriminierungsverbote betroffen sind bezieht der EuGH auch Art. 20 und 21 GRCh in die Prüfung mit ein und verlangt entsprechend den Anforderungen von Art. 52 GRCh, dass vergleichbare Sachverhalte nicht unterschiedlich und unterschiedliche Sachverhalte nicht gleich behandelt werden dürfen, es sei denn die unterschiedliche bzw. gleiche Behandlung steht in einem angemessenem Verhältnis zu dem mit der betreffenden Behandlung verfolgten rechtlich zulässigen Ziel.[203]

3. *Darlegungslast und Kontrolldichte*

Gemäß Art. 52 I 2 GRCh müssen die Einschränkungen tatsächlich dem verfolgten Einschränkungsgrund entsprechen. Dies wird von der h.M. als Darlegungslast des Grundrechtsverpflichteten verstanden. Bei Eingriffen in Charta-Grundrechte obliegt es dem Eingreifenden darzulegen, dass ohne die Einschränkung tatsächlich Gemeinwohlziele oder die Rechte Dritter beeinträchtigt werden.[204] Darüber hinaus müssen die angeführten Gründe nach der EuGH Rechtsprechung auch zutreffend sein und dürfen sich nicht in allgemeinen Behauptungen erschöpfen.[205]

---

200 EuGH, Urt. v. 22.1.2013 – *Sky Österreich*, EuZW 2013, 347; EuGH, Urt. v. 8.4.2014 – *Digital Rights Ireland*, C-293/12, NJW 2014, 2169.

201 EuGH, Urt. v. 14.9.2017, C-646/15 Rn. 40 ff., EuZW 2018, 48; *Schwerdtfeger*, Meyer/Hölscheidt, GRCh Art. 52 Rn. 39.

202 EuGH, Urt. v. 18.10.2018 – *Bastei Lübbe*, C-149/17, ZIP 2019, 632; *Schwerdtfeger*, Meyer/Hölscheidt, GRCh, Art. 52 Rn. 34.

203 *Schwerdtfeger*, Meyer/Hölscheidt, GRCh, Art. 52 Rn. 40.

204 *Jarass*, GRCh, Art. 52 Rn. 44.

205 EuGH, Urt. v. 25.10.2000– *Connolly/K*, C-274/99 Rn. 41, DVBl 2001, 716; EuGH, Urt. v. 21.7.2011– *Fuchs und Köhler*, C-159/10 Rn. 77, NJW 2011, 2781 für objektive Kriterien bei der Ermessensausübung *Jarass*, GRCh, Art. 52 Rn. 44; *Schwerdtferger*, Meyer/Hölscheidt, GRCh, Art. 52 Rn. 43.

Die Reichweite der gerichtlichen Kontrolldichte der Verhältnismäßigkeit von Grundrechtsbeschränkungen hängt zudem vom betroffenen Bereich, dem Wesen des einschlägigen Grundrechts, der Schwere des Eingriffs und dessen Zielrichtung ab.[206] Die Kontrolldichte ist geringer, sofern der Union oder den Mitgliedstaaten eine Einschätzungsprärogative zukommt, beispielsweise im Bereich der Gesetzgebung.[207] Auch bei Bestehen eines Beurteilungsspielraums müssen die der Entscheidung zugrunde gelegten Daten auf ihre sachliche Richtigkeit, Zuverlässigkeit und Kohärenz überprüft werden.[208] Zudem wird insbesondere bei Sanktionen und Grundrechtseingriffen eine ausführliche Verhältnismäßigkeitskontrolle gefordert.[209]

4. *Transferklausel (Art. 52 II GRCh)*

Nach Art. 52 II GRCh erfolgt die Ausübung der durch die Charta anerkannten Rechte, die in den Verträgen geregelt sind im Rahmen der in den Verträgen festlegten Bedingungen und Grenzen. Die Regelung kommt demzufolge zum Tragen, wenn in den Verträgen, sprich im EUV oder im AEUV, ein Recht geregelt wird, das ebenfalls in der Charta enthalten ist. Sie dient als Kollisionsvorschrift und soll eine einheitliche Behandlung funktional äquivalenter Rechte gewährleisten.[210] Funktional äquivalent meint, dass die Rechte nicht wortgleich, aber ihrem Sinn und Zweck nach übereinstimmen müssen (sog. Transferklausel).[211]

Die Transferklausel führt nicht automatisch zu einem Vorrang der „Vertragsrechte", sondern vielmehr zu einer EUV-und AEUV-konformen Auslegung der Charta in Bezug auf die sich überschneidenden Rechte.[212] Einzig bei unüberwindbaren Widersprüchen soll es maßgeblich auf den Gehalt der Verträge ankommen.[213]

---

206 *Schwerdtfeger*, Meyer/Hölscheidt, GRCh, Art. 52 Rn. 42.

207 EuGH, Urt. v. 29.2.1996 – *Frankreich/Komission*, C-296/93 Rn. 31f *Jarass*, GRCh, Art. 52 Rn. 46.

208 EuGH, Urt. v. 8.12.2011, C-386/10 – *Chalkor* Rn. 54, EuZW 2012, 190*Jarass*, GRCh, Art. 52 Rn. 45.

209 *Becker*, Schwarze, EU-Kommentar Rn. 13; *Jarass*, GRCh, Art. 52 Rn. 47.

210 *Kingreen*, Calliess/Ruffert, EUV/AEUV, Art. 52 Rn. 6; *Pache*, Pechstein/Novak/Häde, Art. 52 GRCh Rn. 38.

211 *Pache*, Pechstein/Nowak/Häde, Art. 52 GRCh Rn. 38.

212 *Pache*, Pechstein/Nowak/Häde, Art. 52 GRCh Rn. 53.

213 *Grabenwarter*, § 13 Rn. 23; *Pache*, Pechstein/Nowak/Häde, Art. 52 GRCh Rn. 53.

II. Auslegung der Grundrechtecharta

Neben den Bestimmungen zum Anwendungsbereich und zur Einschränkung der Charta-Grundrechte wurden in den Art. 51 – Art. 54 GRCh auch verbindliche Regelungen zu Auslegung der GRCh aufgenommen. Die Bedeutung dieser Auslegungsregeln wird auch in Art. 6 I UA 3 EUV deutlich hervorgehoben, wonach *„die in der Charta niedergelegten Rechte, Freiheiten und Grundsätze gemäß den allgemeinen Bedingungen des Titels VII der Charta, der ihre Auslegung und Anwendung regelt, und unter gebührender Berücksichtigung der in der Charta angeführten Erläuterungen, in denen die Quellen dieser Bestimmungen angegeben sind, ausgelegt wird.*"

Im Folgenden werden die Inhalte und Wirkungen der besonders relevanten Art. 52 II-IV GRCh genauer untersucht.

1. Verhältnis zu den EMRK-Rechten (Art. 52 III GRCh)

Gemäß Art. 52 III GRCh haben die Charta-Grundrechte, soweit darin ein Recht enthalten ist, das einem durch die Europäische Konvention zum Schutz der Menschenrechte und Grundfreiheiten garantierten Recht entspricht, die gleiche Bedeutung und Tragweite, wie sie ihnen in der genannten Konvention verliehen wird. Die Bestimmung steht einem weitergehenden Schutz durch das Recht der Union nicht entgegen.

Die Auslegungsregel in Art. 52 III GRCh soll *„die notwendige Kohärenz zwischen der Charta und der EMRK schaffen, ohne dass dadurch die Eigenständigkeit des Unionsrechts und des Gerichtshofes der Europäischen Union berührt wird.*"[214] Die Eigenständigkeit des Unionsrechts bleibt aber insoweit gegeben, als dass sie einen umfassenderen Schutz gewährt, d.h. das unionsrechtliche Schutzniveau kann nicht hinter dem durch die EMRK garantierten Schutz zurückbleiben.[215]

a) Die Bedeutung der EMRK für die EU-Grundrechte

Die EMRK ist ein eigenständiges Vertragswerk der 46 Mitgliedstaaten des Europarates, dem sämtliche EU-Mitgliedstaaten angehören. Während alle EU-Mitgliedstaaten unmittelbar an die Gewährleistungen der EMRK gebunden sind, ist die EU selbst der EMRK bislang nicht beigetreten.[216] Mit dem Inkrafttreten des Vertrags von Lissabon haben die EMRK und die Rechtsprechung des EGMR

---

214 Erläuterungen zur Charta der Grundrechte – C 303/33.
215 Erläuterungen zur Charta der Grundrechte – C 303/33.
216 *Kingreen*, Callies/Ruffert, EUV/AEUV, Art. 6 EUV Rn. 33.

jedoch mittelbar über die GRCh Verbindlichkeit erlangt, die gemäß Art. 6 I EUV in gleichem Rang mit den Verträgen steht. Zudem hat sich die EU in Art. 6 II EUV ausdrücklich zum Beitritt zur EMRK verpflichtet.

Darüber hinaus ordnet Art. 6 III EUV an, dass die Grundrechte, wie sie in der EMRK gewährleistet sind und wie sie sich aus den gemeinsamen Verfassungsüberlieferungen der Mitgliedstaaten ergeben, als „allgemeine Grundsätze" Teil des Unionsrechts sind.

Neben den Rechtsgrundsatz-Grundrechten kommt der EMRK insbesondere bei den Charta-Grundrechten, die sich mit den Gewährleistungen der Konvention überschneiden, erhebliche Bedeutung zu, weil die EMRK sich auf die Reichweite des Schutzbereiches, des Eingriffsbegriffes und vor allem auf die Einschränkungsmöglichkeiten der Grundrechte auswirken kann.[217] Entsprechende Rechte werden in den Erläuterungen zur Charta namentlich aufgelistet.[218] Darüber hinaus existieren weitere Grundrechte, die zwar nicht explizit in der ERMK enthalten sind, aber vom EGMR aus anderen Grundrechten der Konvention abgeleitet werden.[219]

Die Reichweite und die Auslegung der EMRK-Grundrechte ist nicht durch den Konventionstext festgelegt, sondern erfolgt auch über die Rechtsprechung des EGMR, der die EMRK als ein sog. „living instrument" versteht, dessen Auslegung den Wandel wirtschaftlicher sozialer und ethischer Gegebenheiten berücksichtigen müsse.[220]

b) Der Einfluss der EMRK auf die Schrankenregelungen der Grundrechtecharta

Die EMRK erlangt insbesondere im Bereich der Schrankenregelungen der Grundrechtecharta Bedeutung.[221] Darauf weist bereits der Standort des Art. 52 III GRCh in der Systematik der Grundrechtecharta, nahe der allgemeinen Schrankenregelung in Art. 52 I GRCh hin.[222]

217 *Jarass*, GRCh, Art. 52 Rn. 56; *Schwerdtfeger*, Meyer/Hölscheidt, GRCh, Art. 52, 59.

218 Erläuterungen zur Charta der Grundrechte – C 303/33, 34.

219 Der Schutz personenbezogener Daten, die Freiheit der Kunst und der Wissenschaft; EuGH, Urt. v. 15.2.2016 – *Toma*, C-205/15 Rn. 41, NVwZ 2016, 1789; EuGH, Urt. v. 22.12.2010 – *DEB*, C-279/09 Rn. 35, NJW 2011, 2496; *Schwerdtfeger*, Meyer/Hölscheidt, GRCh, Art 52 Rn. 61.

220 *Ladewig/Nettesheim/von Raumer*, EMRK, Einleitung Rn. 24.

221 Erläuterungen zur Grundrechtecharta – C 303/33; *Jarass*, GRCh, Art. 52 Rn. 59.

222 *Jarass*, GRCh, Art. 52 Rn. 59.

Wie die GRCh enthält auch die EMRK Grundrechte, bei denen Einschränkungen grundsätzlich unzulässig sind (Art. 2, 3, 4 I und Art. 7 EMRK) oder nur spezifische Eingriffsziele zulässt.[223] Da laut Art. 52 III GRCh die EMRK als Mindeststandard der Charta-Grundrechte zu verstehen ist, sind auch die Einschränkungsvoraussetzungen der EMRK bei den Rechtfertigungsanforderungen von Eingriffen in Charta-Grundrechte zu berücksichtigen.[224] Dies betrifft sowohl die Vorgaben bei den Eingriffszielen als auch die verfahrensrechtlichen Anforderungen. Soweit die EMRK ein Einschränkungsverbot enthält gilt dies deshalb auch für Einschränkungen der GRCh. Die strengen Anforderungen der EMRK sind folglich im Rahmen der Rechtfertigung der von den Art. 52 III GRCh erfassten Grundrechte zu beachten.[225]

Art. 52 III GRCh kann dabei in dreierlei Hinsicht modifiziert werden. Man kann den Anwendungsbereich der Norm begrenzen, da das Eingriffsverbot für vorbehaltslos geltende EMRK-Rechte auch auf für Eingriffe in Charta-Grundrechte gilt, sofern Grundrechte betroffen sind, die denen der EMRK entsprechen.[226] Bei der Beurteilung der Schrankenlosigkeit einer Gewährleistung ist sowohl der Normtext als auch die Rechtsprechung des EGMR zu beachten.[227] Auch kann der Begriff „dem Gemeinwohl dienende Zielsetzung" an die spezifischen Schrankenregelung der jeweiligen EMRK-Vorschrift angepasst werden, beispielsweise um das Erfordernis der Notwendigkeit zum Schutz der öffentlichen Sicherheit und Ordnung, Gesundheit oder Moral oder zum Schutz der Rechte und Freiheiten anderer.[228] Darüber hinaus können auch die Verfahren angepasst werden zumal alle in der EMRK-Norm hinzukommenden verfahrensrechtlichen Erfordernisse für das EMRK-kongruente Charta-Grundrecht gelten, wie beispielsweise für Art. 6 GRCh die Pflichten zur Information und unverzüglichen Vorführung vor einen Richter nach Art. 5 EMRK.[229]

c) Verhältnis zwischen EuGH und EGMR

Art. 6 II EUV sieht vor, dass auch die Europäische Union der EMRK beitritt. Solange der Beitritt nicht erfolgt ist, ist die EMRK lediglich mittelbar als allgemeiner Rechtsgrundsatz (Art. 6 II EUV) und zur Auslegung der Charta-Grundrechte

223 *Jarass*, GRCh, Art. 52 Rn. 59.
224 *Schwerdtfeger*, Meyer/Hölscheidt, GRCh, Art. 52 Rn. 59.
225 *Jarass*, GRCh, Art. 52 Rn. 60; *Krämer*, Stern/Sachs, GRCh, Art. 52 Rn. 75.
226 *Krämer*, Stern/Sachs, GRCh Art. 52 Rn. 76.
227 Ebd.; *Jarass*, GRCh, Art. 52 Rn. 59.
228 *Krämer*, Stern/Sachs, GRCh, Art. 52 Rn. 76.
229 *Krämer*, Stern/Sachs, GRCh, Art. 52 Rn. 76.

von den Unionsorganen zu berücksichtigen.[230] Unmittelbar gilt die EMRK hingegen für mitgliedstaatliche Organe, die Unionsrecht vollziehen.[231]

Fraglich ist, welcher Jurisdiktion die Mitgliedstaaten unterliegen, wenn die Einhaltung von Grundrechten bei der Durchführung von Unionsrechts überprüft werden soll. Mitgliedstaatliche Organe sind, soweit sie EU-Recht anwenden oder ausführen, sowohl an die Grundrechte der GRCh als auch unmittelbar an die EMRK gebunden. Umstritten ist deshalb, ob der EuGH oder der EGMR für die Überprüfung der Grundrechte der Handlungen der Organe der Mitgliedstaaten zuständig ist bzw. wie mit einer möglicherweise divergierenden Rechtsprechung der europäischen Gerichthöfe umzugehen ist.

Nach dem Verständnis des EGMR sind die Mitgliedstaaten auch dann für das EMRK-konforme Handeln ihrer Organe verantwortlich, wenn sie völkervertraglichen Verpflichtungen nachkommen.[232] Das staatliche Handeln in Erfüllung solcher Verpflichtungen sei aber „solange gerechtfertigt, wie die jeweilige Organisation die Grundrechte schützt und das in einer Art, die wenigstens als gleichwertig zu dem in der Konvention gewährten Schutz anzusehen ist."[233]

Der EGMR stellt überdies eine Vermutung für konventionskonformes Verhalten auf, wenn die internationale Organisation einen der EMRK gleichwertigen Schutz bietet und der Mitgliedstaat lediglich Verpflichtungen nachkommt, die sich für ihn aus seiner Mitgliedschaft in der Organisation ergeben, welche im Einzelfall widerlegt werden kann.[234] Voraussetzung für die Anwendung der Vermutungsregel ist mithin, dass der Mitgliedstaat Unionsrecht vollzieht d.h. keinen Handlungsspielraum bei der Anwendung des Unionsrechts hatte.[235] Die für den Vollzug von Unionsrechts entwickelte Zurücknahme des Kontrollanspruchs hat der EGMR in späteren Entscheidungen auch auf die Kontrolle des Vorabentscheidungsverfahren übertragen, sodass auch für dieses die Konventionskonformität vermutet wird.[236] Das Verhältnis zwischen den

230 *Jarass*, GRCh, Art. 52 Rn. 64.

231 *Hecker*, Kap. 3 Rn. 75 mwN.

232 *Athen/Dörr*, Grabitz/Hilf/Nettesheim, Art. 344 AEUV Rn. 43.

233 Urt. v. 30.6.2005 – *Bosphorus*, NJW 2006, 197; Ludwigs/Sikora, Jus 2017, 385; EGMR.

234 *Athen/Dörr*, Grabitz/Hilf/Nettesheim, Art. 344 AEUV, 43; EGMR, Urt. v. 30.06.2005 – *Bosphorus*, NJW 2006, 197.

235 *Athen/Dörr*, Grabitz/Hilf/Nettesheim, Art. 344 AEUV Rn. 43.

236 EGMR, Urt. v. 20.1.2009 –*Cooperatieve Producentenorganisatie van de nederlandse Kokkelvisserij*, NJW 2010, 3008; Athen/Dörr, Grabitz/Hilf/Nettesheim, Art. 344 AEUV Rn. 42.

beiden europäischen Gerichtshöfen erinnert demnach an das Verhältnis zwischen dem BVerfG und dem EuGH nach der „Solange"-Rechtsprechung.[237]

Umgekehrt besteht für die Unionsgerichte keine Möglichkeit, Entscheidung des EGMR zu überprüfen.[238] Vielmehr ist die Ausrichtung der Unionsgerichte nach der Ausrichtung des EGMR einseitig.[239]

2. *Verhältnis zu den gemeinsamen Verfassungsüberlieferungen (Art. 52 IV GRCh)*

Gemäß Art. 52 IV GRCh werden, soweit in der Charta-Grundrechte anerkannt werden, wie sie sich aus den gemeinsamen Verfassungsüberlieferungen der Mitgliedstaaten ergeben, die Grundrechte im Einklang mit diesen Überlieferungen ausgelegt.

Mit dieser Auslegungsregel wird ein weitgehender Gleichklang von unionalem und mitgliedstaatlichem Grundrechtschutz angestrebt.[240] Art. 52 IV GRCh ist als Ausprägung des Bekenntnisses der Charta zur nationalen Identität der Mitgliedstaaten und zum Subsidiaritätsprinzip des Art. 5 III EUV zu sehen.[241] Nach den Erläuterungen zur Grundrechtecharta zielt die Auslegung nach Art. 52 IV GRCh nicht auf die Festlegung „des kleinsten gemeinsamen Nenners" aller mitgliedstaatlichen Verfassungen ab.[242] Vielmehr sind die Charta-Grundrechte dieser Regel folgend so auszulegen, dass sie ein hohes Schutzniveau bieten, das dem Unionsrecht angemessen ist und mit den gemeinsamen Verfassungsüberlieferungen in Einklang steht.[243]

Zudem ist Art. 52 IV GRCh bereits nach seinem Wortlaut eine Auslegungsregel für die Charta-Grundrechte. Auch ist Absatz IV deutlich zurückhaltender formuliert als Absatz III. Damit sind die gemeinsamen Verfassungsüberlieferungen der Mitgliedstaaten als eine weitere Rechtserkenntnisquelle der Grundrechte einzustufen, auch wenn ihnen aufgrund der vorrangigen Absätze II und III keine erhebliche Bedeutung zukommt.[244]

Anders als Art. 52 I-III GRCh wird in IV nur von „Grundrechten" und nicht von „Rechten" gesprochen, weshalb in der Literatur vertreten wird, die

---

237 *Krämer*, Stern/Sachs, GRCh Art. 52 Rn. 77.
238 *Athen/Dörr*, Grabitz/Hilf/Nettesheim, Art. 344 AEUV Rn. 46.
239 *Athen/Dörr*, Grabitz/Hilf/Nettesheim, Art. 344 AEUV Rn. 46.
240 *Schwerdtfeger*, Meyer/Hölscheidt, Art. 52 Rn. 68.
241 *Schwerdtfeger*, Meyer/Hölscheidt, Art. 52 Rn. 68.
242 Erläuterungen zur Grundrechtecharta, C 303/33.
243 Erläuterungen zur Grundrechtecharta, C 303/33.
244 *Jarass*, Art. 52 Rn. 66; *Schwerdtfeger*, Meyer/Hölscheidt, GRCh Rn. 71.

Auslegungsregel beziehe sich nur auf einzelne Grundrechte und nicht gleichermaßen auf Grundsätze.[245] Ebenso könnte man aber annehmen, der Begriff der Grundrechte könne als Oberbegriff verstanden werden, der sowohl Rechte als auch Grundsätze erfasst.[246] Da die Grundsatz-Grundrechte der Grundrechte-Charta jedoch ebenso in der EMRK enthalten sind, kommt es auf die Auslegung des Begriffs „Grundrechte" in Art. 52 IV GRCh nicht an.[247] Denn soweit Rechte der GRCh sich vollständig aus sonstigem Unionsrecht beziehungsweise der EMRK ableiten lassen, sind Absatz II und III vorrangig zu Absatz IV.[248] Ebenfalls unbeachtlich ist Absatz IV, soweit ein Charta-Grundrecht ausschließlich oder im Wesentlichen aufgrund eines (anderen) völkerrechtlichen Übereinkommens formuliert wurde.[249]

3. Tragweite und Auslegung der Grundsätze der GRCh (Art. 52 V GRCh)

In Abweichung zu Art. 52 I-IV GRCh, die sich der Tragweite und der Auslegung von Rechnen widmen, befasst sich Art. 52 V GRCh mit der Tragweite und Auslegung der Grundsätze der Charta.

Bereits in den Regelungen des Art. 51 I S. 2 GRCh („*achten sie die Rechte, halten sich an die Grundsätze*") und Art. 6 EUV I 3 („*Die in der Charta niedergelegten Rechte, Freiheiten und Grundsätze*") zeigt sich, dass die GRCh zwischen Rechten und Grundsätzen unterscheidet. Auch die Erläuterungen der GRCh selbst weisen auf eine Unterscheidung zwischen „Rechten" und „Grundsätzen" hin.[250] Im Gegensatz zu den Rechten der GRCh begründen die Grundsätze keine direkten Ansprüche auf den Erlass positiver Maßnahmen durch die Organe der Union oder die Behörden der Mitgliedstaaten, sie können jedoch durch Rechtsakte oder Durchführungsvorschriften umgesetzt werden.[251] Für Gerichte erlangen die Grundsätze demzufolge nur dann Bedeutung, wenn solche Rechtsakte ausgelegt oder überprüft werden. Es handelt sich folglich nicht um subjektive, individuell einklagbare Rechte, sondern um objektiv-rechtliche Verpflichtungen.[252]

---

245 *Ladenburger/Krämer*, Stern/Sachs, GRCh Art. 52 Rn. 88.
246 *Schwerdtfeger*, Meyer/Hölscheidt, GRCh, Art. 52 Rn. 70.
247 *Kingreen*, Callies/Rufert, GRCh, Art. 52 Rn. 5; *Ladenburger*, Stern/Sachs, GRCh, Art. 52 Rn. 88.
248 *Schwerdtfeger*, Meyer/Hölscheidt, GRCh, Art. 52 Rn. 71.
249 *Ladenburger/Krämer*, Stern/Sachs, GRCh, Art. 52 Rn. 89.
250 Erläuterungen zur Charta der Grundrechte der Europäischen Union, C 303/35.
251 *Jarass*, GRCh, Art. 52 Rn. 69.
252 Ebd. Rn. 69a; *Ladenburger/Krämer*, Stern/Sachs, Art. 52 Rn. 99.

Die Charta-Grundsätze i.S.d. Art 52 V GRCh sind nicht mit anderen Grundsätzen des Unionsrechts zu verwechseln, die teilweise trotz ihrer Bezeichnung als Grundsatz unmittelbare Wirkungen entfalten können. Auch die vom EuGH entwickelten Rechtssatz-Grundrechte[253] und alle sonstigen aus allgemeinen Rechtsgrundsätzen (siehe Art. 6 III EUV) entwickelten Regelungen, die das Verhältnis zwischen Staat und Bürger betreffen, sind keine Grundsätze i.S.d. Art. 52 V GRCh.[254]

4. Bedeutung von einzelstaatlichen Rechtsvorschriften (Art. 52 VI GRCh)

Gemäß Art. 52 VI GRCh ist den einzelstaatlichen Rechtsvorschriften und Gepflogenheiten, in vollen Umfang Rechnung zu tragen. Auch Art. 52 VI GRCh ist Ausdruck des Subsidiaritätsprinzips und öffnet den unionalen Grundrechtsschutz für Einflüsse des Grundrechtsschutzes der Mitgliedsstaaten.[255] Er verweist jedoch nur auf bestehende Charta-Bestimmungen und hat keinen eigenen Regelungsgehalt.[256] Im Gegensatz zu Art. 52 IV, der allein auf die „gemeinsamen" Verfassungsüberlieferungen abstellt, eröffnet Art. 52 VI GRCh die Möglichkeit der Berücksichtigung individueller nationaler Eigenheiten.[257] Entsprechende Verweise auf Rechtsvorschriften und Gepflogenheiten der Mitgliedstaaten wurden in Art. 9, Art. 10 II und Art. 14 III, Art. 16, Art. 27, Art. 28, Art. 30, Art. 34 I-III, Art. 35 S. 1, und Art. 36 vorgenommen. Der Verweis auf die Einflüsse der einzelnen Mitgliedstaaten kommt im Rahmen der Rechtfertigung von Eingriffen nach Art. 52 I GRCh zum Tragen. Bei einzelnen Grundrechten kann er sich aber auch auf Elemente des Schutzbereiches auswirken. Zu beachten ist jedoch, dass das Primärrecht nicht aufgrund der Beachtung nationaler Besonderheiten unterwandert werden darf.

---

253 Ungeschriebene Grundrechte der Person, die sich nach früherer EuGH Rechtsprechung aus den allgemeinen Grundsätzen der Gemeinschaftsrechtsordnung ergeben haben; *Jarass*, GRCh, Einleitung: Grundlagen der Grundrechte Rn. 31.

254 Als Beispiele für Charta-Grundsätze i.S.d. Art. 52 V GRCh werden in den Erläuterungen Art. 25 (Rechte älterer Menschen), Art. 26 (Integration von Menschen mit Behinderung), Art. 37 (Umweltschutz), Art. 23 (Gleichheit von Frauen und Männern), Art. 33 (Familien- und Berufsleben) und Art. 34 (Soziale Sicherheit und soziale Unterstützung) genannt.

255 *Jarass*, GRCh, Art. 52 Rn. 80.

256 *Pache*, Pechstein/Nowak/Häde, Art. 52 GRCh Rn. 53; *Schwerdtfeger*, Meyer/Hölscheidt, GRCh, Art. 52 Rn. 89.

257 Hierzu und zu dem Nachfolgenden: *Schwerdtfeger*, Meyer/Hölscheidt, GRCh, Art. 52 Rn. 89–92.

5. Bedeutung der Charta-Erläuterungen (Art. 52 VII GRCh)

Gemäß Art. 52 VII GRCh sind die Erläuterungen, die als Anleitung für die Auslegung der Charta zu verstehen sind, von den Gerichten der Union und den Mitgliedstaaten gebührend zu berücksichtigen. Laut dem Prolog zu den Erläuterungen haben die Erläuterungen als solche keinen rechtlichen Status, stellen jedoch eine nützliche Interpretationshilfe dar, die dazu dient, die Bestimmungen der Charta zu verdeutlichen.[258] Trotz ihrer rechtlichen Unverbindlichkeit ist den Erläuterungen eine gewisse Bedeutung beizumessen, wie sich mit der Aufnahme in die Präambel und Art. 52 VII der Charta sowie Art. 6 I 3 EUV zeigt.[259] Die Formulierung *„gebührende Berücksichtigung"* macht deutlich, dass es sich gewissermaßen um ein obligatorisches Gebot der Berücksichtigung handelt.[260] Auch in der Entscheidungspraxis des EuGH wurden die Charta-Erläuterungen bereits zur Auslegung der Charta herangezogen, etwa für den Anwendungsberiech des Art. 51 I GRCh hinsichtlich der Mitgliedstaaten, für die Bestimmung der Grundrechte, die gemäß Art. 52 III GRCh Garantien der EMRK entsprechen und für die Einordnung einer Bestimmung als Grundsatz (Art. 16, 27, 47 und 50).[261]

C. Anwendungsbereich der GRCh

Gemäß Art. 51 I GRCh gilt die GRCh für die Organe, Einrichtungen und sonstigen Stellen der Union unter Wahrung des Subsidiaritätsprinzips und für die Mitgliedstaaten ausschließlich bei der Durchführung des Rechts der Union. Dementsprechend achten sie die Rechte, halten sich an die Grundsätze und fördern deren Anwendung entsprechend ihren jeweiligen Zuständigkeiten und unter Achtung der Grenzen der Zuständigkeiten, die der Union in den Verträgen übertragen werden.

Art. 51 II GRCh legt fest, dass die GRCh den Geltungsbereich des Unionsrechts nicht über die Zuständigkeiten der Union hinaus ausdehnt und weder neue Zuständigkeiten noch neue Aufgaben für die Union begründet, noch sie die in den Verträgen festgelegten Zuständigkeiten und Aufgaben abändert.

---

258 Erläuterungen zur Charta der Grundrechte der Europäischen Union, C 326/391.

259 *Schwerdtfeger*, Meyer/Hölscheidt, GRCh, Art. 52 Rn. 94.

260 Ebd. Rn. 95.

261 *Ladenburger*, Stern/Sachs, GRCh Rn. 134.

I. Grundrechtsbindung der Europäischen Union

Neben der Union als juristische Person bindet die GRCh gemäß Art. 51 I GRCh auch ihre Organe, Einrichtungen und sonstige Stellen. Die Organe der Union sind gemäß Art. 13 I UA 2 EUV das Europäische Parlament, der Europäische Rat, der Rat, die Europäische Kommission, der Gerichtshof der Europäischen Union, die Europäische Zentralbank und der Rechnungshof. Mit Einrichtungen und sonstigen Stellen sind alle durch die Verträge oder Sekundärrechtsakte geschaffene Einrichtungen gemeint, mitunter Europol, Eurojust, OLAF und die EuStA sowie die Einrichtungen und Stellen aller Nebenorgane wie z.B. der Wirtschafts- und Sozialausschuss, die Europäische Investitionsbank und sämtlicher Agenturen und Ämter.[262]

Sowohl nach dem Sinn und Zweck der Charta als auch nach ihrer Entstehungsgeschichte ist hinsichtlich der Handlungsformen der Union eine umfassende Bindung der Hoheitsgewalt der Union intendiert.[263] Die Einschränkung *„unter Wahrung des Subsidiaritätsprinzips"* soll daher nicht die Grundrechtsbindung einschränken, sondern bezieht sich allein auf die Zuständigkeitsbereiche der Union.[264] Da das Subsidiaritätsprinzip nach Art. 5 I S. 2 EUV ohnehin bei der Ausübung innerhalb der Zuständigkeiten der Union gilt (auch der nicht ausschließlichen), ist dieser Zusatz in Art. 51 I GRCh bloß deklaratorischer Natur.[265] Der Hinweis diente dazu die Bedenken einzelner Mitgliedstaaten auszuräumen, die Grundrechtecharta könne die Zuständigkeiten der Union zulasten der Mitgliedstaaten erweitern.[266] Aus der umfassenden Bindung der Union innerhalb ihrer Zuständigkeiten folgt eine Grundrechtsbindung der Organe, Einrichtungen und sonstigen Stellen auch in den Bereichen der intergouvernementalen Zusammenarbeit, der gemeinsamen Außen- und Sicherheitspolitik sowie der gemeinsamen Sicherheitspolitik.[267] Von der Grundrechtsbindung erfasst werden sowohl die Rechtsprechung und Rechtsetzung als auch der Verwaltungsvollzug.[268] Ebenso lassen privatrechtlichen Rechtsbeziehungen der Union oder ein Handeln der EU in Umsetzung

---

262 Hatje, Schwarze/Becker/Hatje/Schoo, GRC Art. 51 Rn. 11; *Schwerdtfeger*, Meyer/Hölscheidt, GRCh, Art. 51 Rn. 29.

263 *Ladenburger/Vondung*, Stern/Sachs, GRCh, Art. 51 Rn. 6; *Schwerdtfeger*, Meyer/Hölscheidt, GRCh, Art. 51 Rn. 31.

264 *Jarass*, GRCh, Art. 51 Rn. 14; *Ladenburger/Vondung*, Stern/Sachs, GRCh, Art. 51 Rn. 6.

265 *Schwerdtfeger*, Meyer/Hölscheidt, GRCh Rn. 35.

266 *Schwerdtfeger*, Meyer/Hölscheidt, GRCh Rn. 35.

267 *Jarass*, GRCh, Art. 51 Rn. 14; *Kingreen*, Calliess/Ruffert, EUV/AEUV, Art. 51 Rn. 5.

268 *Schwerdtfeger*, Meyer/Hölscheidt, GRCh, Art. 51 Rn. 32.

internationaler Verpflichtungen die Grundrechtsbindung der Union nicht entfallen.[269]

II. Grundrechtsbindung der Mitgliedstaaten

Weitaus schwieriger als die Bestimmung der Reichweite der Grundrechtsbindung der Organe und Einrichtungen der Europäischen Union ist es, die Bindung der EU-Mitgliedstaaten an die GRCh zu bestimmen.

Gemäß Art. 51 I GRCh sind die Mitgliedstaaten immer dann an die GRCh gebunden, wenn sie „*Unionsrecht durchführen*". Problematisch dabei ist, dass dieser Begriff bei der Kodifizierung der GRCh nicht definiert wurde. Es ist mithin zu untersuchen, unter welchen Voraussetzungen die Mitgliedstaaten an die Grundrechtecharta gebunden sind. Drei Fallgestaltungen sind denkbar: Die Umsetzung von Richtlinien und Verordnungen als sog. „gebundener Vollzug von Unionsrecht", die Einschränkung von Grundfreiheiten oder ein Tätigwerden der Mitgliedstaaten im bloßen Kontext des Unionsrechts.[270] In der ersten Konstellation ist die Anwendbarkeit der Grundrechtecharta unproblematisch zu bejahen.[271] Ebenso stellen Beschränkungen der Grundfreiheiten nach ständiger EuGH-Rechtsprechung eine Durchführung von Unionsrecht dar.[272] Die Grundrechte wirken insofern als Schranken-Schranken der Grundfreiheiten.[273]

Weitaus komplexer ist es hingegen, den Anwendungsbereich der GRCh in Fällen zu bestimmen, in denen die Mitgliedstaaten nicht aufgrund einer konkreten sekundärrechtlichen Umsetzungs- oder Durchführungsverpflichtung tätig werden, ihr Handeln aber zumindest mittelbar auch dem Schutz von Unionsinteressen bzw. der Verwirklichung von Zielen der EU dient. Zur Beurteilung, unter welchen Voraussetzungen der Bezug des nationalen Handelns zur EU genügt, um die Anwendbarkeit der GRCh zu rechtfertigen, muss die Entstehungsgeschichte des Art. 51 GRCh sowie die nationale und europäische Rechtsprechung beleuchtet werden.

---

269 *Schwerdtfeger*, Meyer/Hölscheidt, GRCh, Art. 51 Rn. 32.

270 *Schwerdtfeger*, Meyer/Hölscheidt, GRCh, Art. 51 Rn. 48f.

271 Ebd., EuGH, Urt. v. 17.4.2018 – *Egenberger*, C-414/16, NJW 2018, 1869; EuGH, Urt. v. 20.12.2017 – *Protect Natur*, C-664/15, NVwZ 2018, 225; *Hecker*, EuStR, Kap. 4 Rn. 35 mwN.

272 Ebd.; EuGH, Urt. v. 30.4.2014 – *Pfleger* u.a., C-390/12, NJW 2014, 3012; EuGH, Urt. v. 21.12.2016 – *AGET Iraklis*, C-201/15, NJW 2017, 1723.

273 *Schwerdtfeger*, Meyer/Hölscheidt, GRCh, Art. 51 Rn. 48.

1. Der Begriff der „Durchführung von Unionsrecht“

Der Wortlaut des Art. 51 I GRCh sieht die Geltung der GRCH für die Mitgliedstaaten *„ausschließlich“* bei der Durchführung von Unionsrecht vor. Dies lässt vermuten, dass die GRCh für die Mitgliedstaaten nur in besonderen Fällen anwendbar sein soll. Die Formulierung spricht folglich für eine restriktive Auslegung des Begriffs der „Durchführung von Unionsrecht“.[274]

Für ein restriktives Verständnis spricht auch die Entwicklung der Norm im europäischen Grundrechtekonvent, in welchem die zwischenzeitlich vorgeschlagene Formulierung „ausschließlich im Geltungsbereich des Rechts der Europäischen Union“ als zu weitreichende Bindung zu Lasten der Mitgliedstaaten aufgefasst wurde.[275] Die nachfolgend vorgeschlagene Formulierung *„ausschließlich bei der Umsetzung des Rechts der Union“* wurde hingegen für zu eng gehalten. Die Erläuterungen der aktuellen Charta-Fassung enthalten hierzu einen Verweis auf die EuGH-Urteile in den Rechtssachen *Wachauf*, *Karlsson* und *ERT*.[276]

a) Die Genese der Rechtsprechung zu Art. 51 GRCh

Sowohl die *Wachauf*-Entscheidung als auch die *Karlsson*-Entscheidung betrafen administrative Maßnahmen zum Vollzug einer EG-Verordnung. Der EuGH führte aus, dass Mitgliedstaaten die Erfordernisse des Grundrechtsschutzes „bei der Durchführung der gemeinschaftsrechtlichen Regelungen“ zu beachten hätten.[277] Die Entscheidung in der Sache *ERT* betraf die oben aufgeführte Fallgruppe der Anwendbarkeit von Grundrechten bei der Einschränkung von Grundrechten.[278] Hierbei setzte der EuGH für die Anwendung der Grundrechte voraus, dass die Regelung „in den Anwendungsbereich des Gemeinschaftsrechts“ fällt.[279] Seit Inkrafttreten der Charta verweist der EuGH über die Bezugnahme

---

274 *Leanerts*, EuR 2012, S. 4.

275 *Schwerdtfeger*, Meyer/Hölscheidt, GRCh Art. 51 Rn. 9–12; Kritik deutlich geworden durch Änderungsanträge zum Entwurf im Grundrechtekonvent, vgl. Dok. Charta 4372/00 Convent 39 v. 16.6.2000, S. 401 ff.

276 EuGH, Urt. v. 13.7.1989 – *Wachauf*, Rs. 5/88, BeckEuRS 2004, 73224; EuGH, Urt. v. 13.4.2000 – *Karlsson*, C-292/97, EuZW 2000,93; EuGH, Urt. v. 18.6.1991 – *ERT*, C-260/89, NJW 1992, 2621; Erläuterungen zur Charta der Europäischen Union, C 303/32.

277 EuGH, Urt. v. 13.7.1989 – *Wachauf*, Rs. 5/88, BeckRS 2004, 73224.

278 EuGH, Urt. v. 18.6.1991 – *ERT*, C-260/89, NJW 1992, 2621.

279 EuGH, Urt. v. 18.6.1991 – *ERT*, C-260/89, NJW 1992, 2621.

der Charta-Erläuterungen auf seine vorausgegangene Rechtsprechung und stellt regelmäßig auf den „Anwendungsbereich des Unionsrechts ab“.[280]

Weitere Konkretisierungen traf der EuGH in den Vorabentscheidungsverfahren *DEB*, *Åkerberg Fransson*, *Melloni* und *Siragusa*.

aa) Rechtssache Deutsche Energiehandels- und Beratungsgesellschaft mbH

In der Rechtssache *DEB*[281] ging es um die Frage, ob juristischen Personen in einem Verfahren zur Verfolgung eines unionsrechtlichen Staatshaftungsanspruchs Prozesskostenhilfe bewilligt werden muss. Im Ausgangsverfahren, für das Prozesskostenhilfe beantragt wurde, klagte die DEB gegen die BRD aus einem unionsrechtlichen Staatshaftungsanspruch.[282] Das Beschwerdegericht stellte die Vorlagefrage, ob die Ablehnung der Prozesskostenhilfe bei der Verfolgung eines unionsrechtlichen Staatshaftungsanspruchs gegen das Effektivitätsgebot aus Art. 47 GRCh verstoßen könnte.[283] Unter Hinweis auf Art. 51 GRCh prüfte der EuGH die nationale Regelung, die einer juristischen Person die Prozesskostenhilfe versagte, anhand des Effektivitätsgebots des Art. 47 GRCh und machte damit deutlich, dass der Terminus „*Durchführung des Rechts der Europäischen Union*“ nicht nur Maßnahmen des abgeleiteten Unionsrecht erfasst, sondern auch Regelungen, die geeignet sind die Effektivität des Unionsrechts bei der Durchführung des Rechts der Union zu beeinträchtigen.

Noch extensiver legt der EuGH den Begriff der „Durchführung von Unionsrecht“ in den umstrittenen und viel diskutierten Entscheidungen *Åkerberg Fransson*[284] und *Melloni*[285] aus.

bb) Rechtssache Åkerberg Fransson

Hintergrund der gegenüber Herrn Åkerberg Fransson ergangenen Entscheidung war ein Steuerstrafverfahren vor einem schwedischen Gericht und die Frage nach der Anwendbarkeit des europäischen Doppelbestrafungsverbotes aus Art. 50 GRCh bzw. Art. 4, 7. ZP EMRK.[286]

---

280 *Schwerdtfeger*, Meyer/Hölscheidt, GRCh, Art. 51 Rn. 40.

281 EuGH, Urt. v. 22.12.2010 – *DEB Deutsche Energiehandels- und Beratungsgesellschaft*, C-279/09, NJW 2011, 2496.

282 Vgl. Entscheidungszusammenfassung in *Lenaerts*, EuR 2012, S. 5.

283 *Riedel*, S. 189.

284 EuGH, Urt. v. 26.2.2013 – *Åkerberg Fransson*, C-617/10, NJW 2013, 1415.

285 EuGH, Urt. v. 26.2.2013 – *Melloni*, C-399/11, NJW 2012, 1215.

286 EuGH, Urt. v. 26.2.2013 – *Åkerberg Fransson*, C-617/10, NJW 2013, 1415.

Der Beschuldigte wurde im Jahr 2009 vor einem schwedischen Gericht unter anderem wegen Falschangaben für die Steuerjahre 2004 und 2005 sowie Steuerhinterziehung in einem schweren Fall angeklagt. Für die besagten Steuerjahre wurde ihm jedoch bereits 2007 vom schwedischen Finanzamt steuerliche Sanktionen in Form von Steuerzuschlägen auferlegt. Da der Bescheid über die Festsetzung der Steuerzuschläge sich auf dieselbe Tat bezog, auf die auch die strafrechtliche Anklage gestützt wurde, stellte sich die Frage, ob eine Verurteilung des Beschuldigten aufgrund desselben Sachverhaltes gegen Art. 50 GRCh verstößt.

Das schwedische Gericht stellte dem EuGH im Wege eines Vorabentscheidungsverfahren fünf Einzelfragen zur grundsätzlichen Anwendbarkeit und Wirkungsweise des Doppelbestrafungsverbotes.[287] Die bedeutendste Frage in diesem Zusammenhang war jedoch die Zuständigkeit des EuGH als solche. Da weder die nationale Rechtsvorschrift, aufgrund der die steuerlichen Sanktionen festgesetzt wurden, noch die nationale Vorschrift, die als Grundlage der Anklage diente, auf der Durchführung von Unionsrecht beruhte, hielten die schwedische, die tschechische und die dänische Regierung sowie die Europäische Kommission bereits die Vorlagefragen für unzulässig.[288]

Der EuGH hingegen bejahte seine Zuständigkeit und damit auch die Anwendbarkeit der Grundrechtecharta. Ein europarechtlicher Bezug ergebe sich im Wesentlichen aus dem Prinzip der gemeinsamen Mehrwertsteuer, der Verpflichtung zur Betrugsbekämpfung und des Schutzes der finanziellen Interessen der Europäischen Union aus Art. 325 AEUV.

In Bezug auf die Mehrwertsteuer ginge aus der Richtlinie 2006/12/EG des Rates vom 28.11.2006 über das gemeinsame Mehrwertsteuersystem in Verbindung mit dem Loyalitätsgebot aus Art. 4 III EUV hervor, dass die Mitgliedstaaten die Erhebung der gesamten in ihren Hoheitsgebeten geschuldeten Mehrwertsteuer gewährleisten und den Betrug bekämpfen müssen. Zudem seien die Mitgliedstaaten nach Art. 325 AEUV verpflichtet zur Bekämpfung von rechtswidrigen Handlungen, die sich gegen die finanziellen Interessen der Union richten, abschreckende und wirksame Maßnahmen zu ergreifen; insbesondere müssen sie zur Bekämpfung von Betrug, der sich gegen die finanziellen Interessen der Union richtet, dieselben Maßnahmen ergreifen wie zur Bekämpfung von Betrug, der sich gegen ihre eigenen finanziellen Interessen richtet. Es bestehe ein unmittelbarer Zusammenhang zwischen der Erhebung der Mehrwertsteuer und den finanziellen Interessen der EU, da die Eigenmittel der Union unter anderem

287 EuGH, Urt. v. 26.2.2013 – *Åkerberg Fransson*, C-617/10, NJW 2013, 1415.

288 Hierzu und zum Nachfolgenden: *Safferling*, NStZ, 2014, 545.

die Einnahmen umfassen, die sich aus der Anwendung eines einheitlichen Satzes auf eine einheitliche Mehrwertsteuer-Eigenbemessungsgrundlage ergeben. Daher ergäben sich mit jeder Versäumnis bei der Erhebung der Mehrwertsteuer auch eine Verringerung des Unions-Haushalts. Die Tatsache, dass die nationalen Vorschriften, die den steuerlichen Sanktionen und dem Strafverfahren zugrunde liegen, nicht zur Umsetzung der oben genannten Richtlinie erlassen wurde, sei unbeachtlich, da sie gleichwohl geeignet seien den Richtlinienbestimmungen und dem Schutz der finanziellen Interessen der Europäischen Union zu dienen.

Diesem Vorabentscheidungsurteil zufolge, sieht der EuGH nunmehr den Anwendungsbereich der Unionsgrundrechte bereits dann eröffnet, wenn eine nationale Vorschrift einem Ziel der Union dient und eine, wenn auch eher abstrakte, Schutzverpflichtung der Mitgliedstaaten besteht.[289]

Diese sehr extensive Auslegung des Begriffes der *„Durchführung von Unionsrecht"* ist in der Literatur und auch in der Rechtsprechung des BVerfG auf scharfe Kritik gestoßen.[290]

Kritiker befürchten die vom EuGH vorgenommene Entformalisierung der „Durchführungsvoraussetzung" führe zu einer uferlosen Ausweitung des supranationalen Rechts zulasten der nationalen Rechtsordnungen, die nicht in Einklang mit dem Subsidiaritätsprinzip des Art. 5 III EUV zu bringen sei.[291] Dadurch komme es zu verdeckten Strafrechtsharmonisierungen jenseits des Art. 82 AEUV und im Ergebnis zu einer Marginalisierung der nationalen Verfassungsidentitäten der Mitgliedstaaten.[292] Dies hebe die Vielfalt der europäischen Grundrechtsordnungen auf.[293] Zudem bestehen Bedenken, dass sich der europäische Grundrechtsschutz letztendlich womöglich auf den kleinsten gemeinsamen Nenner der vielfältigen europäischen Grundrechtsordnungen reduziert.[294]

Eine ähnliche Extension wurde auch in dem zeitgleich ergangenen Vorabentscheidungsurteil *Melloni*[295] gesehen. Anders als die *Åkerberg Fransson*-Entscheidung beschäftigt sich das *Melloni*-Urteil aber nicht mit dem Anwendungsbereich der Charta, sondern mit dem Verhältnis zwischen

---

289 *Safferling*, NStZ 2014, 545f.

290 Ebd.; *Calliess*, JRP 2015, 17f.; *Kingreen*, JZ 2013, 801ff.; mit weiteren Verweisen: *Nowak*, Heselhaus/Nowak, § 9 Rn. 39.

291 *Safferling*, NStZ 2014, 545f.

292 *Safferling*, NStZ 2014, 545f.

293 *Bäcker*, EuR 2015, 389.

294 *Bäcker*, EuR 2015, 389 mit weiteren Verweisen.

295 Hierzu und zum Nachfolgenden: EuGH, Urt. v. 26.2.2013 – *Melloni*, C-399/11, NJW 2013, 1215.

sekundärem Unionsrecht und nationalem Verfassungsrecht. Gleichwohl ist darin eine zusätzliche Aufwertung des Europäischen (Sekundär-)Rechts gegenüber den nationalen Verfassungsordnungen zu sehen.

cc) Rechtssache Melloni

In der Rechtssache *Melloni*, die am selben Tag vom EuGH entschieden wurde, ging es um die Frage, ob Abwesenheitsurteile im Rahmen eines Vollstreckungshaftbefehls vom Vollstreckungsstaat anerkannt werden müssen.[296]

Stefano Melloni wurde von einem italienischen Gericht wegen betrügerischen Konkurses in Abwesenheit zu zehn Jahren Freiheitsstrafe verurteilt. Alle weiteren Zustellungen bezüglich des Verfahrens erfolgten an Mellonis Anwälte, die erfolglos den innerstaatlichen Rechtsweg gegen das Abwesenheitsurteil bestritten. Mit Eintritt der Rechtskraft des Urteils erging sodann ein europäischer Haftbefehl gegen Melloni, der im Jahr 2008 in Spanien festgenommen wurde und sich daraufhin vor den spanischen Gerichten gegen seine Auslieferung nach Italien wehrte. Im Verfahren über die zuletzt erhobene Verfassungsbeschwerde legte das spanische Verfassungsgericht dem EuGH die Sache zur Vorabentscheidung vor.

Ausgangspunkt der Vorlagefragen war, dass Art. 4a RbEuHb in der 2009 geänderten Fassung bei Verurteilungen in Abwesenheit eine Auslieferung nur in Ausnahmefällen und unter Erfüllung bestimmter Voraussetzungen vorsah. In Art. 1 II RbEuHb heißt es aber auch, der Rahmenbeschluss berühre nicht die Verpflichtung zur Achtung der Grundrechte und der allgemeinen Rechtsgrundsätze gemäß Art. 6 des Vertrags einschließlich des Verteidigungsrechts von Personen, gegen die ein Strafverfahren anhängig ist; die Verpflichtungen der Justizbehörden sollten in dieser Hinsicht unberührt bleiben. Das spanische Verfassungsgericht wollte unter anderem wissen, ob nach Art. 53 GRCh ein aus der nationalen Verfassung resultierendes höheres Schutzniveau erlaubt sei, um die Verfassungsmäßigkeit der Maßnahme im nationalen Recht zu gewährleisten, mit anderen Worten, ob dem EU-Recht bei der Durchsetzung einzelner Maßnahmen ein höherer nationaler Grundrechtestandard entgegengehalten werden kann.[297]

Der EuGH erteilte dem wenig überraschend eine Absage. Nationalen Gerichten und Behörden stehe es nur dann gemäß Art. 53 GRCh frei nationale Schutzstandards für die Grundrechte anzuwenden, sofern durch diese Anwendung weder das Schutzniveau der Charta, wie sie vom Gerichtshof ausgelegt wird, noch

296 Ebd.

297 EuGH, Urt. v. 26.2.2013 – *Melloni*, C-399/11, NJW 2013, 1215; *Safferling*, NStZ 2014, 545.

der Vorrang, die Einheit und die Wirksamkeit des Unionsrechts beeinträchtigt werden.[298] Anderenfalls würde die Einheitlichkeit des im Rahmenbeschluss festgelegten Grundrechtsschutzstandards in Frage gestellt und die Grundsätze des gegenseitigen Vertrauens und der gegenseitigen Anerkennung verletzt, die der Rahmenbeschluss stärken soll.[299]

Der EuGH stellt damit das Prinzip des Anwendungsvorrangs des Unionsrechts über das Verfassungsrecht der Mitgliedstaaten und damit auch über das Gebot der mitgliedstaatfreundlichen Auslegung in Art. 53 GRCh.[300] Der EuGH scheint sich damit zunächst vollkommen von der „*Solange*"-Rechtsprechung des BVerfG abgekehrt zu haben, die von einem Kooperationsverhältnis zwischen dem EU-Recht und dem nationalen Verfassungsrecht ausgeht und den Anwendungsvorrang des Unionsrechts nur akzeptiert, solange die Union einem dem Grundgesetz vergleichbaren Grundrechtsschutz gewährleistet.

In der Gesamtschau mit der *Åkerberg Fransson*-Entscheidung ergibt sich überdies eine doppelte Extension zugunsten des Unionsrechts. Mit der Erweiterung des Anwendungsbereiches einerseits und der Verdrängung nationaler Einwendungen andererseits verbleibt für eine Kooperation zwischen Union und Mitgliedstaat nur noch der Bereich, der nicht vollständig durch Unionsrecht determiniert ist.

Auch das BVerfG stand diesen Vorabentscheidungsurteilen sehr kritisch gegenüber und nahm in den Folgejahren in zwei Verfassungsbeschwerden Stellung zu der extensiven EuGH-Rechtsprechung.

dd) BVerfG, Urteil v. 24.4.2013 – 1 BvR 1215/07 (Anti-Terror Datei)

In seinem Urteil vom 24.4.2013 lehnte das BVerfG ein Vorabentscheidungsersuchen an den EuGH mit der Begründung ab, die angegriffenen Vorschriften seien nicht durch das Unionsrecht determiniert.[301]

Gegenstand des Verfahrens war die Verfassungsbeschwerde eines Bürgers, der sich gegen das Gesetz zur Errichtung einer standardisierten zentralen Anti-Terror-Datei von Polizeibehörden und Nachrichtendiensten von Bund und Ländern (sog. Antiterrordateigesetz-kurz ATDG) zur Wehr setzte. Die Datei erleichtert und beschleunigt den Informationsaustausch zwischen den beteiligten

298 EuGH, Urt. v. 26.2.2013 – *Melloni*, Rs. C-399/11, NJW 2013, 1215.

299 EuGH, Urt. v. 26.2.2013 – *Melloni*, Rs. C-399/11, NJW 2013, 1215.

300 Hierzu und zum Nachfolgenden: *Safferling*, NStZ 2014, 545.

301 BVerfG, Urt. v. 24.4.2013 – 1 BvR 1215/07 (*Antiterrordatei*), NJW 2013, 1499.; *Schwerdtfeger*, Meyer/Hölscheidt, GRCh, Art. 51 Rn. 45.

Polizeibehörden und Nachrichtendiensten, indem bestimmte Erkenntnisse aus dem Zusammenhang der Bekämpfung des internationalen Terrorismus, über die einzelne Behörden verfügen, für alle beteiligten Behörden schneller auffindbar und leichter zugänglich werden. Im Rahmen der Zulässigkeit der Verfassungsbeschwerde führte das BVerfG aus, warum der EuGH nicht der gesetzliche Richter i.S.d. Art. 101 I GG für die aufgeworfenen Fragen ist.

Entgegen der Ansicht des EuGH ändere eine teilweise Berührung von Regelungsbereichen des Unionsrechts nichts an dem genuin nationalen Ursprung und Charakter der angegriffenen Vorschriften zum innerstaatlichen Datenaustausch zur Bekämpfung des internationalen Terrorismus.[302] Die Anwendbarkeit der Unionsgrundrechte scheide damit von vornherein aus. Nichts anderes ergebe sich aus der *Åkerberg Fransson*-Entscheidung. Die Entscheidung dürfe nicht in einer Weise verstanden und angewendet werden, nach der für eine Bindung der Mitgliedstaaten an die Grundrechte-Charta jeder sachliche Bezug einer Regelung zum bloß abstrakten Anwendungsbereich des Unionsrechts oder rein tatsächliche Auswirkungen auf den Anwendungsbereich ausreiche.

Das BVerfG macht hiermit von der zu Art. 23 GG entwickelten „ultra-vires"-Kontrolle Gebrauch, um den Staat vor eigenmächtigen Kompetenzübernahmen der Union zu schützen.[303]

ee) BVerfG, Beschl. v. 15.12.2015 – 2 BvR 2735/14 (Europäischer Haftbefehl II)

Das BVerfG nahm darüber hinaus eine weitere Verfassungsbeschwerde, betreffend eine Auslieferung aufgrund eines europäischen Haftbefehls, zum Anlass auf die *Melloni*-Rechtsprechung zu reagieren und seine Rechtsprechung zum Grundrechtsschutz bei der Durchführung von Unionsrecht zu ergänzen.[304]

Gegenstand des Verfahrens war eine Entscheidung des OLG Düsseldorf[305] über die Auslieferung eines US-Amerikaners, der in Italien wegen Drogenkriminalität in Abwesenheit zu einer Freiheitsstrafe von 30 Jahren verurteilt worden war. Ein Kriterium bei der Auslieferung Deutschlands bei Abwesenheitsverurteilungen ist gemäß § 83 Nr. 3 IRG die Durchführung eines neuen Gerichtsverfahrens

---

302 Hierzu und zum Nachfolgenden: BVerfG, Urt. v. 24.4.2013 – 1 BvR 1215/07 (*Antiterrordatei*), NJW 2013, 1499.

303 *Safferling*, NStZ 2014, 545.

304 BVerfG, Beschl. v. 15.12.2015–2 BvR 2735/14 (*Europäischer Haftbefehl II*), NJW 2016, 1149.

305 OLG Düsseldorf, Beschl. v. 7.11.2014 – 3 Ausl108/14, BeckRS 2016, 03466.

mit umfassender Überprüfung des Tatvorwurfs als Ausfluss des Rechts auf ein faires Verfahren, was im vorliegenden Fall in Zweifel gezogen wurde.[306] § 83 Nr. 3 IRG setzte die Vorgaben des bereits in der *Melloni*-Entscheidung thematisierten Art. 4a I RbEuHb um, der eine Auslieferung nur ausnahmsweise bei Erfüllung bestimmter Voraussetzungen ausschließt.[307] Anders als im Fall *Melloni* bestand im vorliegenden Fall jedoch kein Kollisionsproblem, da auch Art. 4 a I des Rahmenbeschusses nur greift, wenn der Betroffene das Recht hat, nach der Überstellung einen Rechtsbehelf einzulegen, bei dem der Sachverhalt, einschließlich neuer Beweismittel erneut geprüft werden kann.[308] Eine Kollisionslage zwischen dem unionsrechtlichen Gebot des Anwendungsvorrangs und dem einem verfassungsrechtlichen Verbot bestand damit nicht.[309] Nichtsdestotrotz nutzte das BVerfG die Chance, auf die *Melloni*-Rechtsprechung des EuGH zu reagieren und dem Anwendungsvorrang des Unionsrechts den Vorrang der grundrechtlich geschützten Menschenwürde entgegenzusetzen. Die Vorgaben des Rahmenbeschlusses entbänden *„deutsche Behörden und Gerichte nicht von der Verpflichtung, auch bei einer Auslieferung zur Vollstreckung eines Europäischen Haftbefehls die Grundsätze des Art. 1 GG sicherzustellen (Art. 23 I 3 i. V.m. Art. 79 III GG) […], insoweit werde der den europäischen Auslieferungsverkehr beherrschende Grundsatz des gegenseitigen Vertrauens durch die Garantie der Menschenwürde in Art. 1 GG begrenzt.“*[310]

Das BVerfG verweist hier auf das durch den Vertrag von Lissabon eingeführte Instrument der Identitätskontrolle. Mithilfe dieses Verfahrens kann das BVerfG unabhängig vom generellen Grundrechtsstandard der EU, die Wahrung bestimmter Grundrechte im Einzelfall überprüfen.[311] Die in Art. 23 I 3 i.V.m. Art. 79 III GG für integrationsfest erklärten Schutzgüter dulden auch keine Relativierung im Einzelfall.[312] Die in Art. 23 I 3 i.V.m Art. 79 III GG verankerte Identitätskontrolle ermöglicht die Prüfung einer Verletzung der für unantastbar erklärten Grundsätze der Art. 1 und 20 GG.

306 OLG Düsseldorf, Beschl. v. 7.11.2014 – 3 Ausl108/14, BeckRS 2016, 03466.
307 BVerfG, Beschl. v. 15.12.2015 – 2 BvR 2735/14 (*Europäischer Haftbefehl II*), NJW 2016, 1149.
308 So auch *Sauer*, NJW 2016, 1134.
309 *Sauer*, NJW 2016, 1134.
310 BVerfG.NJW 2016, 1149.
311 *Sauer*, NJW 2016, 1134.
312 BVerfG NJW 2016, 1149, 1152.

ff) Rechtssache Siragusa

Der EuGH hat in seiner nachfolgenden Judikatur den geäußerten Bedenken des BVerfG Rechnung getragen und die mit den Urteilen *Åkerberg Fransson* und *Melloni* einhergehende erhebliche Extension des Anwendungsbereiches der GRCh mit seiner Rechtsprechung in der Rechtssache *Siragusa* in gewissem Umfang korrigiert, indem er den sachlichen Bezug des konkreten Falles zum Unionsrecht wieder stärker konturierte.

Hintergrund der Entscheidung war die Klage des italienischen Staatsbürgers *Cruciano Siragusa*, Eigentümer einer Liegenschaft in einem Landschaftsschutzgebietes Siziliens, der sich gegen eine Abrissanordnung aufgrund von ihm durchgeführter baulicher Änderungen wehrte. Die Anordnung wurde damit begründet, dass für die in Rede stehenden Bauten eine Feststellung der Landschaftsverträglichkeit (gemäß Art. 167 und 181 des Gesetzesdekrets Nr. 42/02) nicht möglich sei, da es sich um Bauten handele, die eine Vergrößerung des Volumens bewirkt hätten. Das zuständige nationale Gericht legte dem EuGH die Frage vor, ob Art. 17 GRCh (Eigentumsrecht) und der Grundsatz der Verhältnismäßigkeit einer nationalen Regelung wie Art. 167 IVa des Gesetzesdekrets Nr. 42/02 entgegensteht, die die Möglichkeit einer nachträglichen Baugenehmigung bei einer Vergrößerung des Volumens grundsätzlich ablehnt, unabhängig von der konkreten Feststellung der Vereinbarkeit solche Eingriffe mit den Werten des Landschaftsschutzes des spezifischen betroffenen Orts.

Der EuGH führte im Rahmen der Feststellung, ob eine nationale Reglung die Durchführung des Rechts der Union i.S.v. Art. 51 der Charta betrifft aus, dass zu prüfen sei, *„ob mit ihr eine Durchführung einer Bestimmung des Unionsrechts bezweckt wird und ob mit ihr nicht andere als die unter das Unionsrechts fallende Ziele verfolgt werden, selbst wenn sie das Unionsrechts mittelbar beeinflussen kann, sowie ferner, ob es eine Regelung des Unionsrechts gibt, die für diesen Bereich spezifisch ist oder ihn beeinflussen kann.“*[313] Der EuGH verneinte die Durchführung von Unionsrecht für den streitgegenständlichen Art. 167 des Gesetzesdekrets Nr. 42/02. Es existierten keine europäischen Bestimmungen, die den Mitgliedstaaten entsprechende Verpflichtungen im Hinblick auf den Landschaftsschutz auferlegen, noch seien die Ziele des Dekrets und der einschlägigen europäischen Bestimmungen die Gleichen.

Anstatt wie noch in seiner *Åkerberg Fransson*-Rechtsprechung einen nur mittelbaren Bezug zu einem europäischen Schutzziel für die Anwendbarkeit von Art. 51 GRCh anzuerkennen, verweist der EuGH nunmehr auf sein Urteil in

313 EuGH, Urt. v. 6.3.2014 – *Siragusa*, C-206/13, NVwZ 2014, 575.

der Rechtssache *Annibaldi*,[314] *„wonach der alleinige Umstand, dass ein nationales Gesetz das Funktionieren einer gemeinsamen Agrarmarktorganisation mittelbar beeinflussen kann, keinen hinreichenden Zusammenhang zu begründen vermag.*"[315]

Der EuGH bestätigte die restriktivere Linie seiner *Siragusa*-Rechtsprechung für die Eröffnung des Anwendungsbereichs der Grundrechtecharta ebenfalls für die Fälle des Mehrwertsteuerbetrugs[316] sowie der Marktmanipulation.[317]

2. *Fazit*

Die Genese der Rechtsprechung zu Art. 51 GRCh hat gezeigt, dass der EuGH in seiner jüngsten Judikatur die noch in der *Åkerberg Fransson* und der *Melloni* -Entscheidung vertretene extensive Auslegung des Begriffs der „Durchführung von Unionsrecht" in präzisierender Weise eingeschränkt hat.

Zum einen ist das Schutzniveau der EU-Grundrechtecharta im Allgemeinen hoch einzustufen; zum anderen hat der EuGH in seinen nachfolgenden Entscheidungen zu Art. 51 GRCh bereits den Anwendungsbereich einschränkende Kriterien aufgestellt.[318] In der Rechtssache *Siragusa* führte der EuGH aus, *„dass der Begriff der Durchführung des Rechts der Union einen hinreichenden Zusammenhang von einem gewissen Grad verlangt, der darüber hinaus geht, dass die fraglichen Sachbereiche benachbart sind oder der eine von ihnen mittelbare Auswirkungen auf den anderen haben kann*".[319] Es sei zu prüfen, ob mit einer nationalen Regelung *„eine Durchführung einer Bestimmung des Unionsrechts bezweckt wird, welchen Charakter diese Regelung hat und ob mit ihr nicht andere als die unter das Unionsrechts fallenden Ziele verfolgt werden, selbst wenn sie das Unionsrechts mittelbar beeinflussen kann, sowie ferner, ob es eine Regelung des Unionsrechts gibt, die für diesen Bereich spezifisch ist oder ihn beeinflussen kann.*"[320]

Auch die Befürchtung, es käme durch eine Extension des Anwendungsbereiches zu einer Erosion des Grundrechtsschutzes bzw. zu einer Reduktion auf den

---

314 EuGH, Urt. v. 18.2.1997 – *Annibaldi*, C-309/96, I 7505.

315 EuGH, Urt. v. 6.3.2014 – *Siragusa*, C-206/13, NVwZ 2014, 575.

316 EuGH, Urt. v. 20.3.2018 – C-524/15, wistra 2018, 391.

317 EuGH, Urt. v. 20.3.2018 – C-573/16, NJW 2018, 1233ff.; *Hecker*, Kap. 4 Rn. 37.

318 *Schwerdtfeger*, Meyer/Hölscheidt, Art. 51 GRCh Rn. 46; EuGH, Beschl. v. 7.9.2017 – *Dermachi Gino*, C-177/17, BeckEuRS 2017, 128185; EuGH, Urt. v. 6.3.2014 – *Siragusa*, C-206/13, NVwZ 2014, 575; EuGH, Urt. v. 7.9.2019 – *Paoletti*, C-2018/15, NJW 2018, 2615.

319 EuGH, Urt. v. 6.3.2014 – *Siragusa*, C-206/13, NVwZ 2014, 575.

320 EuGH, Urt. v. 6.3.2014 – *Siragusa*, C-206/13, NVwZ 2014, 575.

kleinsten gemeinsamen Nenner, ist nicht einleuchtend.[321] Eine Extension des Anwendungsbereiches würde auch die Zunahme von Vorabentscheidungsverfahren bedingen, die als wichtigstes Instrument des Dialogs zwischen dem EuGH und den nationalen Gerichten dienen und zu einer Verbesserung und Stärkung des europäischen Grundrechtsschutzes beitragen können.[322]

Darüber hinaus ist zu beachten, dass das Unionsrecht an vielerlei Stellen Unterschiede der nationalen Verfassungsidentitäten berücksichtigt[323] und dass auch eine Auslegung der GRCh anhand der mitgliedstaatlichen Verfassungsüberlieferungen gemäß Art. 52 IV GRCh nicht auf eine Festlegung des kleinsten gemeinsamen Nenners der mitgliedstaatlichen Verfassungen zu verstehen ist, sondern dass die Grundrechte so zu definieren sind, dass sie ein hohes Schutzniveau bieten.[324]

Das vom BVerfG angewandte Identitätskontrollverfahren zur Einzelfallüberprüfung der Vorrangstellung des Unionsrechts ist zwar verfassungsrechtlich nachvollziehbar und notwendige Konsequenz zum Schutz des nationalen Verfassungsrechts angesichts einer Ausweitung des Anwendungsbereichs des Unionsrechts.[325] Unter Berücksichtigung der jüngeren EuGH-Rechtsprechung und des generell hohen unionsrechtlichen Grundrechtsschutzes ist ein Identitätskontrollverfahren aber nicht präventiv geboten.[326]

D. Gewährleistungsinhalt des Art. 49 I S. 3 GRCh

I. Bedeutung des europäischen Lex mitior-Prinzips

In Art. 49 I GRCh werden die Grundsätze der Gesetzmäßigkeit und der Verhältnismäßigkeit im Zusammenhang mit Straftaten und Strafen festgehalten.

Gemäß Art. 49 GRCh darf

> *„niemand wegen einer Handlung oder Unterlassung verurteilt werden, die zur Zeit ihrer Begehung nach innerstaatlichem oder internationalen Recht nicht strafbar war. Es darf auch keine schwerere Strafe als die zur Zeit der Begehung angedrohte Strafe verhängt werden. Wird nach der Begehung einer Straftat durch Gesetz eine mildere Strafe eingeführt, so ist diese zu verhängen.*

321 *Bäcker*, EUR 2015, 389.

322 *Sauer*, NJW 2016, 1134; *Thym*, DÖV 2014, 941; *Schwerdtfeger*, Meyer/Hölscheidt, GRCh, Art. 51 Rn. 81.

323 Z.B. Art. 5 III EUV; Art. 83 III AEUV; Art. 52 IV, VI GRCh.

324 Erläuterungen zur Grundrechtecharta, Art. 52, C 303/34; → Teil 2, B II, Nr. 2.

325 *Sauer*, NJW 2016, 1134.

326 Vgl. Sauer NJW 2016, 1143.

Dieser Artikel schließt nicht aus, dass eine Person wegen einer Handlung oder Unterlassung verurteilt oder bestraft wird, die zur Zeit ihrer Begehung nach den allgemeinen, von der Gesamtheit der Nationen anerkannten Grundsätzen strafbar war.
Das Strafmaß darf zur Straftat nicht unverhältnismäßig sein."

Im Gegensatz zu Art. 47 und 48 GRCh, die unterschiedliche justizielle Rechte bündeln, vereinen die in Art. 49 GRCh erfassten Rechte einen gemeinsamen Kern in den Grundsätzen der Gesetzmäßigkeit und Verhältnismäßigkeit.[327]

Art. 49 I S. 1 und S. 2 GRCh beinhalten das Gesetzmäßigkeitsprinzip und das Verbot rückwirkender Strafschärfung. Die Sätze 1 und 2 entsprechen annähernd wortgenau Art. 7 I EMRK und sind als rechtstaatliche Garantien bereits in Art. 11 II AEMR der Vereinten Nationen von 1948 sowie in Art. 15 I S. 1. und 2 IPbpR enthalten gewesen. Darüber hinaus finden sich Ausprägungen dieser für einen Rechtsstaat fundamentalen Gewährleistungen in allen mitgliedsstaatlichen Strafgesetzbüchern.[328]

Das im Folgenden näher zu betrachtende und in Art. 49 I S. 3 GRCh festgehaltene Gebot der rückwirkenden Anwendung des milderen Strafgesetzes (Lex mitior-Prinzip) entspricht nahezu dem Wortlaut des Art. 15 I S. 3 IPbpR aus dem Jahre 1966 („*Wird nach der Begehung einer strafbaren Handlung durch Gesetz eine mildere Strafe eingeführt, so ist das mildere Gesetz anzuwenden*"). In der früheren EuGH-Rechtsprechung wurde das Problem der rückwirkenden Anwendung milderer Strafgesetze noch als Frage des nationalen Rechts eingeordnet.[329] In der Rechtssache *Berlusconi* hat der EuGH den Rang des Lex mitior-Prinzips jedoch neu bewertet und als gemeinsame Verfassungstradition der Mitgliedstaaten und Bestandteil der allgemeinen Rechtsgrundsätze des Unionsrechts eingestuft.[330] Der Grundsatz der rückwirkenden Anwendung milderer Strafgesetze sei daher von nationalen Richtern auch bei der Anwendung nationalen Rechts zu beachten, wenn es zur Durchführung des Gemeinschaftsrechts erlassen wurde.[331]

---

327 *Schwerdtfeger*, Meyer/Hölscheidt, GRCh, Art. 49 Rn. 1.

328 Ebd.; vgl. Art. 7 EMRK: „Niemand darf wegen einer Handlung oder Unterlassung verurteilt werden, die zur Zeit ihrer Begehung nach innerstaatlichem oder internationalem Recht nicht strafbar war. Es darf auch keine schwerere als die zur Zeit der Begehung angedrohte Strafe verhängt werden."

329 Schlussanträge der Generalanwältin *Kokott* vom 14. Oktober 2004 im Strafverfahren gegen Silvio Berlusconi u.a., C-387/02, C-391/02 und C-403/02 Rn. 155 mit Verweis auf EuGH, Urt. v. 26.9.1996 – *Allain*, C-341/94, BeckRS, 2004, 76576.

330 EuGH, Urt. v. 3.5.2005 – *Berlusconi*, C-387/02, C-391/02 und C-403/02 Rn. 66ff, EuZW 2005, 369.

331 EuGH, Urt. v. 3.5.2005 – *Berlusconi*, C-387/02, C-391/02 und C-403/02 Rn. 66ff., EuZW 2005, 369.

Diese Bewertung entsprach dem Vortrag der Schlussanträge der Generalanwältin *Kokott*, in welchem sie zudem darauf hinwies, dass das Lex-mitior-Prinzip keineswegs nur als nationaler Grundsatz anzuerkennen sei, der nicht nur in den Rechtsordnungen fast aller (damals) 25 Mitgliedstaaten verankert, sondern auch international[332] und im sekundären Gemeinschaftsrecht Anerkennung gefunden habe.[333]

Der Umstand, dass der Grundsatz in einigen mitgliedstaatlichen Rechtsordnungen nicht mit verfassungsrechtlichem, sondern lediglich gesetzlichem Rang verankert ist, wurde weder in den Anträgen noch in der Entscheidung thematisiert.

Mit der Einordnung des Lex mitor-Prinzips als allgemeinen Rechtssatz des Europarechts[334] wurde dieser vor dem Inkrafttreten des Vertrags von Lissabon in den Primärrechtsrang gehoben.

Zudem erfuhr das Lex mitor-Prinzip in der Rechtsprechung des EGMR eine bedeutende Aufwertung. Während der EGMR im Jahre 1978 noch vertrat, Art. 7 EMRK garantiere anders als Art. 15 IPbpR nicht das Recht auf eine im Gesetz nach Begehung der Straftat vorgesehene mildere Strafe, wich er in der Rechtssache *Scoppola* von dieser Rechtsprechungslinie ab und bekräftigte nunmehr, dass Art. 7 EMRK nicht nur den Grundsatz garantiere, dass strengere Strafvorschriften nicht rückwirkend angewendet werden dürfen, sondern stillschweigend auch den Grundsatz der rückwirkenden Anwendung milderen Strafrechts.[335] Dieser Grundsatz ergebe sich aus der Regel, dass die Gerichte das Strafrecht anwenden müssen, dessen Vorschriften für den Beschuldigten am günstigsten sind, wenn Unterschiede bestehen zwischen dem Strafrecht, das zur Tatzeit galt und späterem, das vor dem rechtskräftigen Urteil in Kraft getreten ist.[336]

II. Sanktionslosigkeit als „mildere Strafe“

Anders als viele nationale Lex mitior-Vorschriften[337] und insbesondere die deutsche Bestimmung in § 2 III StGB schreibt die europäische Regelung in Art. 49 I S. 3 GRCh nicht die Anwendung des „*mildesten Gesetzes*“, sondern die Verhängung

---

332 Gemeint ist Art. 15 I S. 3 IPbpR.

333 Schlussanträge der Generalanwältin *Kokott* vom 14.10.2004 im Strafverfahren gegen Silvio Berlusconi u.a., C-387/02, C-391/02 und C-403/02 Rn. 156.

334 Näheres zu den allgemeinen Rechtssätzen des Gemeinschaftsrechts, siehe oben Teil 2, A, I.

335 EGMR, Urt. v. 17.9.2009 – *Scoppola*, NJOZ 2010, 2726.

336 EGMR, Urt. v. 17.9.2009 – *Scoppola*, NJOZ 2010, 2726.

337 z.B. Art. 112–1 S. 3 Code Pénale; Art. 2 II codigo penal.

der *„milderen Strafe"* vor, sollte eine solche nach der Begehung einer Straftat durch Gesetz eingeführt worden sein. Diese Formulierung legt die Vermutung nahe, das europäische Lex mitor-Prinzip setze das Vorhandensein einer Strafnorm voraus. Aufgrund dieses abweichenden Wortlautes spricht sich *Schützendübel* dafür aus, dass die Beachtung von Strafbarkeitslücken bzw. das Entfallen der Strafbarkeit nicht vom Schutzbereich des Art. 49 I S. 3 GRCh erfasst sei.[338] Anderenfalls würde von Gesetzes wegen anstatt des Verhängens einer Strafe das Nichtverhängen einer Strafe gefordert, was auf einen Widerspruch zum Wortlaut hinausliefe. Erst recht seien Strafbarkeitslücken nicht zu berücksichtigen, die sich auf Strafnormen beziehen, die dem Unionsrecht zur vollen Wirksamkeit verhelfen sollen. Die Beachtung solcher Lücken würde dem Zweck der Norm zuwiderlaufen und damit der Durchsetzung des Unionsrechts entgegenstehen.

Diesem Auslegungsansatz hält die herrschende Literaturmeinung trotz der von § 2 III StGB abweichenden Formulierung in Art. 49 I S. 3 GRCh entgegen, dass der Schutzgehalt des Art. 49 I S. 3 GRCh sowohl Gesetzesmilderungen als auch das vollständige Entfallen der Strafbarkeit erfasse.[339] Eine andere Bewertung widerspräche dem Zweck dieser Gewährleistung als Ausdruck verhältnismäßigen Strafens. Dem Täter gerade im Falle einer totalen Abkehr von der Strafbarkeit die Straflosigkeit in Altfällen zu verwehren, sei evident unverhältnismäßig.[340]

Diese Auffassung ist vorzugswürdig. Die Nichtverhängung einer Strafe muss denknotwendig in der Verhängung einer milderen Strafe enthalten sein; eine andere Sichtweise würde zu sachlich nicht gerechtfertigten und daher nicht nachvollziehbaren Wertungswidersprüchen führen.

Etwas anderes kann auch dann nicht gelten, wenn die Sanktionslosigkeit sich auf Strafnormen bezieht, die dem Schutz der Interessen der Union dienen. Bezogen auf die deutsche Gesetzeslage hätte ein solches Verständnis zur Folge, dass eine nationale Strafnorm für einen rein nationalen Sachverhalt unangewendet bliebe, während sie fortbestünde, sollte sie auch dem Schutz der Interessen der Europäischen Union dienen. Die EU wäre damit faktisch ermächtigt, entgegen der nationalen Regelung in § 2 III StGB die Fortgeltung nationaler Strafvorschriften für unionsrechtlich relevante Sachverhalte anzuordnen. Dies würde auf einen Geltungsvorrang hinauslaufen, der sowohl vom EuGH als auch vom BVerfG abgelehnt wird.[341]

---

338 Hierzu und dem Nachfolgenden: *Schützendübel*, S. 112.

339 *Gaede*, wistra 2011, 367; *Satzger*, FS Kühl, 2014, S. 411; *Sturm*, NStZ 2017, 553f.; *Schwerdtfeger*, Meyer/Hölscheidt, GRCh, Art. 49 Rn. 36.

340 *Saliger*, WM 2017, 2365f.; *Sturm*, NStZ 2017, 553 f.

341 So bereits zur Problematik eines nicht richtlinienkonformen, milderen Gesetzes EuGH, Urt. v. 3.5.2005 – *Berlusconi*, C-387/02, C-391/02 und C-403/02, EuZW 2005, 369; *Hecker*, Kap. 9 Rn. 8 f. Rn. 16 f.

Die Frage nach der Anwendbarkeit einer *gemeinschaftsrechtswidrigen*, milderen Strafnorm, stellte sich in einem Strafverfahren gegen den ehemaligen italienischen Ministerpräsidenten *Silvio Berlusconi*.[342] Gegen *Berlusconi* und andere Beschuldigte wurde wegen des Vorwurfes der Bilanzfälschung ermittelt. Im Laufe des Strafverfahrens verabschiedete das italienische Parlament den decreto legislativo Nr. 61/2002, dessen Anwendung bewirkt hätte, dass die ursprünglich als Verbrechen nach Art. 2621 Codice civile (Cc) a. F. geahndeten Taten nicht mehr strafrechtlich verfolgt werden könnten. Der EuGH musste sich deshalb unter anderem mit der Frage auseinandersetzen, ob das strafrechtliche Milderungsgebot auch dann Anwendung findet, wenn neu eingeführte entschärfte Strafvorschriften nicht den Straf-Vorgaben einer Richtlinie entsprechen.

Die Generalanwältin *Kokott* vertrat in ihren Schlussanträgen die Ansicht, dass die rückwirkende Anwendung des milderen Strafgesetzes in einem Fall mit Bezug zum Gemeinschaftsrecht nur dann gerechtfertigt sei, wenn die Wertvorstellungen des Gemeinschaftsgesetzgebers berücksichtigt werden und die gewandelten Anschauungen des nationalen Gesetzgebers mit den Vorgaben des Gemeinschaftsgesetzgebers im Einklang stehen.[343] Ein nachträglich erlassenes, gemeinschaftsrechtswidriges Strafgesetz stelle kein anwendbares milderes Strafgesetz dar. Dabei sei unerheblich, ob man das Gebot der rückwirkenden Anwendung des milderen Strafgesetzes als gemeinschaftsrechtlichen Grundsatz betrachtet oder allein als Frage des nationalen Rechts.

Der EuGH ließ die Frage mangels Entscheidungserheblichkeit unbeantwortet, da die Richtlinienbestimmungen im vorliegenden Fall nicht geeignet waren eine (echte) Kollisionslage zwischen europäischem Recht und nationalem Recht auszulösen.[344] Richtlinienbestimmungen seien für sich allein und unabhängig von zu ihrer Durchführung erlassenen, innerstaatlichen Rechtsvorschriften nicht geeignet, die strafrechtliche Verantwortlichkeit einzelner festzulegen oder zu verschärfen.[345] Auch wenn der EuGH im Ergebnis nicht auf die Frage der Anwendbarkeit eines nachträglich erlassenen, gemeinschaftsrechtswidrigen Strafgesetzes einging, äußerte er sich, wenn auch ohne erkennbaren Zusammenhang, zur Bedeutung

342 EuGH, Urt. v. 3.5.2005 – *Berlusconi*, C-387/02, C-391/02 und C-403/02, EuZW 2005, 369.

343 Hierzu und zum Nachfolgenden: Schlussanträge der Generalanwältin *Kokott* vom 14.10.2004 im Strafverfahren gegen Silvio Berlusconi u.a., C-387/02, C-391/02 und C-403/02 Rn. 162.

344 Näheres zu echten und scheinbaren Kollisionslagen insbesondere im Fall Berlusconi in *Hecker*, Kap. 9 Rn. 15 f.

345 EuGH, Urt. v. 3.5.2005 – *Berlusconi*, C-387/02, C-391/02 und C-403/02 Rn. 77, EuZW 2005, 369.

und zum Rang des Lex mitor-Prinzips, der sowohl zu den gemeinsamen Verfassungstraditionen der Mitgliedstaaten gehöre, als auch Bestandteil der allgemeinen Rechtsgrundsätze des Gemeinschaftsrechts sei.[346]

Aus der Entscheidung des EuGH lassen sich Rückschlüsse auf sein Verständnis des Lex mitor-Prinzips ziehen. Zum einen wird deutlich, dass der EuGH der EU nicht die Kompetenz zuspricht, die Fortgeltung von Strafgesetzen anzuordnen. Im vorliegenden Fall setzte sich der EuGH einzig mit den Bestimmungen der Richtlinie auseinander. Die Fortgeltung des außer Kraft getretenen Art. 2621 Cc a. F., der zur Tatzeit galt, wurde nicht einmal ansatzweise erwogen. Zum anderen haben weder der EuGH noch die Europäische Kommission die aus der Anwendung der milderen Vorschriften resultierende Straflosigkeit problematisiert. Selbst die Generalanwältin *Kokott*, die sich in ihren Schlussanträgen ausführlich mit dem europäischen Grundsatz und dem Verhältnis zum nationalen Recht auseinandersetzte, wies an keiner Stelle auf das Erfordernis einer „milderen Strafe“ hin.

Aus alldem kann die Schlussfolgerung gezogen werden, dass Art. 49 I S. 3 GRCh nicht nur auf die Einführung milderer Strafen Anwendung findet, sondern ebenso auf das vollständige Entfallen der Strafbarkeit.

III. „Meistbegünstigung“ als Element des Art. 49 I S. 3 GRCh

1. Lex mitior und Meistbegünstigung – unterschiedliche Verständnisse

Zur besseren Nachvollziehbarkeit des Diskurses über den Gewährleistungsinhalt des Art. 49 I S. 3 GRCh bietet es sich zunächst an, die unterschiedlichen Interpretationen der Begriffe „Lex mitior“ und „Meistbegünstigung“ aufzuzeigen.

Die Rechtsprechung zu Art. 49 GRCh hat sich bisher nicht mit den Begriffsverständnissen auseinandersetzen müssen. Auch in der Literatur werden die Begriffe „Lex mitior“ und „Meistbegünstigung“ sowohl auf europäischer Ebene, als auch in der nationalen Diskussion um die Reichweite des § 2 III StGB oftmals synonym verwendet.[347] Zur Veranschaulichung der Problematik bietet es sich jedoch an, zwischen dem unstreitig gewährleisteten „Kernelement“ des Grundsatzes und dem nicht ausdrücklich von Art. 49 I S. 3 GRCh umfassten „Meistbegünstigungselement“ zu differenzieren.

Eine Sichtweise des Lex mitior-Prinzips betrifft nur einen Vergleich zwischen dem Tatzeitrecht und der Rechtslage im Zeitpunkt der Verurteilung, wie

346 EuGH, Urt. v. 3.5.2005 – *Berlusconi*, C-387/02, C-391/02 und C-403/02 Rn. 67, EuZW 2005, 369.

347 Anders *Hecker*, FS Rengier, S. 471ff. der bewusst von „Milderungsgebot“ spricht.

es der Wortlaut von Art. 49 I S. 3 GRCh mit dem Komparativ „mildere Strafe" ausdrücklich fordert.[348] Vertreter dieser Ansicht sprechen daher in Bezug auf Art. 49 I S. 3 GRCh von einem Milderungsgebot bzw. dem „Kernelement".[349] Ein anderes Verständnis des Grundsatzes erfasst nicht nur einen Vergleich zwischen Tatzeitrecht und dem Recht zum Entscheidungszeitpunkt, sondern ebenso die Berücksichtigung von sämtlichen Gesetzeslagen im Zwischenzeitraum, mithin auch milderen Gesetzeslagen oder Phasen zwischenzeitlicher Sanktionslosigkeit, die im Zeitpunkt der Entscheidungsfindung nicht mehr bestehen. Diese umstrittene Ausprägung des Lex mitior-Prinzips wird als „Meistbegünstigungselement" oder auch „Überhang"[350] bezeichnet.

Sieht man ausschließlich die Kernbedeutung des Lex mitor-Prinzips als vom Schutzgehalt erfasst an, vergleicht man lediglich die Strafdrohung des Tatzeitrechts und die des Entscheidungszeitrechts, was häufig zu keiner Änderung der Strafbarkeit als solcher führen dürfte.

Folgt man jedoch letzterer Auffassung, gebietet Art. 49 I S. 3 GRCh einen Vergleich aller Rechtslagen zwischen Tatbegehung und Entscheidung, mithin auch des vorübergehenden Zustandes der Straflosigkeit, der die mildeste Strafe für den Täter darstellt. Der Beschuldigte müsste folglich freigesprochen werden.

Aufgrund der erheblichen Konsequenzen, die sich aus den divergierenden Betrachtungsweisen des Grundsatzes ergeben, wird im Folgenden erörtert, wie weit das unionsrechtliche Milderungsgebot des Art. 49 I S. 3 GRCh zu verstehen ist.

2. *Meistbegünstigungselement als Tatbestandsmerkmal*

Die Erläuterungen der GRCh enthalten keine Hinweise zum Verständnis des Art. 49 I S. 3 GRCh. Auch die Kommentarliteratur hat sich bisher nicht mit der Thematik auseinandergesetzt. Erst eine im Jahr 2016 vermeintlich aufgetretene Strafbarkeitslücke im Wertpapierhandelsgesetz entfachte in der Literatur eine Diskussion über das Verhältnis der GRCh und der nationalen Gesetzgebung.

Zuvor hatte sich *Schützendübel* bereits mit dem Gewährleistungsgehalt der europäischen Lex mitior-Vorschrift befasst.[351] Sie vertritt die Auffassung, Art. 49 I S. 3 GRCh enthalte weder ein Meistbegünstigungselement, noch ein Gebot der Beachtung von Strafbarkeitslücken. Das unionale Milderungsgebot des Art. 49 I S. 3 GRCh sichere allein das „Kernelelement" des Lex mitor-Prinzips

348 *Sturm*, NStZ 2017, 557.
349 *Schützendübel*, S. 112; ihr folgend *Hecker*, FS Rengier, S. 477.
350 *Schützendübel*, S. 113.
351 Hierzu und zum Nachfolgenden: *Schützendübel*, S. 112 ff.

und somit nur *absichtsvolle* Gesetzesänderungen im Entscheidungszeitpunkt. Sie stützt ihre Ansicht weitgehend auf die Formulierung der Vorschrift, die (anders als § 2 III StGB) lediglich die Verhängung einer milderen Strafe fordert. Aus der Verwendung des Komparativs „*mildere*" ergebe sich zum einen, dass das europäische Lex mitor-Prinzip einen Vergleich der zwischen Tatzeit- und Entscheidungszeitrecht vorsehe. Zum anderen setze Art. 49 I S. 3 GRCh sprachlich das Vorhandensein einer Strafnorm voraus.

Terminologisch sollen demnach weder zwischenzeitliche mildere Gesetzeslagen noch Strafbarkeitslücken erfasst sein. Straflosigkeit sei von vorneherein nicht vom Schutzgehalt erfasst, unabhängig von der Motivation des Gesetzgebers.[352]

Wie freilich auch die Befürworter dieser Ansicht einräumen, ermöglicht die Wortlautargumentation jedenfalls keine abschließende Interpretation des Art. 49 I S. 3 GRCh bzw. des § 2 III StGB, da die Vorschriften von verschiedenen Normgebern stammen.[353] Selbst wenn man sich auf den Wortlaut der Vorschrift bezieht, ergibt sich aus dem Komparativ nicht zwingend ein bloßer Vergleich zwischen Tatzeit- und Entscheidungszeitrecht. Die Vorschrift setzt lediglich die gesetzliche Einführung einer milderen Strafe nach Tatbegehung voraus. Daraus ergibt sich nicht zwangsläufig, dass die mildere Strafe im Entscheidungszeitpunkt noch fortbestehen muss.

Auch aus der europäischen Rechtsprechung[354] ergibt sich nicht zwangsläufig eine derart „restriktive" Auslegung des Grundsatzes. Dass Art. 49 I S. 3 GRCh vor allem dann eingreifen soll, wenn der Gesetzgeber seine Ansicht geändert hat, soll nicht in Abrede gestellt werden. Darin erschöpft sich die Wirkung des Grundsatzes jedoch nicht. In der genannten Entscheidung des EGMR heißt es ebenso:

> *„Die Verpflichtung unter mehreren Strafvorschriften die* ***günstigste*** *anzuwenden, ist eine Klarstellung der Regeln über die zeitliche Folge von Strafgesetzen, die einem anderen wesentlichen Element von Art. 7 EMRK entspricht, nämlich der Vorhersehbarkeit von Strafen. Aus diesen Gründen ist es notwendig, von der durch die EKMR im Fall X/Deutschland begründeten Rechtsprechung abzuweichen und zu bekräftigen, dass Art. 7 EMRK nicht nur den Grundsatz garantiert, dass strengere Strafvorschriften nicht rückwirkend angewendet werden dürfen, sondern stillschweigend auch den Grundsatz der rückwirkenden Anwendung milderen Strafrechts. Dieser Grundsatz ergibt sich aus der Regel, dass die Gerichte das Strafrecht anwenden müssen, dessen Vorschriften für den Beschuldigten am*

---

352 So auch *Bülte/Müller*, NZG 2017, 205f.

353 *Hecker*, FS Rengier, S. 477; *Bülte/Müller*, NZG 2017, 213.

354 EuGH, Urt. v. 3.5.2005 – *Berlusconi*, C-387/02, C-391/02 und C-403/02, EuZW 2005, 369.

***günstigsten** sind, wenn es Unterschiede zwischen dem Strafrecht gibt, das zur Tatzeit galt, und späterem, das vor dem rechtskräftigen Urteil in Kraft getreten ist.*"[355]

Aus der Verwendung des Superlativs „am günstigsten" und dem expliziten Verweis auf die Vorhersehbarkeit als wesentliches Element des Strafens ergibt sich eine weitreichendere Wirkung als die der Berücksichtigung einer absichtsvoll geschaffenen Strafmilderung. Der Beschuldigte soll sein Strafbarkeitsrisiko einschätzen und sein (hier: prozessuales) Verhalten danach ausrichten können. Ein Beschuldigter, der im Ungewissen ist, ob ihm eine zwischenzeitlich eingetretene Strafmilderung durch abermalige Gesetzesänderung vor dem Entscheidungszeitpunkt wieder entzogen werden kann, kann sich nicht sachgerecht verteidigen.[356] In Strafverfahren dürfte gerade die Einschlägigkeit milderer Vorschiften entscheidende Bedeutung für das Vortragen strafmildernder Umstände, insbesondere eines Geständnisses, haben.

In diesem Zusammenhang ist die dem Unmittelbarkeitsgrundsatz geschuldete unter Umständen sehr lange Dauer von Strafverfahren zu beachten. Einen Beschuldigten über einen langen Zeitraum im Ungewissen über seine Strafbarkeit und Verteidigungsmöglichkeiten zu lassen, erscheint unzumutbar. Das gilt vor allem für Fälle, in denen noch während des Ermittlungsverfahrens Sanktionslosigkeit eingetreten ist und das Verfahren ohne Strafklageverbrauch eingestellt wurde, wie es im deutschen Strafprozessrecht nach § 170 II StPO geschehen würde. Innerhalb der Verjährungsfrist bestünde die jederzeitige Möglichkeit das Verfahren wieder aufzugreifen, soweit sich hierfür ein Anlass bietet.[357]

Im Lichte der Rechtsprechung des EGMR zu Art. 7 EMRK ist daher auch Art. 49 I S. 3 GRCh nicht nur als bloßes Milderungsgebot, sondern auch als Meistbegünstigungsgrundsatz zu verstehen, der sowohl die Berücksichtigung milderen Entscheidungszeitrechts, als auch die Berücksichtigung milderer Zwischenrechtslagen gebietet.

IV. Anforderungen an die Einführung einer milderen Strafe

Weiterhin ist umstritten, welche Anforderungen an die in Art. 49 I S. 3 GRCh vorausgesetzte „*gesetzliche Einführung einer milderen Strafe*" zu stellen sind. Die

---

355 EGMR, Urt. v. 17.9.2009 – *Scoppola*, NJOZ 2010, 2726.

356 *Schützendübel*, S. 179; *Sturm*, NStZ 2017, 559.

357 Im Gegensatz zum Zwischenverfahren (§ 206b StPO) und Revisionsverfahren (§ 354a StPO), vgl. *Schützendübel*, S. 179.

Literatur hat sich bisher, soweit ersichtlich, in noch überschaubarem Umfang mit dieser Thematik auseinandergesetzt.[358]

Schützendübel vertritt auch in dieser Frage einen sehr restriktiven Ansatz. Nicht nur Entkriminalisierungen sollen vom Schutzbereich ausgenommen sein; auch sollen generell nur *absichtsvolle* Gesetzesänderungen im Entscheidungszeitpunkt von Art. 49 I S. 3 GRCh erfasst sein.[359]

Gleichermaßen einschränkend legt auch *Schaut* den Schutzbereich von Art. 49 I S. 3 GRCh aus.[360] Er ist der Ansicht, ein als Lex mitior in Betracht kommendes Gesetz könne nur ein solches sein, das auf einer Änderung der rechtlichen Bewertung des strafwürdigen Unrechts des inkriminierten Verhaltens *durch den Gesetzgeber* beruhe. Dies ergebe sich aus einer Auslegung des Art. 52 IV GRCh, der besagt, dass soweit in der GRCh Grundrechte anerkannt werden, wie sie sich aus den gemeinsamen Verfassungsüberlieferungen der Mitgliedstaaten ergeben, sie im Einklang mit diesen Überlieferungen ausgelegt werden müssen. Um einen Konsens der gemeinsamen Verfassungsüberlieferungen der Mitgliedstaaten zu ermitteln, untersuchte er das Lex mitor-Prinzip im deutschen, niederländischen, romanischen (d.h. französischen, italienischen und rumänischen), skandinavischen und angelsächsischen Recht, sowie den Rechtskreis der ehemals sozialistischen Länder (Lettland, Polen, Slowakei, Slowenien, Tschechien). Er gelangte zu dem Ergebnis, dass unabhängig davon, ob für die Anwendbarkeit des Art. 49 I S. 3 GRCh eine Kontinuität des Unrechtstyps oder ein inhaltlicher Zusammenhang des neuen und des alten Tatbestandes gefordert oder der Sache nach, eine Ausnahme vom Milderungsgebot bei Zeitgesetzen statuiert werde, die Gesamtschau der Ausgestaltungen des Lex mitor-Prinzips in allen untersuchten Rechtskreisen zeige, dass eine Änderung der rechtlichen Bewertung der Tat vorliegen müsse.

Diesem Ansatz ist aus mehreren Gründen zu widersprechen. Zum einen ist bereits nicht zweifelsfrei anzunehmen, dass sich Art. 52 IV GRCh überhaupt auf die Auslegung von Art. 49 I S. 3 GRCh bezieht. Denn nach seinem Wortlaut findet Art. 52 IV GRCh nur auf „Rechte" Anwendung; Art. 49 GRCh wird aber als „Grundsatz" bezeichnet.[361] Auch der Umstand, dass der EuGH den Grundsatz der rückwirkenden Anwendung des milderen Strafgesetzes zu den gemeinsamen

358 *Bülte/Müller*, NZG 2017, 205f.; *Gaede*, wistra 2017, 41f.; *Hecker*, FS Rengier; *Schaut*, S. 178ff.; *Rossi*, ZIP 2016, S. 2437 f.; *Rothenfußer/Jäger*, NJW 2016, 2689f.; *Schaut*, S. 178ff., S. 477f.; *Schützendübel*, S. 113; *Sturm*, NStZ 2017, 553.

359 *Schützendübel*, S. 112.

360 Hierzu und zum Nachfolgenden: *Schaut*, S. 178f.

361 → Teil II, II, Nr. 2.

Verfassungstraditionen der Mitgliedstaaten zählt, besagt noch nichts über das Erfordernis einer absichtsvollen Rechtsänderung und einer damit einhergehenden möglichen einschränkenden Auslegung des Lex mitior-Prinzips nach Art. 52 GRCh. Zum anderen wurde (mit Ausnahme von § 3 S. 2 des dänischen Strafgesetzbuches) in keiner mitgliedstaatlichen Norm das Erfordernis einer Rechtsänderung gesetzlich inkorporiert. Dass es jeweils nationale Kommentarliteratur gibt, die sich für dieses Erfordernis ausspricht, kann nicht für eine einschränkende Auslegung des Lex mitior-Prinzips i.S.v. Art. 52 GRCh herangezogen werden. Nicht zuletzt ist zu beachten, dass selbst wenn man auf Art. 52 IV GRCh abstellen würde, der EuGH den Rückgriff auf die Verfassungsüberlieferungen nie so verstanden hat, dass nur der kleinste gemeinsame Nenner der jeweiligen Verfassungsnormen in den Mitgliedstaaten als Gemeinschaftsgrundrecht gelten könne. In aller Regel soll sich aus der Auslegung nach Absatz IV ein möglichst hohes Schutzniveau ergeben.[362] Dies aber würde vorliegend bedeuten, den rechtlichen Kodifizierungen der meisten Mitgliedstaaten entsprechend, von dem Erfordernis einer gesetzgeberischen Änderung der rechtlichen Bewertung des strafwürdigen Unrechts für die grundsätzliche Anwendung des Lex mitior-Prinzips, abzusehen.

Daneben leitet *Schaut* das Erfordernis einer rechtlichen Änderung der Bewertung vielfach aus der bloßen Existenz von gesetzlichen Ausnahmen für Zeitgesetze ab, verstanden als solche, die nach ihrem Inhalt erkennbar als nur vorübergehende Regelung für besondere Bedürfnisse und Zeitverhältnisse gelten sollen.[363] Aus der bloßen Möglichkeit bestimmte Gesetze als Zeitgesetze vom Lex mitor-Prinzip auszuschließen zu schlussfolgern, dass die Geltung des Prinzips stets einen gesetzgeberischen Wandel hinsichtlich der Strafwürdigkeit voraussetzt, ist jedoch keinesfalls zwingend und im Ergebnis ein Zirkelschluss. Die Möglichkeit, Zeitgesetze als Ausnahme der Geltung des Lex mitor-Prinzips zu erlassen, ist zwar in den Mitgliedstaaten anerkannt und auch in einigen Rechtsordnungen (wie in § 2 IV StGB) inkorporiert worden, aber nicht ausdrücklich in der GRCh vorgesehen. Auch Zeitgesetze müssen jedoch anhand der Schranken des Art. 52 GRCh gemessen werden. Nimmt man aufgrund der hypothetischen Möglichkeit des Erlasses von Zeitgesetzen für vorübergehende besondere Verhältnisse als Ausnahme vom Lex mitior-Prinzip zwangsläufig das Erfordernis einer absichtsvollen rechtlichen Bewertungsänderung für die Geltung des Prinzips an, schafft man eine Einschränkung des Lex mitor-Prinzips unter Umgehung der vorgesehenen Schrankenregelung des Art. 52 II GRCh.

---

362 Erläuterungen zur Charta der Europäischen Union, C-303/34.

363 *Schaut*, S. 178 f.

Auch lässt sich die Äußerung des EuGH, der Grundsatz der Rückwirkung milderer Strafgesetze zähle zu den gemeinsamen Verfassungsüberlieferungen der Mitgliedstaaten nicht der Schluss ziehen, dass zur Bestimmung der Reichweite des Grundsatzes die Auslegungsregel des Art. 52 IV GRCh anzuwenden ist. Die Absätze II–V des Art. 52 GRCh dürfen nicht so verstanden werden, dass jede Charta-Norm nur einem dieser Absätze zuzuordnen sei. Vielmehr muss Art. 52 IV GRCh im Zusammenhang mit Art. 52 III GRCh gelesen werden, wonach die Grundrechte der Charta, soweit sie der durch die EMRK garantierten Rechten entsprechen, die gleiche Tragweite haben, wie sie ihnen in der EMRK verliehen wird. Damit wird Art. 52 I GRCh in einer EMRK kongruenten Weise modifiziert, um deren Mindestschutz für alle Charta-Rechte zu gewährleisten. Art. 52 IV GRCh ist deshalb von vorneherein nicht anwendbar, sollte ein Charta-Grundrecht sich vollständig aus der EMRK ableiten lassen.[364] Würde man ungeachtet der übrigen Regeln für die Auslegung des Lex mitior-Prinzips einzig auf die gemeinsamen Verfassungsüberlieferungen abstellen, liefe dies auf eine Aushöhlung des nach der EMRK zu gewährleistenden Mindestschutzes hinaus.

Berücksichtigt man in der vorliegenden Frage richtigerweise Art. 7 I EMRK, gelangt man jedoch zu dem folgerichtigen Ergebnis, dass auch unbeabsichtigte Rechtsänderungen, die nicht auf einen Wandel der rechtlichen Bewertung seitens des Gesetzgebers zurückzuführen sind, vom Lex mitior-Prinzip erfasst sind. Art. 7 I EMRK beinhaltet das Gesetzlichkeitsprinzip in Satz 1 sowie das Verbot strafschärfender Rückwirkung in Satz 2. Das Lex mitor-Prinzip ist in der gesetzlichen Kodifizierung der EMRK nicht enthalten. Allerdings handelt es sich bei der EMRK um ein „living instrument“, das sich fortlaufend weiterentwickelt und an soziale und gesellschaftliche Veränderungen anpasst.[365] Der Gewährleistungsinhalt kann daher sinnvollerweise nur durch eine bestimmte Auslegung der Norm ermittelt werden, die maßgeblich dem EGMR unterliegt.[366] Soweit der EGMR in seiner Rechtsprechung die betreffende EMRK-Norm bereits ausgelegt hat, ist diese Auslegung auch für Art. 52 III GRCh maßgeblich.[367] Der EGMR entschied im Jahr 2010, Art. 7 EMRK garantiere nicht nur, dass strengere Strafvorschriften nicht rückwirkend angewendet werden können, sondern auch,

364 Dasselbe gilt für Rechte, die aus dem Unionsprimärrecht herrühren oder in Anlehnung völkerrechtlicher Übereinkommen formuliert wurden; siehe oben Teil 2, B, II, 2.

365 *Meyer-Ladewig/Nettesheim*, Meyer-Ladewig, Einleitung Rn. 5.

366 *Schwerdtfeger*, Meyer/Hölscheidt, GRCh, Art. 52 III Rn. 61.

367 Ebd.; *Stern/Hamacher*, Stern/Sachs, Einführung und Grundlagen Rn. 153.

dass mildere Strafgesetze anzuwenden sind.[368] Die Auslegung des Art. 49 I S. 3 GRCh sollte sich deshalb gemäß Art. 52 III GRCh i.V.m. Art. 7 EMRK an der Rechtsprechung des EGMR orientieren.[369]

Auch *Hecker* geht davon aus, dass das unionsrechtliche Milderungsgebot in Art. 49 I S. 3 GRCh lediglich die Berücksichtigung eines vom Gesetzgeber *absichtsvoll* geschaffenen milderen Gesetzes verlangt.[370] Dementsprechend seien auch sanktionslose Zwischenrechtslagen nicht zu berücksichtigen. Er stützt sich dabei auf die jüngste Rechtsprechung des EuGH und des EGMR.

Der EuGH bringe das Erfordernis einer absichtsvoll geschaffenen Milderung in dem Vorabentscheidungsurteil vom 6.10.2016 zum Ausdruck, in dem er ausführt:

> *„Die Anwendung des milderen Strafgesetzes bedeutet notwendigerweise, dass es sich um zeitlich aufeinanderfolgende Rechtsvorschriften handelt, und sie beruht auf der Feststellung, dass der Gesetzgeber entweder hinsichtlich der strafrechtlichen Qualifikation der Handlungen oder der für eine Straftat zu verhängenden Strafe seine Ansicht geändert hat.“*[371]

Diese Formulierung legt zweifelsohne nahe, dass der EuGH für die Anwendung des Grundsatzes der Rückwirkung des milderen Strafgesetzes eine beabsichtigte Rechtsänderung vorsieht.

Daraus muss aber nicht zwingend geschlossen werden, dass sich der Milderungsgrundsatz ausschließlich auf absichtsvoll geschaffene Gesetzesänderungen bezieht. Das Adjektiv „notwendigerweise“ bezieht sich nur auf den ersten Satzteil – das Vorliegen zweier aufeinanderfolgender Rechtsvorschriften.

Auch muss diese Aussage im Zusammenhang mit der Vorlagefrage des italienischen Gerichts bewertet werden. Das Gericht von Campobasso ersuchte den EuGH mit der Frage, ob Art. 6 EUV und Art. 49 GRCh dahingehend auszulegen sind, dass der Beitritt eines Staates zur Union einen anderen Mitgliedstaat nicht daran hindere, gegen Personen, die vor dem Beitritt die Straftat der Beihilfe der illegalen Einwanderung zugunsten von Angehörigen des ersteren Staates begangen haben, eine Strafe zu verhängen.[372] In diesem Zusammenhang führte der EuGH weiter aus:

---

368 EGMR, Urt. v. 17.9.2009 – *Scoppola*, NJOZ 2010, 2726.

369 Näheres dazu → Teil 2, B, II Nr. 1.

370 *Hecker*, FS Rengier, 471.

371 EuGH, Urt. v. 6.10.2016 – *Paoletti*, C-218/15, BeckEuRS 2016, 484871.

372 EuGH, Urt. v. 6.10.2016 – *Paoletti*, C-218/15, BeckEuRS 2016, 484871.

„[...]*dieser Erwerb der Unionsbürgerschaft stelle einen* ***faktischen Umstand*** *dar, der nicht geeignet ist, die Tatbestandselemente der Straftat der Beihilfe zur illegalen Einwanderung zu verändern*[...]"

Bei den in Rede stehenden italienischen Normen Art. 12 III und IIIa des Gesetzesdekrets Nr. 286/1998 ist die fehlende Unionsbürgerschaft kein Tatbestandsmerkmal. Auch wird zur Ausfüllung des Tatbestandes nicht auf ein anderes Gesetz oder ein Gesetzgebungsakt der Europäischen Union verwiesen. Vielmehr enthalten die Vorschriften das „normative" Tatbestandsmerkmal „in das Gebiet eines anderen Staates, dessen Staatsangehörigkeit sie nicht besitzen oder kein Recht auf Daueraufenthalt haben".[373]

Welche Qualität Rechtsänderungen aufweisen müssen bzw. welche Anforderungen an die Veränderung der Tatbestandselemente gestellt werden, wird nicht näher erläutert. Anschließend stellte der EuGH ausdrücklich klar, dass das in Rede stehende italienische Strafgesetz nicht die Angehörigen von Drittstaaten betrifft, die unerlaubt nach Italien einreisen und sich dort ohne einen Aufenthaltstitel aufhalten, sondern ausschließlich Personen, die Beihilfe zur unerlaubten Einreise und zum unerlaubten Aufenthalt dieser Staatsangehörigen im Hoheitsgebiet dieses Staates leisten. Dieser ausdrückliche Hinweis könnte auf eine differenzierte Bewertung des Erwerbs der Unionsbürgerschaft hinweisen, die sich auch in einer abweichenden Gesetzgebungstechnik zeigt. Anders als Art. 12 Abs. 3 Nr. 3 des Gesetzesdekrets Nr. 286/1998, verweist der die illegale Einreise pönalisierende Art. 10a des italienischen Einwanderungsgesetzes zur Bestimmung der Illegalität auf Art. 1 des Gesetzes Nr. 68 vom 28.5.2007. Die Unionsbürgerschaft ist hier kein ausfüllungsbedürftiges normatives Tatbestandsmerkmal. Es handelt sich vielmehr um ein Blankettstrafgesetz.[374] Deutet man die oben zitierte Passage des Urteils vor diesem Hintergrund, darf man es so verstehen, dass jedenfalls Änderungen bezüglich ausfüllungsbedürftiger Tatbestandsmerkmale nicht Gegenstand relevanter Gesetzesänderungen sein können, da sie die Tatbestandselemente unberührt lassen.

Zudem ist zu beachten, dass es sich bei der vom EuGH genannten Änderung eines „faktischen Umstands" nicht um eine versehentlich entstandene Strafbarkeitslücke handelte, sondern um die Konsequenz einer absichtsvollen Rechtsänderung im Zuge der Osterweiterung der EU.

---

373 Normative Tatbestandsmerkmale sind auch im deutschen Strafrecht keine Gesetzesänderungen i.S.d. Lex mitior-Prinzips, *Satzger*, S/S/W, StGB, § 2 Rn. 25.

374 Zur Unterscheidung zwischen Blankettverweisungen und normativen Tatbestandsmerkmalen, *Bülte*, JuS 2015, 769.

Die Äußerungen des EuGH zur Anwendung des Gesetzes sollten daher ausschließlich im Kontext dieses Urteils betrachtet werden. Eine eindeutige Bekennung des EuGH zu einem generellen Erfordernis einer absichtsvollen Rechtsänderung kann zwar, muss aber dem Urteil aus den genannten Gründen jedoch nicht zwangsläufig entnommen werden.

Auch eine Passage aus einem Urteil des EGMR[375] könnte darauf hindeuten, Art. 49 I S. 3 GRCh erfasse nur absichtsvoll geschaffene, mildere Gesetzeslagen. *Hecker* zitiert in diesem Zusammenhang:

> *„Es widerspricht dem Grundsatz der Rechtsstaatlichkeit, von dem Art. 7 EMRK ein wesentlicher Teil ist, von einem Strafgericht zu erwarten, dass es für jede strafbare Handlung die Strafe verhängt, die der Gesetzgeber für angemessen hält. Zu einer schwereren Strafe nur deswegen zu verurteilen, weil das zur Zeit der Tat vorgesehen war, würde bedeuten, dass man zum Nachteil des Beschuldigten die Regeln über die zeitliche Folge von Strafgesetzen anwendet. Es würde außerdem bedeuten, eine dem Beschuldigten vorteilhafte Gesetzgebung vor der Verurteilung außer Betracht zu lassen und fortzufahren, Strafen zu verhängen, die der Staat und die Gemeinschaft, die er repräsentiert, jetzt für übermäßig hält.“*

Weiter führt der EGMR aber ebenfalls aus, dass

> „[…]*die Verpflichtung, unter mehreren Strafvorschriften, die dem Beschuldigten* ***günstigste*** *anzuwenden eine Klarstellung der Regeln über die zeitliche Folge von Strafgesetzen [sei], die einem anderen wesentlichen Element von Art. 7 EMRK [entspreche], nämlich der Vorhersehbarkeit von Strafen*[…]“

Diese Urteilspassage macht nicht nur deutlich, dass auch mildere Zwischenrechtslagen zu berücksichtigen sind (s.o. zu Sanktionslosigkeit), sondern auch, dass die Anwendung des Milderungsgebotes nicht nur die Beachtung gewandelter Intentionen des Gesetzgebers gebietet, sondern auch die Einhaltung der zeitlichen Folge von Strafgesetzen, die der Vorhersehbarkeit von Strafen dient. Damit wird deutlich, dass sich die Vorhersehbarkeit nicht nur auf die Strafbarkeit im Zeitpunkt der Tatbegehung bezieht, sondern auch auf die Vorhersehbarkeit der zu erwartenden Strafe nach Tatbegehung. Zudem ist der Entscheidung des EGMR kein Rangverhältnis zwischen dem Grundsatz der Gesetzmäßigkeit von Strafen und dem Grundsatz der rückwirkenden Anwendung milderen Strafrechts zu entnehmen.[376] Unter dem Gesichtspunkt, dass der EGMR mit der Thematisierung der Vorhersehbarkeit von Strafen auch den Empfängerhorizont des Beschuldigten

375 EGMR, Urt. v. 17.09.2009 – *Scoppola*, NJOZ 2010, 2726.

376 So behauptet von Generalanwältin *Kokott*, Schlussanträge in der Rechtssache *Berlusconi* C-387/02, I – 3618 Rn. 160.

in Art. 7 EMRK miteinbezieht und die hier gegenständliche Entscheidung keinen Zweifel am Vorliegen einer Rechtsänderung aufkommen ließ, sprechen gute Gründe dafür, dieser Entscheidung hinsichtlich der Frage des Erfordernisses einer Rechtsänderung keine ausschlaggebende Bedeutung beizumessen.

Aus alldem folgt, dass „*die Einführung einer milderen Strafe*" in Art. 49 I S. 3 GRCh nicht ausschließlich Gesetzesänderungen erfassen sollte, die auf einer Änderung der rechtlichen Bewertung der Tat basieren. Vielmehr ist die GRCh so auszulegen, dass sie ein hohes Schutzniveau gewährleistet. Demzufolge ist davon auszugehen, dass Art. 49 I S. 3 GRCh jegliche Gesetzesänderungen erfasst und nicht zwischen absichtsvollen und unbeabsichtigten Änderungen bzw. dem Auslaufen eines Gesetzes, das nur als vorübergehende Regelung für besondere Bedürfnisse und Zeitverhältnisse gelten sollte (Zeitgesetz im weiteren Sinne), unterscheidet.

V. Fazit

Im Ergebnis ist festzuhalten, dass der Anwendungsbereich und die Wirkung des europäischen Lex mitior-Prinzips, sei es die verbindliche Fassung in Art. 49 I S. 3 GRCh oder der vom EuGH als allgemeiner Rechtsgrundsatz anerkannte „Grundsatz der rückwirkenden Anwendung milderer Strafgesetze" in einem allumfassenden Sinn zu verstehen ist.

Das europäische Lex mitor-Prinzip findet daher grundsätzlich Anwendung sowohl auf absichtsvolle Gesetzesmilderungen, die zum teilweisen oder vollständigen Entfallen einer Strafbarkeit führen, sowie auf jedwedes sonstige Eintreten einer milderen Rechtslage zwischen Tat- und Entscheidungszeitrecht, mag dieses Ereignis auch nicht auf den Willen des Gesetzgebers zurückzuführen sein. Nur ein weites Verständnis des Grundsatzes trägt den insbesondere im Strafrecht bedeutsamen Erfordernissen der Gesetzesbestimmtheit, Rechtssicherheit und Vorhersehbarkeit Rechnung. Das gilt insbesondere für den Bereich der unionsrechtsakzessorischen Blankettstrafgesetze, bei denen dem Bürger das Auffinden und „Zusammenlesen" der Strafnorm aufgrund der teilweise langen Verweisungsketten ohnehin erschwert ist. Darüber hinaus vom Bürger zu verlangen gesetzgeberische Intentionen zu erkennen oder gar zu antizipieren und dabei zwischen verschiedenen Verweisungstechniken zu unterscheiden, erscheint überhöht und führt zu einem unerträglich hohen Maß an Rechtsunsicherheit. Ausgehend von der jüngsten Rechtsprechung des EGMR, in der das Gebot der Rückwirkung von Strafen als Bestandteil von Art. 7 EMRK anerkannt und die Vorhersehbarkeit von Strafen als (anderes) wesentliches Element der Art. 7 EMRK deklariert wurde, sollte der Vorhersehbarkeit von Strafen auch im Recht der Europäischen Union eine größere Bedeutung beigemessen werden. Dem Beschuldigten eines Strafverfahrens muss anhand der Gesetzeslektüre erkennbar sein, ob das Lex mitor-Prinzip anwendbar ist oder nicht. Nur so kann dem Beschuldigten eine effektive Strafverteidigung und ebenso eine sinnvolle Ausübung seines Rechts auf Selbstbelastungsfreiheit gewährleistet werden.

Besondere Probleme hinsichtlich der Reichweite des Grundsatzes stellen sich insbesondere bei anpassungsbedingten Strafbarkeitslücken sowie bei der Anwendung von Zeitgesetzen im nationalen Strafrecht, auf die im vierten Teil der Arbeit näher eingegangen wird.

Teil 3: Das nationale Lex mitor-Prinzip in § 2 III StGB

§ 2 III StGB bestimmt, dass das mildeste Gesetz anzuwenden ist, wenn das Gesetz, das bei Beendigung der Tat gilt, vor der Entscheidung geändert wird.

Im folgenden Kapitel wird zunächst auf die einzelnen Voraussetzungen der nationalen Lex mitior-Vorschrift des § 2 III StGB eingegangen. Im Anschluss wird die gesetzliche Einschränkung des Zeitgesetzes in § 2 IV StGB näher betrachtet und im Hinblick auf ihre Zulässigkeit unter Geltung der GRCh und der EMRK untersucht. Zuletzt wird die normhierarchische Stellung des Lex mitior-Prinzips unter Berücksichtigung seiner Aufwertung durch die europäische Gesetzgebung und Rechtsprechung diskutiert.

A. Gewährleistungsinhalt des § 2 III StGB

I. Zwischengesetze und Straflosigkeit

Im Gegensatz zu Art. 49 I S. 3 GRCh ist bei der Auslegung des § 2 III StGB aufgrund des eindeutigen Wortlautes unumstritten, dass zu den Rechtslagen, die in den Milderungsvergleich miteinzubeziehen sind, auch mildere Zwischenrechtslagen zählen, die zum Urteilszeitpunkt wieder außer Kraft gesetzt sind.[377] Dies folge nicht nur aus dem Wortlaut, sondern vor allem aus einem ergänzenden Willkürschutz des § 2 III StGB.[378] Da der Angeklagte auf den Zeitpunkt der Verurteilung keinerlei Einfluss hat, soll er vor einem Missbrauch durch die Strafverfolgung bewahrt und so behandelt werden, als ob die Aburteilung zu dem Zeitpunkt erfolgt wäre, in dem die für ihn günstigste Rechtslage bestand. Das „mildeste Gesetz" ist stets der Zustand der Straflosigkeit, sei es als endgültige Änderung zum Urteilszeitpunkt oder nur als zwischenzeitlicher Zustand.[379]

Eine zwischenzeitliche Straflosigkeit tritt dabei häufig infolge legistischer Fehler bei der Verwendung unionsrechtsakzessorischer Blankettstrafgesetze ein. Bei Auswechslung der in Bezug genommenen europäischen Verordnung kann es vorkommen, dass das Strafgesetz für einen bestimmten Zeitraum ins Leere läuft, weil der nationale Gesetzgeber es versäumt, den auf die EU-Verordnung

377 *Gaede*, AnwK StGB, § 2 Rn. 4; *Satzger*, S/S/W, StGB, § 2 Rn. 16.

378 *Dannecker*, LK StGB, § 2 Rn. 60, 67; *Hassemer/Kargl*, NK StGB Rn. 2; *Satzger*, S/S/W, StGB, § 2 Rn. 23; *Schmitz*, MüKo StGB, § 2 Rn. 23, 24.

379 *Satzger*, S/S/W, StGB, § 2 Rn. 28.

verweisenden Tatbestand rechtzeitig bzw. zeitgleich an die Änderung anzupassen.[380] Als mildester Zustand zwischen Tatbeendigung und Entscheidung bleiben unter der Geltung des § 2 III StGB in einem solchen Fall sämtliche noch nicht abgeurteilten Taten straflos.[381]

II. Gesetzesänderung

1. Modifikation von Tatbestandsmerkmalen

Neben dem Entfallen des Tatbestandes, sei es vorübergehend oder endgültig, kann eine Gesetzesänderung in der Einfügung von Rechtfertigungs-, Entschuldigungs-, Strafaufhebungs- oder Strafausschließungsgründen, in der Herabstufung einer Straftat zu einer Ordnungswidrigkeit oder in einer Neutralisierung durch unmittelbar anwendbares Unionsrecht liegen.[382]

Schwieriger zu beurteilen ist hingegen die Feststellung einer Gesetzesänderung bei einer nachträglichen inhaltlichen Änderung von Tatbestandsmerkmalen. Wenn sich das zum Urteilszeitpunkt neu erlassene Strafgesetz als qualitativ andere Straftat darstellt, liegt aus der Sicht des Adressaten eine Aufhebung des früheren anwendbaren Strafgesetzes vor. Für das neue Gesetz gilt jedoch das Rückwirkungsgebot, sodass der Täter in einem solchen Fall straffrei ausgeht.[383] Uneinig sind sich Rechtsprechung und Literatur darüber, wann eine qualitativ andere Straftat vorliegt. Die Rechtsprechung verwendet zur Abgrenzung das Kriterium der „Kontinuität des Unrechtstyps", die dann gegeben sein soll, wenn „das Wesen des im früheren Gesetz beschriebenen Delikts in seinem Kern von der Gesetzesänderung unberührt geblieben ist".[384] Die Rechtsprechung stellt insgesamt keine hohen Voraussetzungen an das Vorliegen eines gemeinsamen Unrechtskerns, sodass lediglich ausnahmsweise eine Straflosigkeit infolge fehlender Unrechtskontinuität anzunehmen ist.[385] Insbesondere fehle es an der Unrechtskontinuität bei einer Andersartigkeit der Schutzzwecke der Tatbestände.[386] Die betroffenen Normen sollen dasselbe Rechtsgut oder zumindest übereinstimmende Komponenten

---

380 *Hecker*, FS Rengier, S. 471; *Schützendübel*, S. 75f.; siehe unten, Teil IV.

381 OLG Bremen, Beschl. v. 1.7.2009 – Ss 14/09, NStZ 2010, 174f.; OLG Koblenz, Beschl. v. 1.5.2007 – 1Ss 113/07, NJW 2007, 2344.

382 *Gaede*, AnwK StGB, § 2 Rn. 5; *Satzger*, S/S/W, StGB, § 2 Rn. 21f.

383 *Hecker*, Schönke/Schröder, StGB, § 2 Rn. 19; *Schmitz*, MüKo StGB, § 2 Rn. 31.

384 BGH, Beschl. v. 23.3.2017– 1 StR 607/16, NStZ-RR, 2017, 174; *Hassemer/Kargl*, NK StGB Rn. 29.

385 *Dannecker*, LK StGB, 12. Auflage 2007, § 2 Rn. 67.

386 Ebd.; BVerfGE 28, 175, 189ff.

des jeweiligen Rechtsgutes schützen.[387] In der Literatur wird das Kriterium der Unrechtskontinuität aufgrund seiner Unbestimmtheit überwiegend abgelehnt. Die Vagheit des Kriteriums stehe dem Sinn des § 2 III StGB entgegen, bei der Anwendung der Strafgesetze Vertrauensschutz und Täuschungsfreiheit zu gewährleisten.[388] Auch sei das Kriterium abstrakt auf Rechtslagen bezogen und ermögliche keine Prüfung des milderen Gesetzes in einem konkreten Fall, was gegen das Schuldprinzip verstoße.

Daraus folgt, dass bei einer Änderung des Strafgesetzes zwischen Tat und Entscheidung, ohne Rücksicht auf einen „Unrechtstyp", die Bestrafung weder auf das Tatzeitrecht, noch auf das Entscheidungszeitrecht gegründet werden kann. Dies ist nur dann anders, wenn das neue Gesetz (etwa wegen Änderung eines qualifizierenden Merkmals) im alten Gesetz vollständig enthalten war, d.h. wenn die konkrete Tat nach früherem und jetzigem Strafrecht sachlich identischer Beurteilung unterliegt. Ein solcher Fall ist jedenfalls dann gegeben, wenn ein den Tatbestand einschränkendes Merkmal entfällt und dadurch der Bereich des Strafbaren erweitert wird. Nicht anders ist die Situation zu beurteilen, wenn der Bereich des Strafbaren beschränkt wird und das vom Täter verwirklichte Unrecht immer noch von dem neuen Tatbestand erfasst wird.[389]

2. *Blanketttatbestände*

Eine Gesetzesänderung kann zudem in einer Änderung der ausfüllenden Norm eines Blankettstrafgesetzes liegen.[390] Um weitreichende Begünstigungen für Straftäter zu vermeiden, die mit einer Einbeziehung jeglicher Ausfüllungsnormen einhergingen, hat die Literatur verschiedene Einschränkungskriterien entwickelt.[391] So soll das Lex mitor-Prinzip für Blankettstrafgesetze gelten, die den Gehorsam gegenüber der ausfüllenden Norm sichern, hingegen nicht, wenn das Blankettstrafgesetz den Regelungseffekt der ausfüllenden Norm sichern wolle.[392] Andere Stimmen wollen jene Änderungen blankettausfüllender Normen aus dem Anwendungsbereich des Milderungsgebots ausnehmen, die eine Regelung durch eine andere ersetzen, die Rechtslage aber nicht günstiger gestalten oder lediglich

387 *Dannecker*, LK StGB, 12. Auflage 2007, § 2 Rn. 67; BGHSt 39, 54, 68.

388 hierzu und zum Nachfolgenden: *Hassemer/Kargl*, NK-StGB, § 2 Rn. 29–32; *Schmitz*, MüKo StGB, § 2 Rn. 32.

389 *Hassemer/Kargl*, NK-StGB, § 2 Rn. 32; *Schmitz*, MüKo StGB, § 2 Rn. 32.

390 *Gaede*, AnwK StGB, § 2 Rn. 6; *Hecker*, Schönke/Schröder, StGB Rn. 24.

391 *Dannecker*, LK StGB, § 2 Rn. 78.

392 *Laaths*, S. 109ff.; *Samson*, wistra 1983, 237.

rein technische Merkmale betreffen.[393] Eine andere Ansicht sieht keinen Anlass, für Blanketttatbestände überhaupt abweichende Regelungen zu schaffen, und will nur zwischen Änderungen von Blanketttatbeständen und Änderungen von normativen Tatbestandsmerkmalen unterscheiden.[394]

Eine Unterscheidung zwischen der Sicherung des Regelungseffekts und des Gehorsams einer Norm ist, wie bereits zutreffend festgestellt wurde, nicht möglich, da der Regelungseffekt einer Norm strafrechtlich nur dadurch gesichert werden kann, dass der Gehorsam ihr gegenüber gesichert wird. Umgekehrt hat dessen Schutz die Sicherung des Regelungseffekts zur Folge.[395] Zu einer geeigneteren Abgrenzung kann man durch eine Kumulation der anderen Kriterien gelangen. Zutreffenderweise können auch Regelungen, die eine andere ersetzen, rein technische Änderungen inbegriffen,[396] nicht zu einer günstigeren Gestaltung der Rechtslage für den Beschuldigten führen, da der Regelungseffekt der Norm ungeachtet der Änderung bestehen bleibt.[397] Ebenso ist eine Abgrenzung zu normativen Tatbestandsmerkmalen sinnvoll. Im Unterschied zu Blankettstrafgesetzen ist der Straftatbestand bei der Verwendung normativer Tatbestandsmerkmale abschließend vom Gesetzgeber gestaltet. Dieser bedient sich jedoch einzelner, in anderen Rechtsordnungen beheimateter, ausfüllungsbedürftiger Begriffe und macht sich deren ursprüngliche Auslegung zu eigen.[398] Änderungen dieser Begriffe in anderen Rechtsordnungen wirken nach h.M. nicht auf den Straftatbestand zurück und stellen damit keine Rechtsänderung i.S.v. § 2 III StGB dar.[399] Eine Ausnahme von diesem Grundsatz besteht nur dann, wenn ein normatives Tatbestandsmerkmal streng zivilrechtsakzessorisch ausgelegt wird und die Bezugsnorm geändert wird. In diesem Fall wird das normative Tatbestandsmerkmal wie ein Blankettmerkmal behandelt und daher als Rechtsänderung i.S.v. § 2 III StGB gesehen.[400]

---

393 *Dannecker*, LK StGB, § 2 Rn. 83.

394 *Schmitz*, MüKo StGB, § 2 Rn. 41.

395 *Dannecker*, LK StGB, 12. Auflage 2007 Rn. 81; *Hassemer/Kargl*, NK StGB, § 2 Rn. 36; *Schmitz*, MüKo StGB, § 2 Rn. 40.

396 Vgl. *Heger*, Enzyklopädie Europarecht, 5 Rn. 74, nach dem eine Abgrenzung zwischen technischen und inhaltlichen Änderungen einer Strafnorm nicht immer klar sein dürfte.

397 *Dannecker*, LK StGB, 12. Auflage 2007, § 2 Rn. 83.

398 *Dannecker*, LK StGB, 12. Auflage 2007 Rn. 87.

399 *Satzger*, S/S/W, StGB, § 2 Rn. 25.

400 *Schmitz*, MüKo StGB, § 2 Rn. 44.

3. *Änderungen des persönlichen Anwendungsbereiches einer Strafnorm*

Änderungen des persönlichen Anwendungsbereiches einer Strafnorm durch die Änderung der in Bezug genommenen außerstrafrechtlichen Vorschriften sollen nach Ansicht der Rechtsprechung keine Gesetzesänderungen i.S.v. § 2 III StGB darstellen.[401]

Der BGH entschied mit Beschluss vom 11.5.2005, dass die Aufenthaltsgenehmigungspflicht durch den Beitritt verschiedener osteuropäischer Staaten zur EU zum 1.5.2004 keine relevante Änderung des Einschleusungstatbestands bewirke, weil sich im Inhalt der strafbewehrten Verhaltensnorm nichts geändert hat.[402] Diese Rechtsprechung ist in der Literatur auf Kritik gestoßen. Die Begründung, dass sich der Inhalt der strafbewehrten Verhaltensnorm – das Einschleusen von Ausländern gem. § 92a II Nr. 1 AuslG – nicht geändert habe, verfehle das Prinzip der Meistbegünstigung für die Betroffenen, da die Aufenthaltslegalisierung durch die EU-Osterweiterung bedeute, dass nicht nur die Betroffenen selbst straflos blieben, sondern auch die Beteiligten ausländerstrafrechtlich nicht mehr als „Schlepper" oder Gehilfen eines illegalen Aufenthalts gelten können.[403] Zudem sei die Ansicht der Rechtsprechung im Hinblick auf eine adressatenorientierte Betrachtung verfehlt und europarechtlich zweifelhaft.[404]

In Zusammenhang mit der „europarechtlichen Zweifelhaftigkeit" ist zu überprüfen, wie es zu bewerten ist, dass auch der EuGH entschied, der Beitritt eines Staates zur Union einen anderen Mitgliedstaat nicht daran hindere, eine Strafe gegen Personen zu verhängen, die vor diesem Beitritt die Straftat der Beihilfe zur illegalen Einwanderung zugunsten von Angehörigen des ersten Staates begangen haben.[405] Fraglich ist, ob dieses Urteil so zu verstehen ist, dass Änderungen des persönlichen Anwendungsbereiches einer Strafnorm generell nicht von Art. 49 GRCh erfasst sind.

Zu beachten ist, dass in dem zugrundeliegenden Fall einige Besonderheiten vorlagen. Zum einen handelt es sich bei dem zugrundeliegenden italienischen Gesetz (Art. 12 III, IIIa des decreto legislativo n. 286) nicht um ein Blankettstrafgesetz.

---

401 BGH, Beschl. v. 11.5.2005 – 5 StR 122/05, NStZ 2005, 408; *Satzger*, S/S/W, StGB, § 2 Rn. 22.

402 BGH, Beschl. v. 11.5.2005 – 5 StR 122/05, NStZ 2005, 408.

403 *Hassemer/Kargl*, NK-StGB, § 2 Rn. 14.

404 *Dannecker*, FS Schröder, 775; *Gaede*, AnwK StGB, § 2 Rn. 6; *Satzger*, S/S/W, StGB, § 2 Rn. 23.

405 EuGH, Urt. v. 6.10.2016 – *Paoletti*, C-218/15, BeckEuRS 2016, 484871.

Der Tatbestand ist vollständig bestimmt, es handelt sich auch ohne die genaue Kenntnis der ergänzenden Normen um eine aus sich heraus verständliche Bestimmungsnorm. Zur genauen Ermittlung der Legitimität der Einreise müssen andere Gesetze, außerstrafrechtliche Gesetze des decreto legislativo n. 286, herangezogen werden. Das Verbot als solches wird aber in hinreichend bestimmter Weise beschrieben, sodass es vom Normadressaten grundsätzlich verstanden und befolgt werden kann, ähnlich wie bei einem normativem Tatbestandsmerkmal im nationalen Recht.[406] Zum anderen führt der EuGH aus

> „[...] *eine gegenteilige Entscheidung liefe darauf hinaus, diese Art von Handel ab dem Zeitpunkt zu fördern, zu dem ein Staat in den Prozess zum Beitritt zur Union eingetreten ist, weil die Arbeitskräftehändler dann nämlich über Gewissheit verfügten, später straffrei auszugehen. Das erreichte Ziel stünde also im Widerspruch zu dem vom Unionsgesetzgeber angestrebten.*"[407]

Bei dieser vom Generalanwalt vorgebrachten und vom EuGH übernommenen Argumentation handelt es sich um den Legitimationsgrund für Zeitgesetze i.S.d. § 2 IV StGB aus dem deutschen Strafrecht. Wie im nächsten Abschnitt der Arbeit genauer beleuchtet wird, stellt diese Hypothese eine sehr allgemein gehaltene, kaum überprüfbare generalpräventive Erwägung dar.[408] Sie ist bereits nicht geeignet, Einschränkungen des Art. 49 I S. 3 GRCh nach der Maßgabe des Art. 52 GRCh zu rechtfertigen. Eine darauf basierende Verengung des Anwendungsbereiches des Lex mitor-Prinzips unter Verzicht auf die Voraussetzungen des Art. 52 GRCh wäre zu weitgehend und würde der Bedeutung des Art. 49 I S. 3 GRCh als europäisches Grundrecht und allgemeinem Grundsatz des Unionsrechts nicht gerecht.

Weiterhin wird vom EuGH darauf verwiesen,

> „*dass die Bestimmungen der Unionsbürgerschaft seit ihrem Inkrafttreten anzuwenden sind. Sie sind deshalb auf die gegenwärtigen Wirkungen von Sachverhalten anzuwenden, die vor diesem Zeitpunkt entstanden sind.*"[409]

Der italienische Einschleusungstatbestand sei der Kategorie der Zustandsdelikte zuzuordnen, woraus folge, dass diese Straftat im vorliegenden Fall keinen vor dem Beitritt des Mitgliedstaats entstandenen Sachverhalt darstellen, dessen Folgen nicht bereits vor diesem Beitritt eingetreten wären.[410]

---

406 *Bülte*, JuS 2015, 769f.

407 EuGH, Urt. v. 6.10.2016 – *Paoletti*, C-218/15, BeckEuRS 2016, 484871.

408 Näheres dazu später, Teil 3, B I, II.

409 EuGH, Urt. v. 6.10.2016 – C-218/15 – *Paoletti*, BeckEuRS 2016, 484871.

410 EuGH, Urt. v. 6.10.2016 – C-218/15 – *Paoletti*, BeckEuRS 2016, 484871.

Im Falle eines verwirklichten Dauerdelikts, dessen Folgen im Zeitpunkt des Beitritts eines Mitgliedstaats noch fortwirken, könnten die Bestimmungen der Unionsbürgerschaft, hier die Freizügigkeit, folglich angewendet werden.

Aus einer Gesamtschau der Argumentation des EuGH ergibt sich, dass in dem vorgelegten Fall verschiedene Faktoren in ihrer Gesamtheit in die Beantwortung der Vorlagefrage eingeflossen sind. Da der EuGH vorliegend ausschließlich auf Zustandsdelikte Bezug genommen hat, bleibt offen, ob er sich im Fall einer anderen Gesetzgebungstechnik bzw. eines anderen Delikttyps (z.B. im Fall von Tätigkeitsdelikten) anders entschieden hätte. Das Urteil kann deshalb jedenfalls nicht als „acte clair" hinsichtlich der Frage der Anwendbarkeit von Art. 49 I S. 3 GRCh auf Änderungen des persönlichen Anwendungsbereiches einer Strafnorm (durch die Änderung in Bezug genommener außerstrafrechtlicher Vorschriften) verstanden werden.

B. Ausnahme für Zeitgesetze nach § 2 IV StGB

I. Funktion des § 2 IV StGB

Gemäß § 2 IV StGB ist ein Gesetz, das nur für eine bestimmte Zeit gelten soll, auf Taten, die während seiner Geltung begangen wurden, auch dann anzuwenden, wenn es außer Kraft getreten ist.

Dies bedeutet, dass das in § 2 III StGB normierte Gebot der rückwirkenden Anwendung milderer Strafgesetze, bei sog. Zeitgesetzen nicht greift. Wird der Straftatbestand eines Zeitgesetzes erfüllt, bleibt es bei der Geltung des Tatzeitrechts, auch wenn das Gesetz im Zeitpunkt der Verurteilung bereits außer Kraft getreten ist. Die Begründung für die Einschränkung des Lex mitior-Prinzips bei Zeitgesetzen ist die Erkennbarkeit der nur vorübergehenden Geltungsdauer für den Bürger.[411] Die h.M. nimmt an, potentielle Täter würden von der Erwartung des baldigen Wegfalls eines Zeitgesetzes zur Normübertretung animiert, da sie zum Ende der Geltungsdauer des Gesetzes nicht mehr mit einer Verurteilung rechnen müssen.[412] Je näher der Zeitpunkt komme, zu dem das Gesetz außer Kraft treten soll, desto begründeter sei die Erwartung einer Verurteilung vor Ablauf der Geltungsdauer zu entgehen.[413] Denn würde das Lex mitior-Prinzip in solchen

---

411 BGHSt 6, 30, 38; *Hassemer/Kargl*, NK-StGB, § 2 Rn. 47; *Hecker*, Schönke/Schröder, StGB, § 2 Rn. 36.

412 *Dannecker*, FS Kindhäuser, S. 77; *Hassemer/Kargl*, NK-StGB, § 2 Rn. 47; *Hecker*, Schönke/Schröder, StGB, § 2 Rn. 36.

413 BGHSt 6, 30, 38; *Hassemer/Kargl*, NK-StGB, § 2 Rn. 47; *Hecker*, Schönke/Schröder, StGB, § 2 Rn. 36;

Fällen uneingeschränkt gelten, führte die Anwendung des milderen Gesetzes zwischen Tatbegehung und Verurteilung dazu, dass Straftaten während der Geltung des Zeitgesetzes straffrei blieben. Aus diesem Grund wird befürchtet, dass die Autorität eines Zeitgesetzes zum Ende der Geltungsdauer verloren gehe.[414]

Zeitgesetze werden erlassen, wenn der Gesetzgeber keine auf Dauer angelegten Regelungen treffen, sondern wechselnden Verhältnissen und Zeitnotwendigkeiten überwiegend nach den Gesichtspunkten der Zweckmäßigkeit gerecht werden will.[415] Zeitgesetze treten daher häufig im Nebenstrafrecht auf. Um möglichst flexibel auf sich wandelnde Zeitverhältnisse reagieren zu können und Strafbarkeitslücken zu vermeiden, werden sie häufig in Form von Blankettstrafgesetzen erlassen.[416] Aufgrund der weitreichenden Kompetenzen der EU bei der Steuer-, Wirtschafts- und Sozialordnung entstammen Zeitgesetze häufig europäisierten Politikbereichen.[417] Dennoch muss für jedes Gesetz anhand seines konkreten Inhalts und Zwecks gesondert geprüft werden, ob ein Zeitgesetz vorliegt,[418] welches eine Ausnahme von der Geltung des Lex mitor-Prinzips rechtfertigt.

Ein in der Literatur vertretener Ansatz unionsrechtsakzessorische Blankettstrafgesetze generell als Zeitgesetz zu qualifizieren,[419] kann hingegen nicht überzeugen. Zum einen lässt dieser Ansatz den primärrechtlichen Rang des Lex mitior-Prinzips außer Acht. Eine Einschränkung des Primärrechts zur Durchsetzung sekundären Unionsrechts kann schon auf europäischer Ebene nicht überzeugen. Zum anderen würde dieser Ansatz auch in zweierlei Hinsicht gegen Art. 103 II GG verstoßen. Erstens würde es gegen das Verbot täterbelastender Analogie verstoßen, ein Gesetz ohne jeglichen Übergangscharakter als Zeitgesetz einzustufen.[420] Zweitens würde nicht der deutsche Gesetzgeber, sondern vielmehr die Europäische Union (nachträglich) ein Zeitgesetz erschaffen, was dem Parlamentsvorbehalt in Art. 103 II GG zuwiderlaufen würde.[421]

Es ist zu überprüfen, welchen konkreten Inhalt und Zweck ein Gesetz im Einzelnen aufweisen muss, um als Zeitgesetz qualifiziert zu werden. Dazu soll

---

414 Ebd.
415 *Dannecker*, Das intertemporale Strafrecht, S. 438.
416 *Hecker*, Schönke/Schröder, StGB, § 2 Rn. 35.
417 *Gaede*, wistra 2011, 369.
418 *Hassemer/Kargl*, NK-StGB, § 2 Rn. 55; *Hecker*, Schönke/Schröder, StGB, § 2 Rn. 35; *Schmitz*, MüKo StGB, § 2 Rn. 69.
419 *Harms/Heine*, FS Amelung, S. 401f.
420 *Hecker*, Schönke/Schröder, StGB, § 2 Rn. 35.
421 *Gaede*, wistra 2011, 371.

zunächst auf die Historie der Gesetzgebung und Rechtsprechung zu § 2 IV StGB eingegangen werden.

II. Entstehungsgeschichte des § 2 IV StGB

Schon bevor eine gesetzliche Ausnahmeregelung für Zeitgesetze erstmals implementiert wurde, nahm das Reichsgericht temporäre Strafgesetze aus dem Anwendungsbereich des Milderungsgebots aus. Die damalige Rechtsprechung differenzierte dabei zwischen einer (dauerhaften) Änderung der Rechtanschauung und einem Auslaufen temporärer Gesetze, das nicht auf einer Missbilligung der früheren Gesetzgebung beruhte.[422] Eine gesetzliche Regelung wurde erstmals mit der Novelle vom 28.6.1935 eingeführt.[423] Das Milderungsgebot galt in dieser Fassung nicht obligatorisch; die Geltung des Lex mitor-Prinzips wurde vielmehr in das richterliche Ermessen gestellt.[424]

Erst durch das dritte Strafrechtsänderungsgesetz vom 4.8.1953 wurde die obligatorische Geltung des Milderungsgebotes angeordnet.[425] Eine Durchbrechung des Lex mitior-Prinzips war nur noch für Zeitgesetze vorgesehen, wobei die Rechtsprechung der Oberlandesgerichte und des BGH zunächst an der Judikatur des Reichsgerichts festhielten und demzufolge zwischen Veränderungen von Rechtsauffassungen, die ein Dauergesetz zur Folge haben und Veränderungen der Lebensverhältnisse, die eine Einstufung als Zeitgesetz zur Folge haben, unterschieden.[426]

Dies sollte sich mit dem geplanten zweiten Gesetz zur Reform des Strafrechts (StrRG) vom 4.7.1969 ändern. Ausweislich der amtlichen Begründung des Gesetzesentwurfs ließe sich nicht immer eindeutig ermitteln, ob eine Gesetzesänderung auf einem Wandel der Rechtsanschauung oder der tatsächlichen Umstände beruhe, da der gesetzgeberische Beweggrund für eine Gesetzesänderung häufig nicht offenkundig sei.[427] Oft gingen auch Änderungen der Rechtsanschauung und der tatsächlichen Umstände Hand in Hand.[428] Der Entwurf sollte diesen Rechtsunsicherheiten begegnen und leichter fassbare,

422 RGSt 50, 398, 405f.; *Dannecker*, LK StGB Rn. 118.

423 RGBl. I, S. 839; BVerfG, Beschl. v. 23.6.1990 – 2 BvR 752/90, NJW 1990, 3140; *Dannecker*, LK StGB Rn. 118.

424 *Dannecker*, Das intertemporale Strafrecht, S. 435.

425 BGBl I, S. 735; *Dannecker*, Das intertemporale Strafrecht, S. 435.

426 *Dannecker*, LK StGB Rn. 119.

427 Amtliche Begründung zu § 2 Abs. 3 Entwurf 1962; *Dannecker*, Das intertemporale Strafrecht, S. 440.

428 Hierzu und zum Nachfolgenden: *Laaths*, S. 40.

förmliche Voraussetzungen für das Vorliegen eines Zeitgesetzes aufstellen. Zeitgesetze im Sinne des Entwurfs sollten demnach nur Vorschriften sein, deren Geltungsdauer von vorneherein oder durch ein späteres Gesetz kalendermäßig befristet sind und die allein wegen dieses Zeitablaufs außer Kraft getreten sind.

Dieser ein „enges" Verständnis des Zeitgesetzes zugrunde legende Gesetzentwurf gelangte jedoch nie in das Bundesgesetzblatt. Grund dafür war, dass der BGH in seiner Entscheidung zur Mineralölsteuer mit der früheren Rechtsprechung brach und das Milderungsgebot erstmals auch auf blankettausfüllende Normen erstreckte.[429] Die geplante Einschränkung des Begriffs des Zeitgesetzes wurde daraufhin noch vor Inkrafttreten des 2. StRG wieder augegeben.

In den Erwägungen zur Neufassung des § 2 IV StGB hieß es, die in dem Entwurf vorgesehene Regelung sei nicht mehr vertretbar, nachdem der BGH in Abkehr seiner früheren Rechtsprechung den Standpunkt vertrete, dass eine Gesetzesänderung bereits dann vorliege, wenn die blankettausfüllenden Normen geändert würden.[430] Gerade diese blankettausfüllenden Normen seien ihrem Inhalt nach vielfach nur für vorübergehende, sich wandelnde Zeitverhältnisse erlassen, ohne dass es möglich wäre, von vorneherein oder später den genauen Zeitpunkt ihres Außerkrafttretens festzulegen, weil sich nicht überschauen lasse, wie lange die Regelung notwendig sein wird. Der Entwurf geht deshalb davon aus, dass die Formulierung „für eine bestimmte Zeit gelten soll" in dem gleichen Sinne ausgelegt werden soll wie dies bislang (1953) von der Rechtsprechung zu § 2 III StGB praktiziert wurde. Gemeint ist demnach ein nicht kalendarisch bestimmter Zeitpunkt; maßgeblich sei vielmehr, ob die Regelung funktional auf sich ändernde wirtschaftliche oder sonstige zeitbedingte Verhältnisse abzielt.

§ 2 IV StGB hat mithin einige Gesetzgebungsverfahren und unterschiedliche Begründungsansätze erfahren. Letztendlich blieb es jedoch bei dem Normverständnis des 3. StrÄG vom 4.8.1953.

III. Aktuelle Auslegung des Begriffs „Zeitgesetz"

Entsprechend der vertretenen Ansichten zum Begriff des Zeitgesetzes in der Gesetzgebungs- und Rechtsprechungsgeschichte des § 2 IV StGB spalten sich auch die heutige Literatur und Rechtsprechung in zwei Lager. Unterschieden wird zwischen einem engen Verständnis, welches der Auffassung des geplanten Gesetzesentwurfs zum 2. StrRG entspricht und dem weiten Verständnis

---

429 BGH, Urt. v. 8.1.1965 – 2 StR 49/64, NJW 1965, 981.

430 Hierzu und zum Nachfolgenden: Begründung zu Art. 17 Nr. 1a des Entwurfs zum EGStGB, BT-Drucks. 7/550, S. 206f.

der Rechtsprechung, welches der nunmehr geltenden Fassung zugrunde gelegt wurde.

Unter einem Zeitgesetz im engeren Sinn versteht man jedes Gesetz, dessen Geltung der Gesetzgeber kalendermäßig befristet oder durch den Eintritt eines bestimmten, in absehbarer Zeit eintretenden Ereignisses bedingt hat.[431] Die vorübergehende Geltung des Gesetzes und das Ende seiner Geltungsdauer sind für den Bürger damit eindeutig erkenn- und voraussehbar.

Der BGH und Teile des Schrifttums gehen hingegen auch dann von einem Zeitgesetz aus, wenn das Gesetz nach seinem Inhalt und Zweck erkennbar als vorübergehende Regelung für die Dauer besonderer Verhältnisse gedacht ist.[432] Die befristete Geltung muss nach dieser Ansicht nicht bereits im Wortlaut des Gesetz angelegt sein, sondern kann sich auch aus seinem systematischen Zusammenhang, seinem Inhalt und seiner Zielsetzung ergeben, insbesondere, wenn ein Gesetz erkennbar „wechselnden Zeitverhältnissen und Zeitnotwendigkeiten gerecht werden soll."[433] Dies betrifft in der Regel die oben beschriebenen Blankettstrafgesetze im Nebenstrafrecht, da sich der Zeitpunkt der Erfüllung der gesetzgeberischen Ziele im Zeitpunkt des Erlasses meist nicht genau voraussehen lässt.[434]

Die von der Rechtsprechung vertretene weite Auslegung sieht sich starker Kritik von weiten Teilen der Literatur ausgesetzt. Diese betrifft bereits die grundsätzliche Legitimation von Zeitgesetzen als solchen als auch die vom BGH zur Bestimmung des Vorliegens eines Zeitgesetzes aufgestellten Kriterien.

Jakobs stellt die Theorie des drohenden Geltungsverlusts einer zeitlich befristeten Strafnorm als Anknüpfungspunkt für die Legitimation von Zeitgesetzen gänzlich infrage.[435] Er sieht keinen Nachteil im „Zerbröckeln der Autorität einer ohnehin bald abgelebten Strafnorm".[436] Dieser Gesichtspunkt treffe Dauergesetz in gleichem Maße, weil oft genug eine maßgebliche Veränderung für noch geltende Gesetze in der letzten Zeit ihrer Gültigkeit über diverse Medien vorangekündigt werde, sodass sich Täter ebenso spekulierend auf solche Gesetzesänderung einrichten könnten.[437]

---

431 BGH, Urt. v. 9.3.1954 – 3 StR 12/54, BGHSt 6, 30; *Hecker*, Schönke/Schröder, StGB, § 2 Rn. 35; *Schmitz*, MüKo StGB, § 2 Rn. 62.

432 BGH, Urt. v. 14.12.1994, C – 5 StR 210/94, BGHSt 40, 378, 381; BGH, Urt. v. 14.7.1998 – 1 StR 110/98, StV 1999, 26; *Hecker*, Schönke/Schröder, StGB, § 2 Rn. 35; *Schmitz*, MüKo StGB, § 2 Rn. 66.

433 *Satzger*, S/S/W, StGB, § 2 Rn. 35.

434 *Hecker*, Schönke/Schröder, StGB, § 2 Rn. 35.

435 *Jakobs*, 4/63f.

436 *Jakobs*, 4/63f.

437 *Jakobs*, 4/63f.; *Laaths*, S. 45.

Auch *Tiedemann* erhebt Zweifel an diesem Legitimationsansatz und wendet ein, die generalpräventive Wirkung des Strafrechts werde überschätzt, vor allem da überprüfbare rationale Belege für den Verlust der Autorität eines Gesetzes zum Ende seiner Geltungsdauer fehlten.[438]

Überdies wird eingewandt, die vom BGH aufgestellte vage Grenzlinie zwischen Zeitgesetzen und Dauergesetzen sei nicht mit Art. 103 II GG i.V.m. Art. 2 GG zu vereinbaren, wonach die einzelnen Voraussetzungen eines Straftatbestandes gesetzlich derart festgelegt und präzisiert sein müssen, dass dem rechtsunterworfenen Bürger bereits vor Tatbegehung unmissverständlich klar ist, dass sein Verhalten im Falle seiner tatsächlichen Umsetzung strafbar ist.[439] Rein innere Kriterien, wie eine vom Bürger vorzunehmende Unterscheidung zwischen einer geläuterten Rechtsauffassung und Änderungen der tatsächlichen Verhältnisse, würden nicht die Voraussetzungen über die Gesetzesbestimmtheit und -klarheit erfüllen.[440] Dadurch werde die Entscheidung über den Normbereich einer Strafvorschrift von der Legislative auf die Organe der Rechtsprechung übertragen.[441] Zudem würden die unbestimmten Kriterien des BGH dem Regel-Ausnahme-Verhältnis für Zeitgesetze nicht gerecht.[442] Auch unter diesem Gesichtspunkt sei eine differenzierte Gesetzgebung geboten. Sofern im Einzelfall unscharfe Randbereiche verblieben, dürfe dies einem Normadressaten nur zu Gute kommen.

Im Anwendungsbereich der Grundrechtecharta und der EMRK stellt sich zudem die Frage, inwiefern das nationale Konzept des Zeitgesetzes mit dem europäischen Lex mitior-Prinzip in Art. 49 I 3 GRCh bzw. mit Art 7 EMRK vereinbar ist.

IV. Notwendigkeit einer einschränkenden Auslegung

1. Art. 49 I S. 3 GRCh

Art. 49 I S. 3 GRCh sieht im Gegensatz zu § 2 StGB keine Ausnahme für Gesetze vor, die nur für eine bestimmte Zeit gelten sollen. Vielmehr muss sich jede Einschränkung des Lex mitior-Prinzips am allgemeinen Schrankenvorbehalt des Art. 52 GRCh messen lassen, wonach gesetzlich vorgesehene Einschränkungen nur vorgenommen werden dürfen, wenn sie den Wesensgehalt des Rechts achten,

---

438 *Tiedemann*, Zeitliche Grenzen des Strafrechts, S. 197, 198.

439 *Tiedemann*, Die gesetzliche Milderung im Steuerstrafrecht, S. 14–17; Ders., Zeitliche Grenzen des Strafrechts, S. 193f.

440 *Tiedemann*, Zeitliche Grenzen des Strafrechts, S. 19f.

441 *Flämig*, Steuerrecht als Dauerrecht, S. 73, 120, 121; *Laaths*, S. 55, 71.

442 Hierzu und zum Nachfolgenden: *Laaths*, S. 71.

erforderlich sind sowie dem Gemeinwohl dienenden Zielsetzungen oder den Erfordernissen des Schutzes und der Rechte und Freiheiten anderer tatsächlich entsprechen.

Einschränkungen müssen demnach gesetzlich angeordnet und so ausgestaltet sein, dass die regelmäßige Geltung des Lex mitior-Prinzips nicht unverhältnismäßig gefährdet wird.[443] Die Rechtfertigung eines Zeitgesetzes muss daher immer mit Gemeinwohlgründen begründet sein, die zur generellen Legitimation des Strafgesetzes hinzutreten. Ein Zeitgesetz muss weiterhin „tatsächlich erforderlich" sein, was eine empirisch belastbare Überprüfung der vorgebrachten Gemeinwohlgründen erfordert.

Im Anwendungsbereich der GRCh ist mithin zu überprüfen, ob das Konzept des Zeitgesetzes in § 2 IV StGB den Erfordernissen des Art. 52 GRCh gerecht werden kann.

Die Ausnahme der Geltung des Lex mitior-Prinzips für Zeitgesetze wird seit jeher damit begründet, dass Zeitgesetze anderenfalls Gefahr liefen, zum Ende ihrer Geltungszeit nicht mehr befolgt zu werden.[444] Es wird davon ausgegangen, dass das Bewusstsein des Normadressaten, am Ende der Geltung nicht mehr bestraft werden zu können, die Neigung zur Übertretung eines solchen Strafgesetzes erhöhe.[445] Bereits diese sehr allgemeine generalpräventive Vermutung lässt Zweifel an der Wahrung des Grundsatzes der Verhältnismäßigkeit und des Wesensgehaltes der Einschränkung aufkommen.[446] Begutachtet man diese Begründung unter dem Gesichtspunkt der von Art. 52 I GRCh geforderten „tatsächlichen" Erforderlichkeit, kommen erhebliche Bedenken gegenüber dieser Argumentation zur Legitimierung von Zeitgesetzen auf.

Die Plausibilität dieser Theorie wird bereits deutlich in Frage gestellt, wenn eine Gesetzesänderung nicht in Form eines gänzlichen Wegfalls, sondern nur in Gestalt einer Herabsetzung einer Strafe bevorsteht. Dass potentielle Täter durch die bloße Aussicht einer milderen Strafe, als die zur Tatzeit geltende, zur Begehung einer Straftat motiviert würden, ist kaum nachvollziehbar.[447]

Dennoch erkennt auch der EuGH diese Argumentation scheinbar zumindest im Grundsatz an. In der bereits zuvor zitierten Entscheidung *Paoletti* äußerte er

---

443 Hierzu und zum Nachfolgenden: *Gaede*, wistra 2011, 370.

444 BGHSt 6, 30, 38; *Hecker*, Schönke/Schröder, StGB, § 2 Rn. 36; *Hassemer/Kargl*, NK-StGB, § 2 Rn. 47.

445 BGHSt 6, 30, 38; *Hecker*, Schönke/Schröder, StGB, § 2 Rn. 36; *Hassemer/Kargl*, NK-StGB, § 2 Rn. 47.

446 *Gaede*, wistra 2011, 370; *Tiedemann*, FS Peters 193, 198f.

447 So auch *Gaede*, wistra 2011, 371.

sich hinsichtlich der Anwendung des milderen Strafgesetzes auf den illegalen Handel mit Arbeitskräften:

> *„Eine gegenteiligen Entscheidung liefe darauf hinaus, diese Art von Handel ab dem Zeitpunkt zu fördern, zu dem ein Staat in den Prozess zum Beitritt zur Union eingetreten ist, weil die Arbeitskräftehändler dann nämlich über die Gewissheit verfügten, später straffrei auszugehen.“*[448]

Die Entscheidung befasst sich nicht ausdrücklich mit Gesetzen, die nur für eine bestimmte Zeit gelten sollen, sondern vielmehr mit den Anforderungen an die Qualität der Rechtsänderung angesichts der Auswirkung des Beitritts Rumäniens auf die Straftat der Beihilfe zur illegalen Einwanderung. Dennoch kommt an dieser Stelle derselbe Gesichtspunkt wie bei der Einschränkung des Lex mitor-Prinzips bei Zeitgesetzen zu tragen. Entgegen der Ansicht von *Dannecker* kann deshalb jedoch noch nicht bereits davon ausgegangen werden, dass der EuGH bei der Bestimmung der Grenzen des Milderungsgebotes zu ähnlichen Ergebnissen kommen wird, wie sie auch im nationalen Recht vertreten werden.[449]

Das Argument des Geltungsverlustes der Norm in Erwartung einer Änderung eines Strafgesetzes wird hier nur zusätzlich im Rahmen der grundsätzlichen Anwendbarkeit des Grundsatzes der Rückwirkung des milderen Strafgesetzes genannt. Der Gerichtshof setzt sich an keiner Stelle mit der Bedeutung des Lex mitor-Prinzips, den Anforderungen an die Einschränkung von Charta-Garantien oder dem Gewährleistungsgehalt von Art. 7 I EMRK auseinander. Allein aufgrund der Anführung dieses sehr allgemein gehaltenen Arguments des Generalanwalts zu schließen, dass der EuGH sich grundsätzlich mit Einschränkung des Lex mitior-Prinzips durch Zeitgesetzen i.S.d. deutschen Rechtsprechung einverstanden erklären wird, erscheint fernliegend. Vielmehr könnte man aus der Formulierung „weil die Arbeitskräftehändler dann nämlich über die Gewissheit verfügten später straffrei auszugehen“ auch eine Tendenz des EuGH zum „engen Verständnis“ von Zeitgesetzen abgeleitet werden. Die Formulierung „Gewissheit, später straffrei auszugehen“ legt nahe, dass das Ende der Normgeltung für den potentiellen Täter eindeutig vorhersehbar sein muss. Aus der bloßen Erkennbarkeit der vorübergehenden Geltung als solcher, die nach dem weiten Verständnis für eine Qualifikation als Zeitgesetz genügt, kann sich die „Gewissheit später straffrei auszugehen“ jedenfalls nicht ergeben.

Keinesfalls überzeugend ist dieser Rechtfertigungsansatz jedoch, wenn man Zeitgesetze im weiteren Sinne betrachtet. Versteht man als Zeitgesetz jedes

448 EuGH, Urt. v. 6.10.2016 – *Paoletti*, C-218/15, BeckEuRS 2016, 484871.
449 *Dannecker*, FS Kindhäuser, S. 81.

Gesetz, das nach seinem Inhalt oder Zweck erkennbar nur als vorübergehende Regelung gedacht ist, dessen Auslaufen aber nicht kalendarisch festgelegt oder an das Eintreten eines bestimmten Ereignisses geknüpft ist, vermag die These der berechnenden Übertretung der Strafnorm bei realitätsnaher Betrachtung nicht zu überzeugen.[450] Wenn potentielle Straftäter den Zeitpunkt des Auslaufens des Strafgesetzes zeitlich nicht oder allenfalls vage bestimmen können, lässt sich die angenommene erhöhte Motivation der Tatbegehung nicht plausibel begründen.[451] Denn potentielle Täter könnten dann nicht mehr auf einen Wegfall oder eine Änderung des Gesetzes spekulieren, die vor einer gerichtlichen Entscheidung über die Tat ergehen. Mit der Ungewissheit über das Eingreifen des Lex mitior-Prinzips entfällt folglich auch die Legitimation des Zeitgesetzes als Ausnahme von der Geltung des Lex mitior-Prinzips.[452] Es mangelt mithin an der tatsächlichen Erforderlichkeit solcher Zeitgesetze.

Nach alldem kann festgestellt werden, dass jedenfalls Zeitgesetze im weiteren Sinne nicht mit Art. 49 I 3, 52 GRCh vereinbar sind. Insbesondere im Anwendungsbereich der GRCh ist daher eine einschränkende, unionsrechtkonforme Auslegung des Begriffs des Zeitgesetzes, die den Anforderungen des Art. 52 GRCh gerecht wird, unabdingbar.[453]

2. Art. 7 I EMRK

Das Erfordernis einer einschränkenden Auslegung des Begriffes des Zeitgesetzes könnte sich über Ar. 49 I S. 3 GRCh hinaus auch aus Art. 7 EMRK ergeben. Wie bereits im vorangegangenen Kapitel ausführlich dargestellt, entschied der EGMR in der Rechtssache *Scoppola*, dass Art. 7 I EMRK auch die Anwendung einer späteren Strafmilderung umfasst.[454] Inwiefern diese Rechtsprechung des EGMR im nationalen Strafrecht Berücksichtigung finden kann, wird im Folgenden erläutert.

a) Die Bedeutung der EMRK im nationalen Recht

Die EMRK und ihre Zusatzprotokolle stellen ein völkerrechtliches Vertragswerk zwischen derzeit 45 Konventionsstaaten dar. In Deutschland wurde der EMRK und ihren Zusatzprotokollen mittels förmlichen Bundesgesetzes zugestimmt, was ihr

---

450 *Hassemer/Kargl*, NK-StGB, § 2 Rn. 48; *Laaths*, S. 8; *Gaede*, AnwK StGB, § 2 Rn. 14.

451 *Hassemer/Kargl*, NK-StGB, § 2 Rn. 48; *Laaths*, S. 8; *Gaede*, AnwK StGB, § 2 Rn. 14.

452 *Gaede*, wistra 2011, 371*Hassemer/Kargl*, NK-StGB, § 2 Rn. 48.

453 *Gaede*, wistra 2011, 371; *Hassemer/Kargl*, NK-StGB, § 2 Rn. 50; *Schmitz*, MüKo StGB, § 2 Rn. 54.

454 EGMR, Urt. v. 17.9.2009 – *Scoppola*, NJOZ 2010, 2726.

innerhalb der nationalen Rechtsordnung gemäß Art. 59 II GG den Rang einfachen Bundesrechtes verschafft. Gemäß Art. 20 III GG sind Exekutive und Judikative an Recht und Gesetz, mithin auch an die Gewährleistungen der EMRK gebunden. Als einfaches Recht könnte die EMRK grundsätzlich durch späteres oder höherrangiges Recht verdrängt werden. Der lediglich einfachgesetzliche Charakter der EMRK untergräbt jedoch deren tatsächliche Bedeutung und versetzt insbesondere das BVerfG in einen „Zwiespalt", da die EMRK, trotz ihres bloßen einfachgesetzlichen Ranges im Innenverhältnis, den Staat im Außenverhältnis völkerrechtlich bindet und eine Individual- oder Staatenbeschwerde vor dem EGMR zur Folge haben kann.[455] Um Divergenzen zwischen den EMRK-Gewährleistungen und dem sonstigen nationalen Recht zu vermeiden, hat das BVerfG den Grundsatz der völkerrechtsfreundlichen Auslegung entwickelt.[456] Deutsche Gerichte sind demnach gehalten, die Konvention im Rahmen methodisch vertretbarer Auslegung zu beachten und anzuwenden. Darüber hinaus entschied das BVerfG, dass nicht nur das einfache Bundesrecht, sondern auch das Verfassungsrecht konventionskonform auszulegen ist.[457]

> *„Die EMRK beeinfluss auch auf der Ebene des Verfassungsrechts die Bestimmung von Inhalt und Reichweite von Grundrechten und rechtsstaatlichen Grundsätzen des Grundgesetzes als Auslegungshilfe, sofern dies nicht zu einer [...] Einschränkung oder Minderung des Grundrechtsschutzes nach dem Grundgesetz führt. Das gilt nicht nur für den Konventionstext, sondern vor allem für die Entscheidungen des EGMR, da sich in ihnen der aktuelle Entwicklungsstand der Konvention und ihrer Protokolle widerspiegelt."*[458]

Die Entwicklung der Rechtsprechung zum Grundsatz der völkerrechtskonformen Auslegung lässt sich auf die Orientierungsfunktion der Urteile des EGMR zurückführen. Neben der Rechtskraftwirkung („inter partes"-Wirkung) für die beteiligten Parteien nach Art. 46 EMRK, die durch den konkreten Sachverhalt des Falls und das vorgebrachte Beschwerdevorbringen begrenzt ist, kommt den Urteilen des EGMR eine Orientierungswirkung zu.[459] Diese kann sich auf den beteiligten Staat in einem Verfahren vor dem EGMR hinsichtlich gleich gelagerter Fälle oder auch

455 *Ludwigs/Sikora*, JuS 2017, 385; *Meyer-Ladewig*, EMRK, Einleitung Rn. 17.

456 BVerfG, Beschl. v. 14.10.2004 – 2 BvR 1481/04 (*Görgülü*), NJW 2004, 3409; BVerfG, Urt. v. 4. 5. 2011 – 2 BvR 2365/09 (*Sicherungsverwahrung*), JuS 2011, 854; BVerfG, Urt. v. 6.12.2016 – 1 BvR 2821/11 (*Treaty Override*), NJW 2017, 217.

457 Hierzu und zum Nachfolgenden: BVerfG, Beschl. v. 14.10.2004 – 2 BvR 1481/04 (*Görgülü*), NJW 2004, 3409.

458 BVerfG, Beschl. v. 14.10.2004 – 2 BvR 1481/04 (*Görgülü*), NJW 2004, 3409.

459 BVerfG, Urt. v. 12.6.2018 – 2 BvR, NVwZ 2018, 1121; BVerfG, Beschl. v. 14.10.2004 – 2 BvR 1481/04 (*Görgülü*), NJW 2004, 3409; *Meyer-Ladewig*, EMRK, Art. 46 Rn. 16.

auf andere Konventionsstaaten auswirken.[460] Die Orientierungswirkung ist keine der Rechtskraftwirkung entsprechende rechtliche Wirkung. Vielmehr resultiert sie daraus, dass die Staaten der Rechtsprechung des EGMR in einem konkreten Fall Beachtung schenken und ihr zukünftiges Verhalten dementsprechend ausrichten, um eigenen Verurteilungen aufgrund von Konventionsverletzungen präventiv entgegenzuwirken.[461] Es handelt sich somit um eine Art „Präjudizwirkung", die auf die in Art. 1 EMRK verankerte Pflicht der Mitgliedstaaten zur Beachtung der EMRK und die Autorität der EGMR gestützt wird.[462] Parallelfälle treten vor allem dann auf, wenn die Konventionsverletzung der Sache nach in einer gesetzlichen Bestimmung liegt, die vielfach auf gleichartige Fälle angewendet wurde oder wenn Behörden und Gerichte gesetzlichen Normen in aller Regel in einer Art und Weise auslegen, die den Garantien der EMRK zuwiderläuft.[463] Während der von einem Urteil des EGMR betroffene Staat in solchen Fällen durch das Urteil verpflichtet ist seine Rechtsordnung oder die Praxis der Behörden und Gerichte abzuändern, ist bei den übrigen Konventionsstaaten einer Übertragung der Auslegung der EMRK erforderlich.[464]

b) Die Bedeutung des Art. 7 EMRK bei der Auslegung von § 2 IV StGB

Zu überprüfen ist somit, ob es sich bei der *Scoppola*-Entscheidung des EGMR um einen solchen Parallelfall für die Beurteilung des deutschen Konzepts des Zeitgesetzes handelt und ggf. ob der Begriff des Zeitgesetzes völkerrechtskonform auszulegen ist.

In dem zugrundeliegenden Strafverfahren hatte sich der Beschwerdeführer Scoppola, der wegen versuchten Mordes angeklagt war, gegenüber einem italienischen Strafgericht, unter erheblicher Einschränkung seiner Verteidigungsmöglichkeiten zu einer Entscheidung in einem summarischen Verfahren einverstanden erklärt.[465] Nach der Rechtslage zum Zeitpunkt seiner Erklärung (anders noch im Zeitpunkt der Tatbegehung) konnte in einem solchen Verfahren keine lebenslange Freiheitstrafe verhängt werden. Im Zeitpunkt der Verurteilung galt nach abermaliger Rechtsänderung erneut die Tatzeitrechtslage,

---

460 *Grabenwarter/Pabel*, EMRK, § 16 Rn. 8.

461 BVerfG, Urt. v. 4.5.2011 – 2 BvR 2365/09, NJW 2001, 1931, 1935; *Meyer-Ladewig*, EMRK, Art. 46 Rn. 16; *Zehetgruber*, ZJS 1/2016, S. 58.

462 *Grabenwarter/Pabel*, EMRK, § 16 Rn. 8; *Zehetgruber*, ZJS 1/2016, S. 58.

463 *Grabenwarter/Pabel*, EMRK, § 16 Rn. 9.

464 *Grabenwarter/Pabel*, EMRK, § 16 Rn. 8.

465 *Sturm*, NStZ 2017, 553f.

wonach das (Berufungs-) Gericht Scoppola zu einer lebenslangen Freiheitsstrafe verurteilte.[466]

Der Sache nach ging es um die Frage, welche Fassung der italienischen StPO dem Urteil richtigerweise zugrunde gelegt hätte werden müssen, folglich um die Regeln über die zeitliche Abfolge von Strafgesetzen. Augenscheinlich hat dieser italienische Fall nicht viel mit der Konzeption des deutschen Zeitgesetzes gemeinsam. Die über den Einzelfall hinausgehende Bedeutung des Urteils liegt in der Aufwertung des Lex mitior-Prinzips als Bestandteil des Art. 7 EMRK, in Abkehr zur früheren Rechtsprechung.[467] Der EGMR verwies in diesem Zusammenhang auf die Rechtsprechung des EuGH in der Sache *Berlusconi* und stellte fest, dass sich seit der Entscheidung des Gerichtshofs in der Sache *X/Deutschland* in Europa und allgemein international ein Konsens dahin entwickelt hat, dass es ein Grundsatz des Strafrechts sei, das mildere Strafgesetz anzuwenden, auch wenn es nach der strafbaren Handlung in Kraft getreten ist.[468] Der Umstand, dass der Wortlaut von Art. 7 EMRK dies nicht ausdrücklich erwähnt, sei nicht mehr entscheidend; der Grundsatz der rückwirkenden Anwendung milderen Strafrechts sei stillschweigend von Art. 7 EMRK garantiert. Die Verpflichtung, unter mehreren Strafvorschriften die dem Beschuldigten günstigste anzuwenden, sei eine Klarstellung der Regeln über die zeitliche Abfolge von Strafgesetzen, die einem anderen wesentlichen Element von Art. 7 EMRK entspreche, nämlich der Vorhersehbarkeit von Strafen.

Überdies führte der EGMR einleitend aus, dass es sich bei der in Art. 7 EMRK enthaltenen Garantie um einen wesentlichen Bestandteil des Rechtsstaatsprinzips handele, die einen herausragenden Platz im Schutzsystem der Konvention einnehme. Dies werde dadurch unterstrichen, dass von Art. 7 EMRK auch im Fall eines Kriegs oder eines anderen öffentlichen Notstands nicht abgewichen werden darf.

Sowohl die Auswahl einer anderen als der für den Täter günstigsten Strafvorschrift als auch der Erlass von Zeitgesetzen stellen jedoch Einschränkungen des Grundsatzes der rückwirkenden Anwendung milderen Strafrechts dar. Art. 15 II des Konventionstexts sowie die nochmalige Hervorhebung der herausragenden Stellung des Art. 7 EMRK durch den EGMR sprechen aber für ein absolutes Verständnis des Einschränkungsverbots. Ebenso wird an keiner Stelle des Urteils

---

466 *Sturm*, NStZ 2017, 553f.

467 EGMR, Urt. v. 17.9.2009 – *Scoppola*, NJOZ 2010, 2726; EKMR, 1978, Bd. 13, S. 70ff. – *X/Deutschland*.

468 Hierzu und zum Nachfolgenden: EGMR, Urt. v. 17.9.2009 – *Scoppola*, NJOZ 2010, 2726.

eine Abstufung vorgenommen, zwischen der Bedeutung des Gesetzlichkeitsprinzips als solchem und dem Teilgehalt des Grundsatzes der rückwirkenden Anwendung milderen Strafrechts. Ein in der Literatur vertretener Ansatz, der zwischen einer zentralen und einer peripheren Schutzzone der Vorschrift zu unterscheiden möchte, wobei im letzteren Fall eine Einschränkungsmöglichkeit denkbar wäre,[469] erscheint deshalb wenig überzeugend.

Selbst unter der Prämisse einer prinzipiell möglichen Einschränkbarkeit des Art. 7 EMRK müsste man den Begriff des Zeitgesetzes im Lichte der Rechtsprechung des EGMR jedoch in jedem Falle einer konventionskonformen, d.h. einschränkenden Auslegung zuführen.

Unter dem Gesichtspunkt der Vorhersehbarkeit, die vom EGMR als wesentliches Teilelement von Art. 7 EMRK hervorgehoben wurde, ist insbesondere das vom BGH vertretene „weite" Verständnis des Begriffs „Zeitgesetz" als unzulässige Einschränkung zu sehen. Zeitgesetze, verstanden als solche bei denen sich die befristete Geltung nicht aus dem Gesetz selbst ergibt, sondern erst aus seinem systematischen Zusammenhang bzw. seiner Zielsetzung, mangelt es an ihrer objektiven Erkennbarkeit.[470] Sofern eine bereits im Wortlaut zum Ausdruck gelangende eindeutige Befristung fehlt und der Anlass ihres Erlasses auf unabsehbare Zeit fortdauern kann, können Bürger im Zeitpunkt der Tatbegehung ihre Strafbarkeit nicht zweifelsfrei voraussehen und ihr Verhalten entsprechend ausrichten. Zudem ist der Beschuldigte der Gefahr richterlicher Willkür ausgesetzt, wenn die Einordnung als Zeitgesetz nach dem weiten Verständnis durch die Rechtsprechung weithin beliebig erfolgen kann.[471] Um der Funktion der Zeitgesetze (→ Teil 3, B, I) und der von Art. 7 EMRK geforderten Vorhersehbarkeit gerecht zu werden, muss jedoch der vorübergehende Charakter eines Zeitgesetzes für den potentiellen Täter nicht nur erkennbar, sondern sogar genau bestimmbar sein.[472]

Unter dem Aspekt der Vorhersehbarkeit könnte deshalb allenfalls ein enges Verständnis des Zeitgesetzes, d.h. ein Gesetz, dessen Geltung schon im Zeitpunkt seines Erlasses an eine bestimmte Frist gebunden ist, mit den Vorgaben des Art. 7 EMRK vereinbar sein. Im Hinblick auf Art. 15 II EMRK sind Zeitgesetze unter der Geltung von Art. 7 EMRK überdies generell als unzulässig zu bewerten.

---

469 *Sturm*, NStZ 2017, 553, 560.

470 *Schmitz*, MüKo StGB, § 2 Rn. 67.

471 *Schmitz*, MüKo StGB, § 2 Rn. 68.

472 *Hassemer/Kargl*, NK-StGB, § 2 Rn. 53.

c) *Die Rückwirkung des Art. 7 EMRK auf Art. 49 I S. 3 GRCh*

Wie im voran gegangen Teil bereits erläutert wurde, kommt der EMRK bei der Tragweite und Auslegung der Charta-Grundrechte entscheidende Bedeutung zu (→ Teil 2, B, II, Nr. 1). Nach der sog. Kohärenzklausel des Art. 52 III GRCh weisen die Charta-Grundrechte, die den durch die EMRK garantierten Rechten entsprechen, die gleiche Bedeutung und Tragweite auf, wie sie ihnen in der genannten Konvention verliehen werden, wobei der Schutz der GRCh nicht hinter dem Schutz der Konvention zurückbleiben darf. Dies wirkt sich auf der Rechtsfolgenebene vor allem auf den Schutzbereich und die Schrankenebene der Grundrechte aus.[473]

Nach den Erläuterungen zur GRCh ergebe sich aus ihrer notwendigen Kohärenz mit der EMRK „*insbesondere, dass der Gesetzgeber bei der Festlegung von Einschränkungen dieser Rechte, die gleichen Normen einhalten muss, die in der ausführlichen Regelung der Einschränkungen in der EMRK vorgesehen sind, die damit auch für die von [Abs. 3] erfassten Rechte gelten, ohne dass dadurch die Eigenständigkeit des Unionsrechts und des Gerichtshofs der Europäischen Union berührt wird [...]. Die Bedeutung und Tragweite der garantierten Rechte werden nicht nur durch den Wortlaut der Vertragswerke, sondern auch durch die Rechtsprechung des Europäischen Gerichtshofes für Menschenrechte und den Gerichtshof der Europäischen Union bestimmt.*“[474]

Zu überprüfen ist nunmehr, ob und wie sich die Rechtsprechung des EGMR zu Art. 7 EMRK auf die Bedeutung und Tragweite des Art. 49 I S. 3 GRCh auswirken könnte.

Die Artikel der GRCh, die den durch die EMRK garantierten Artikeln entsprechen, sind in den Erläuterungen zur GRCh aufgelistet.[475] Zu Art. 49 I GRCh heißt es, dass er Art. 7 EMRK – mit Ausnahme des letzten Satzes – entspreche. Gerade das Lex mitor-Prinzip soll demnach nicht der Bedeutung und Tragweite von Art. 7 EMRK entsprechen.

Fraglich ist allerdings, ob es sich hierbei um eine abschließende Aufzählung handelt oder ob neben den aufgeführten Artikeln weitere Rechte von Art. 52 III GRCh erfasst sein können.

Die GRCh betont, dass die Auflistung nur Rechte erfasst, bei denen derzeit davon ausgegangen werden kann, dass sie Rechten aus der EMRK entsprechen, ohne eine Weiterentwicklung des Rechts, der Gesetzgebung und der

---

473 *Jarass*, GRCh, Art. 52 Rn. 33; *Schwerdtfeger*, Meyer/Hölscheidt, GRCh, Art. 52 Rn. 59.
474 Erläuterungen zur Charta der Grundrechte, ABl. EU 2007 C 303/33.
475 Erläuterungen zur Charta der Grundrechte, ABl. EU 2007 C 303/33.

Verträge auszuschließen.[476] Zudem würde es dem Normzweck des Art. 52 III GRCh entsprechen auch weitere Rechte in den Anwendungsbereich der Klausel aufzunehmen, wenn dadurch zur Kohärenz zwischen der EMRK und dem Grundrechtsschutz der EU beigetragen wird. Demzufolge versteht die h.M. in der Literatur die Kohärenzklausel in Art. 52 III GRCh als dynamischen Verweis auf die EMRK.[477] Bezieht man die Weiterentwicklung von EMRK-Rechten durch die Rechtsprechung des EGMR in die Betrachtung mit ein, gelangt man zu dem Ergebnis, dass der Ausschluss von Art. 49 I S. 3 GRCh nicht (mehr) mit dem heutigen Verständnis von Art. 7 EMRK übereinstimmt. Die Erläuterungen zur Charta der Grundrechte des Präsidiums des Grundrechtekonvents wurden im Amtsblatt der Europäischen Union vom 14.12.2007 veröffentlicht. Zu diesem Zeitpunkt vertrat der EGMR noch die auf den Wortlaut der Norm gestützte Auffassung, Art. 7 EMRK enthalte keine Verpflichtung der Konventionsstaaten, dem Beschuldigten die Anwendung einer nach der strafbaren Handlung ergangenen Gesetzesänderung zugute kommen zu lassen (X/Deutschland, EKMR 1978).[478] Wie der EGMR in der Entscheidung *Scoppola* aber ausdrücklich klarstellte, ist er rechtlich nicht verpflichtet, seinen früheren Entscheidungen zu folgen, sollte aber im Interesse der Rechtssicherheit, der Vorhersehbarkeit und der Gleichheit vor dem Gesetz nur mit guten Gründen von früheren Entscheidungen abweichen.[479] Zur Begründung des Rechtsprechungswandels zu Art. 7 EMRK verwies der EGMR auf international wichtige Entwicklungen seit der Entscheidung der EKMR in der Sache *X/Deutschland*,[480] wie das Inkrafttreten der Amerikanischen Menschenrechtskonvention, die in Art. 9 die rückwirkende Anwendung eines nach der Tat ergangenen milderen Gesetzes garantiert, die Rechtsprechung des EuGH im Fall *Berlusconi*,[481] die Regelungen der Anwendung des milderen Gesetzes im Statut des Internationalen Strafgerichtshofs und in der Rechtsprechung des Internationalen Strafgerichtshofs für das ehemalige Jugoslawien. Er folgert daraus, dass sich in Europa und allgemein international ein Konsens dahingehend entwickelt hat, dass es ein Grundsatz des Strafrechts ist,

---

476 Erläuterungen zur Charta der Grundrechte, ABl. EU 2007 C 303/33.

477 *Jarass*, GRCh Rn. 56; *Krämer*, Stern/Sachs, GRCh, Art 52 Rn. 75; *Schwerdtfeger*, Meyer/Hölscheidt, GRCh, Art. 52 Rn. 61; *Tehrhechte*, von der Schwarze/Groeben, Art. 52 GRCh Rn. 15.

478 EKMR, 1978, Bd. 13, S. 70 ff. – *X/Deutschland*.

479 EGMR, Urt. v. 17.9.2009 – *Scoppola*, NJOZ 2010, 2726.

480 EKMR, 1978, Bd. 13, S. 70 ff. – *X/Deutschland*.

481 EuGH, Urt. v. 3.5.2005 – *Berlusconi*, C-387/02, C-391/02 und C-403/02 Rn. 66ff, EuZW 2005, 369.

das mildere Strafgesetz anzuwenden, auch wenn es nach der strafbaren Handlung eingetreten ist.[482]

Da die Bedeutung und Tragweite der EMRK-Rechte nicht nur durch den (unverändert gebliebenen) Normtext der Konvention bestimmt werden, sondern vor allem auch durch die Rechtsprechung des EGMR, führt die von ihm unmissverständlich eingeleitete Rechtsprechungsänderung zur Ausweitung des in Art. 7 EMRK verankerten Lex mitor-Prinzips. Über den dynamischen Verweis in Art. 52 III GRCh entfaltet diese Rechtsprechungsänderung Auswirkungen auf das Unionsrecht.

Beachtenswert ist, dass Art. 7 EMRK im Gegensatz zu dem in Art. 49 I S. 3 GRCh normierten Lex mitor-Prinzip keinem Gesetzesvorbehalt unterliegt und ebenso keinerlei Abwägung zulässt, mithin vollkommen schrankenlos gewährleistet ist.[483] Nach den Erläuterungen zu Art. 52 III GRCh ergibt sich aus der erstrebten Kohärenz zwischen der GRCh und der EMRK insbesondere, dass der Gesetzgeber bei der Festlegung von Einschränkungen der Charta-Rechte die gleichen Normen einhalten muss, die in der Regelung der Einschränkungen in der EMRK vorgesehen sind, die damit auch für die von diesem Absatz erfassten Rechte gelten.[484] Daraus ergibt sich, der h.M. der Literatur folgend, dass strengere Einschränkungserfordernisse der EMRK bei der Rechtfertigung nach Art. 52 I GRCh berücksichtigt werden müssen.[485] Enthält die EMRK ein Einschränkungsverbot, gilt dieses mithin auch für die entsprechende Gewährleistung der GRCh.[486]

Die Einbeziehung des Meistbegünstigungsgrundsatzes des Art. 7 EMRK über Art. 52 III GRCh könnte damit den in Art. 49 I S. 3 GRCh normierten Meistbegünstigungsgrundsatz zu (noch) größerer Bedeutung verhelfen.[487] Jegliche Einschränkung des Lex mitor-Prinzips, sei es für Zeitgesetze oder anpassungsbedingte Sanktionslücken[488] wären demzufolge grundsätzlich ausgeschlossen und keinerlei Abwägung zugänglich.

---

482 EGMR, Urt. v. 17.9.2009 – *Scoppola*, NJOZ 2010, 2726.

483 Vgl. Art. 15 II EMRK.

484 Erläuterungen zur Charta der Grundrechte, ABl. EU 2007 C 303/33.

485 *Jarass*, GRCh, Art. 52 Rn. 60; *Krämer*, Stern/Sachs, GRCh, Art. 52 GRCh Rn. 75; *Schwerdtfeger*, Meyer/Hölscheidt, GRCh, Art. 52 Rn. 59.

486 *Jarass*, GRCh, Art. 52 Rn. 61; *Krämer*, Stern/Sachs, GRCh, Art. 52 Rn. 75.

487 So auch *Gaede*, MüKo StPO, Art. 7 EMRK Rn. 25.

488 Dazu Näheres in Teil IV.

Eine derartige Aufwertung des Lex mitor-Prinzips auch auf der Ebene des EU-Rechts ist, den Bestimmungen der GRCh und deren Erläuterungen folgend, konsequent und begrüßenswert.[489]

Überraschenderweise hat das Urteil zumindest in Deutschland für eine lange Zeit nur sehr wenig Beachtung gefunden.[490] Erst im Zuge der Diskussion um eine anpassungsbedingte Ahndungslücke bei der Novellierung des WpHG im Jahr 2016 wurde das Urteil, wenn auch meist zurückhaltend, angeführt.[491]

Es bleibt abzuwarten, ob der EuGH im Sinne der Rechtsprechung des EGMR feststellt, dass nunmehr auch Art. 49 I S. 3 GRCh in seiner Bedeutung und Tragweite Art. 7 EMRK entspricht und die damit verbundene Konsequenzen der absoluten Geltung anerkennt oder ob der EGMR aus Sicht der EU damit möglicherweise die Grenzen der Auslegung übertreten hat.[492]

3. *Fazit*

Zeitgesetze sind sowohl im Anwendungsbereich der GRCh als auch unter der Geltung der EMRK kritisch zu bewerten. Nach dem hier vertretenen Verständnis der jüngsten EGMR-Rechtsprechung sind sie sogar gänzlich unzulässig.[493]

Geht man jedoch in Anlehnung an die zeitlich später ergangene Entscheidung des EuGH in der Sache *Paoletti* davon aus, dass Zeitgesetze dem Grunde nach eine zulässige Einschränkung des Lex mitior-Prinzips sind, muss man den Begriff des Zeitgesetzes, um den Anforderungen der GRCh und auch der EMRK gerecht zu werden, einschränkend auslegen. Um die Erfordernisse der „tatsächlichen Erforderlichkeit" von Einschränkungen gemäß Art. 52 GRCh und die von Art. 7 EMRK geforderte „Vorhersehbarkeit von Strafen" zu erfüllen, ist ein enges Verständnis des Zeitgesetzes im Sinne eines Gesetzes, dessen Geltung kalendarisch befristet ist oder durch den Eintritt eines bestimmten in absehbarer Zeit eintretenden Ereignisses bedingt ist, erforderlich. Das gilt auch und insbesondere für die Blankettgesetzgebung. Die in der Begründung zum EGStGB geäußerte Befürchtung, es käme zu einer „unvertretbaren Abschwächung

489 Vgl. *Satzger*, FS Kühl, S. 415, 416.

490 *Bohlander*, StraFo 2011, S. 169; *Satzger*, FS Kühl, S. 414.

491 *Bülte/Müller*, NZG 2017, 205; *Gaede*, wistra 2017, 41; *Saliger*, WM 2017, S. 2365f.; *Rossi*, ZIP 2016, 2437; *Sturm* NStZ 2017, 553;

492 *Gaede*, MüKo StPO, Art. 7 EMRK Rn. 25.; *Grabenwarter/Pabel*, EMRK, § 24 Rn. 161.

493 Vgl. *Heger*, S. 233 der es für möglich hält, dass die Wiederholung von EMRK-Garantien in der GRCh im Anwendungsbereich des Unionsrechts zu einem generellen Anwendungsvorrang der EMRK gegenüber nationalem Recht führen kann.

des Strafrechtsschutzes",[494] da Blankettstrafgesetze „vielfach sich wandelnde Zeitverhältnisse beträfen, ohne dass sich von vornherein überschauen lasse, wie lange eine Regel notwendig sein wird",[495] ist schon auf nationaler Ebene wenig überzeugend. Auf diesem Wege wird dem Gesetzgeber die Möglichkeit eröffnet, durch die Wahl der Gesetzgebungstechnik der Verpflichtung zum Erlass bestimmter, objektiv erkennbarer und vorhersehbarer Strafgesetze zu entgehen. Dieser Gesetzesbegründung lag allerdings auch noch die Auffassung eines nationalen einfachgesetzlichen Ranges des Lex mitior-Prinzips zugrunde.[496]

Spätestens mit der Anerkennung des Lex mitor-Prinzips durch den EuGH und den EGMR kann sich der Gesetzgeber der Bedeutung des Grundsatzes jedoch nicht mehr verschließen und sich hinter der Blankettgesetzgebungstechnik verstecken. Es mag zwar zutreffen, dass die Blankettgesetzgebungstechnik in der Regel unerlässlich ist, um auf den kontinuierlichen Wandel tatsächlicher Verhältnisse und den häufigen Änderungen der in Bezug genommenen Vorschriften reagieren zu können.[497] Den Gesetzgeber mit der Entbindung von der Festsetzung einer Geltungsdauer zusätzlich zu entlasten, um Strafbarkeitslücken zu vermeiden, geht jedoch zu weit. Dem Gesetzgeber, der von einem europäischen Grundrecht abweichen will, ist es zuzumuten, die Abweichung und deren Geltungsdauer für den Bürger objektiv erkennbar festzulegen, zumal die Möglichkeit besteht, Verlängerungen der Gesetzesgeltung vorzunehmen, wenn die betreffenden Ausnahmeverhältnisse doch länger andauern als erwartet.[498] Sollte es dennoch nicht möglich sein, den Zeitpunkt des Außerkrafttretens eindeutig zu bestimmen, ist das Zeitgesetz zu unbestimmt und kann nicht als Ausnahme des Lex mitior-Prinzips fungieren.[499] Gerade in Bereichen, in denen sich die Rechtslage häufig ändert, ist es unerlässlich, die Rechtspositionen der Betroffenen zu schützen und die Reichweite der Ausnahmen eines europäischen Grundrechts bzw. einer EMRK-Gewährleistung eindeutig festzulegen.

Es bleibt abzuwarten, ob der EGMR die Reichweite des Lex mitor-Prinzips als Teilgehalt des Art. 7 EMRK nochmals konkretisiert und ob der EuGH diese Rechtsprechung anerkennen und über die Kohärenzklausel des Art. 52 III GRCh

---

494 Begründung zu Art. 17 Nr. 1a des Entwurfs zum EGStGB.

495 Begründung zu Art. 17 Nr. 1a des Entwurfs zum EGStGB; *Dannecker*, LK StGB, § 2 Rn. 123.

496 So jedenfalls noch BVerfG, Beschl. v. 29.11.1989 – 2 BvR 1491/87, NJW 1990, 1103; BVerfG, Beschl. v. 18.9.2008 – 2 BvR 1817/08, NJW 2008, 3769.

497 BVerfG, Beschl. v. 21.8.2001 – 2 BvR 1941/00, NStZ-RR 2002, 21; *Schützendübel*, S. 63.

498 *Gaede*, wistra 2011, 365f.; *Schmitz*, MüKo StGB Rn. 64ff.; *Tiedemann*, FS Peters, S. 201.

499 *Hassemer/Kargl*, NK-StGB, § 2 StGB Rn. 52.

für die Auslegung der GRCh übernehmen wird. Wünschenswert wäre es, wenn sich ein europäischer Konsens über die Reichweite des Lex-mitior Grundsatzes etablieren würde, der auch für rein nationale Sachverhalte gilt. Übereinstimmende Rechtsschutzstandards auf europäischer und nationaler Ebene würden zu mehr Rechtssicherheit, Vertrauensschutz und dem Schutz vor richterlicher Willkür beitragen, was im grundrechtssensiblen Bereich des Strafrechts[500] und insbesondere im Bereich der ohnehin für den Bürger oftmals schwer zu fassenden Blankettstrafgesetzgebung begrüßenswert wäre.[501]

Im Gleichklang mit dem Bedeutungszuwachs des Lex mitior-Prinzips auf europäischer Ebene hat sich auch auf der Ebene des nationalen Verfassungsrechts ein Dialog über die Aufwertung des Lex mitior-Prinzips als Verfassungsgrundsatz entwickelt, worauf im folgenden Kapitel näher eingegangen werden soll.

C. Verfassungsdimension des nationalen Lex mitor-Prinzipes

Obgleich das Lex mitor-Prinzip bereits seit dem 19. Jahrhundert allgemein anerkannt ist, rührt aus der fehlenden ausdrücklichen Normierung dieses Prinzips im GG seit jeher Streit über dessen Rang in der deutschen Rechtsordnung.[502] Einigkeit besteht insoweit, dass das Lex mitor-Prinzip jedenfalls einfachen Gesetzesrang hat. Ob dem Grundsatz sogar Verfassungsrang beizumessen ist, ist umstritten.

Nachfolgend wird dargestellt, wie das Milderungsgebot[503] von der Rechtsprechung bisher eingeordnet wurde und warum es insbesondere unter Berücksichtigung der heutigen Rechtsprechung des EuGH und des EGMR als verfassungsrechtliche Garantie verstanden werden muss.

I. Der verfassungsrechtliche Gehalt des § 2 III StGB

1. Der Standpunkt des Bundesverfassungsgerichts

In einem Nichtannahmebeschluss vom 18.9.2008 hatte das BVerfG darüber zu entscheiden, ob § 8 III Fahrpersonalgesetz (FPersG) a.F.[504] mit dem

500 BVerfG, Beschl. v. 21.9.2016 – 2 BvL 1/15, NJW 2016, 3648.

501 *Gaede*, wistra 2011, 370.

502 LG Berlin, Beschl. v. 14.2.1991 – (519) 2 Js 3/90 (48/90) Vgl. *Sommer*, der schon im Jahre 1978 zu dem Ergebnis kommt, dass § 2 III StGB ein fester Bestandteil eines auf rechtsstaatlichen Grundsätzen aufbauenden und unseren staats- und straftheoretischen Auffassungen entsprechenden Strafrechts sei.

503 Zum Begriffsverständnis vgl. Teil 2, C, III., 1.

504 In der Fassung vom 14.07.2007.

Rückwirkungsverbot des Art. 103 II GG und Art. 3 I GG zu vereinbaren ist.[505] Der Beschwerdeführer wandte sich gegen einen Bußgeldbescheid wegen Überschreitens der Tageslenkzeiten gemäß § 8 I Nr. 2b FPersG a.F., § 22 II Nr. 3 FPersV, Art. 6 I Unterabs. 1, 7 I, 8 I der Verordnung (EWG) Nr. 3820/85 i.V.m. § 8 III FPersG. Hintergrund der Verfassungsbeschwerde war ein zum Tatzeitpunkt als Ordnungswidrigkeit ahndbarer Lenkzeitenverstoß durch einen Lkw-Fahrer. Diese Tat war jedoch zwischen dem Zeitpunkt der Entscheidung des Tatgerichts und der Entscheidung des Beschwerdegerichts vorübergehend nicht bußgeldbewehrt, weil die einschlägige Bußgeldbestimmung auf eine nicht mehr in Kraft befindliche EU-Verordnung verwies und somit „ins Leere" lief. Bis zum 10.4.2007 waren die zulässigen Lenkzeiten im Güterverkehr in Art. 6 der Verordnung (EWG) Nr. 3820/85 geregelt, auf die § 8 I FPersG verwies. Die Verordnung wurde am 11.4.2007 durch die Verordnung (EG) Nr. 561/2006 ersetzt. Eine Anpassung der deutschen Bußgeldbestimmung an die aktuelle Verordnung erfolgte aber erst am 14.7.2007. Gleichzeitig wurde § 8 III FPersG eingeführt, wonach alle Ordnungswidrigkeiten, die bis zum 10.4.2007 begangenen wurden, abweichend von § 4 III OWiG (der inhaltlich § 2 III StGB entspricht) nach den zum Zeitpunkt der Tat geltenden Bestimmungen geahndet werden sollten. Der Beschwerdeführer rügte eine Verletzung des in Art. 103 II GG normierten Rückwirkungsverbotes und des allgemeinen Gleichheitssatzes gemäß Art. § 3 I GG.

Es stellte sich demnach die Frage, ob § 2 III StGB bzw. § 4 III OWiG zur freien Disposition des Gesetzgebers steht, was nur im Falle eines einfachgesetzlichen Ranges des Lex mitor-Prinzips zuträfe.

Nach Ansicht des BVerfG genießt das in § 2 III StGB bzw. § 4 III OWiG verankerte Lex mitior-Prinzip lediglich den Rang eines einfachen Bundesgesetzes. Art. 103 II GG verbiete nach seinem Wortlaut die rückwirkende Anwendung neuen materiellen Rechts zu Ungunsten des Täters, besage aber nichts über die Dauer des Zeitraumes, während dessen eine in verfassungsgemäßer Weise für ahndbar bzw. strafbar erklärte Tat verfolgt werden darf, äußere sich also nur über das „von wann an", nicht jedoch über das „wie lange" der Strafverfolgung. Dies entspreche auch seinem Zweck, der darin bestehe, zu verhindern, dass jemand aufgrund eines Gesetzes sanktioniert werde, das zur Zeit der Tat noch nicht in Kraft war, sodass dem Täter die Strafandrohung nicht bekannt sein konnte. Dass eine Tat nach ihrer Begehung vorübergehend nicht mit Bußgeld oder Strafe bedroht war, betreffe daher das verfassungsrechtliche Rückwirkungsverbot nicht.

505 Hierzu und zum Nachfolgenden: BVerfG, Beschl. v. 18.9.2008 – 2 BvR 1817/08, NJW 2008, 3769ff.

Auch eine Verletzung von Art. 3 I GG in seiner Ausprägung als allgemeines Willkürverbot sah das BVerfG vorliegend nicht als gegeben an. Die Beseitigung eines gesetzgeberisch nicht gewollten Zustands sei eine ausreichende sachliche Erwägung. Im Übrigen hänge die Dauer eines Gerichtsverfahrens von einer Vielzahl von Faktoren ab, sodass der Beschwerdeführer sich auch nicht darauf berufen könne, dass über sein Verfahren nicht im Zwischenzeitraum der Straflosigkeit entschieden wurde.

Das BVerfG orientiert sich demnach, wie noch zuvor der EGMR,[506] streng am Wortlaut orientierten Verständnis des Rückwirkungsverbots. Das hier dargelegte Verständnis ist von der Literatur sowohl unter verfassungsrechtlichen Gesichtspunkten als auch unter Berücksichtigung der europäischen Entwicklungen beanstandet worden.[507]

In einer späteren Entscheidung, in der das BVerfG sich mit einer Verfassungsbeschwerde wegen eines Verstoßes gegen Art. 103 II GG aufgrund einer Verletzung des Lex mitior-Prinzips befasste, lehnte das BVerfG bereits das Bestehen einer Strafbarkeitslücke ab, weshalb offenblieb, ob die erlassene Derogationsnorm, mit der der Gesetzgeber die Geltung des § 2 III StGB ausschließen wollte, mit Verfassungs-und Unionsrecht vereinbar ist.[508]

Wenige Monate später bestätigte das BVerfG seine Position aus der Entscheidung zum FahrPersG aus dem Jahre 2008 und hob nochmals den einfachgesetzlichen Rang des Prinzips hervor, was zur Folge habe, dass ein Ausschluss des Prinzips der Meistbegünstigung keinen Verstoß gegen Art. 103 II GG darstelle.[509] Eine Würdigung der Rechtsprechung des EGMR zu Art. 7 EMRK blieb aus.

2. *Meinungsstand in der Literatur*

Die Ansicht des BVerfG trifft bei weiten Teilen der Literatur auf Widerspruch. Einige Stimmen des Schrifttums messen § 2 III StGB einen verfassungsrechtlichen Rang bei. Es besteht jedoch Uneinigkeit über die normenhierarchische Verortung des Prinzips und seine Reichweite. Teilweise wird es dem Rechtsstaatsprinzip aus Art. 20 III GG (u.a. in Form eines allgemeinen verfassungsrechtlichen Rückwirkungsverbots) oder dem Gleichheitssatz des Art. 3 GG zugewiesen.

---

506 EKMR, 1978, Bd. 13, S. 70ff. – *X/Deutschland.*

507 Das Lex mitior-Prinzip genießt Verfassungsrang in Portugal, Frankreich, Luxemburg, Estland, Tschechien, Slowenien und der Slowakei.

508 BVerfG, Beschl. v. 2.3.2018 – 2 BvR 463/17, NJW 2018, 3091.

509 BVerfG, Beschl. v. 13.6.2018 – 2 BvR 375/17, BeckRS 2018, 13469.

Andere sprechen sich unter Verweis auf die europäische Rechtsprechung für eine Erweiterung des strafrechtlichen Rückwirkungsverbots des Art. 103 II GG aus.

a) Das Lex mitior-Prinzip als Ausprägung des Rechtsstaatsprinzips

Ein Großteil der Literatur sieht das Lex mitior-Prinzip im Rechtsstaatsprinzip des Art. 20 III GG verankert.[510]

Bei der Beurteilung des Verfassungsranges und damit auch der Disponibilität des Lex mitior-Prinzips differenziert *Schützendübel* zwischen zwei Elementen der nationalen Lex mitior-Vorschrift des § 2 III StGB: dem „Kernelement" und dem „Überhang".[511] Das Kernelement der Vorschrift sei das des milderen Entscheidungszeitrechts, das greife, wenn das zum Entscheidungszeitpunkt geltende Recht mildere Bestimmungen als das Tatzeitrecht anordne. Das zweite Element sei das darüber hinaus gehende („Überhang"-)Element der Meistbegünstigung[512] bzw. die Situation eines milderen Zwischengesetzes.

Einzig das Kernelement entspreche verfassungsrechtlichen Prinzipien, während das Überhang-/Meistbegünstigungselement auf bloßen Billigkeitserwägungen beruhe und über den verfassungsrechtlich gebotenen Mindeststandard hinausginge.[513]

Das Kernelement des Lex mitor-Prinzips beruhe sowohl auf dem allgemeinen verfassungsrechtlichen Rückwirkungsverbot, als auch auf dem Gleichheitssatz des Art. 3 GG.[514] Ebenso wie das BVerfG ist *Schützendübel* der Ansicht, dass das Lex mitior-Prinzip nicht dem strafrechtlichen Rückwirkungsverbot unterfiele, da dieses nur vor einer rückwirkenden Neubegründung und Strafschärfung schütze und keine Strafbarkeitskontinuität voraussetze.[515] Das strafrechtliche Rückwirkungsverbot aus Art. 103 II GG diene primär dem Vertrauensschutz i.S.d. Vorhersehbarkeit und Berechenbarkeit und erfasse daher nur solche Vorschriften, die dem Bürger Orientierungssicherheit im Tatzeitpunkt gewähren sollen. Vielmehr unterliege das Lex mitor-Prinzip dem „allgemeinen verfassungsrechtlichen Rückwirkungsverbot des Art. 20 III GG", welcher als Auffangtatbestand für strafrechtliche und bußgeldrechtliche Vorschriften dienen könne, die nicht die Straf- bzw. Ahndbarkeit, sondern die Verfolgbarkeit der Tat betreffen. Der an die Beurteilung der Verfassungsmäßigkeit der Einschränkung

510 *Schützendübel*, S. 129f.; *Saliger*, WM 2017, S. 2365ff.; *Gaede*, wistra 2011, 365.
511 Hierzu und zum Nachfolgenden: *Schützendübel*, S. 105.
512 Zum Begriffsverständnis, vgl. Teil 2, D, III.
513 *Schützendübel*, S. 107.
514 *Schützendübel*, S. 151f., 185f.
515 Hierzu und zum Nachfolgenden: *Schützendübel*, S. 145f.

des Lex mitor-Prinzips anzulegende Maßstab werde von den Grundsätzen der Rückwirkungslehre des BVerfG konstituiert. Der Wegfall der Strafbarkeit infolge des Eingreifens von § 2 III StGB stelle ein materielles Bestrafungshindernis dar, das unabhängig von einer prozessualen Situation eingreife und einen Sachverhalt tatsächlich abschließe. Er sei deshalb der Kategorie der echten Rückwirkung zuzuordnen. Ein Gesetz, dessen Rechtsfolgen rückwirkend an den früheren Tatbestand anknüpfen, sei demnach grundsätzlich verfassungswidrig.

Auch *Saliger* ist der Ansicht, dass dem Lex mitor-Prinzip der Rang eines Verfassungsprinzips zukomme.[516] Er unterscheidet ebenfalls zwischen der Kernbedeutung des Grundsatzes, die in der Aburteilung des Beschuldigten nach dem milderen Entscheidungszeitrecht anstelle des strengeren Tatzeitrechts liege und dem Prinzip der rückwirkenden Meistbegünstigung, welches dazu führe, dass bei Unterbrechungen der Unrechtskontinuität alle vor dem Aufbruch einer Strafbarkeits- bzw. Ahndungslücke begangenen und noch nicht rechtskräftig abgeurteilten Taten nicht verfolgt werden dürfen. Anders als *Schützendübel* geht er jedoch davon aus, dass beide Ausprägungen des Lex mitor-Prinzips von dem Gewährleistungsgehalt des Rechtsstaatsprinzips und des Gebots verhältnismäßigen Strafens verfassungsrechtlich anzuerkennen sind. Die beiden Ausprägungen des Lex mitor-Prinzips unterschieden sich lediglich in ihrer jeweiligen Eingriffstiefe und dementsprechend in den Anforderungen an deren verfassungsrechtliche Rechtfertigung. Bei einem Eingriff in das Meistbegünstigungselement seien die Rechtfertigungsanforderungen geringer.

Andere Autoren unterscheiden nicht zwischen der Kernbedeutung und dem Meistbegünstigungselement des Lex mitior-Prinzip und sprechen dem Prinzip generell Verfassungsrang zu.[517] Sie sehen auch mildere Zwischengesetze vom verfassungsrechtlichen Gehalt des Lex mitior-Prinzips geschützt. Dies folge aus den im Rechtsstaatsprinzip verankerten Grundsätzen der Täuschungsfreiheit und des Vertrauensschutzes. Die Begünstigung des Täters dürfe nicht von dem zufälligen Zeitpunkt seiner Verurteilung abhängen, worauf der Täter keinen Einfluss hat.[518] *Schröder* zieht zudem Parallelen zu den Fällen der nachträglichen Änderung von Verjährungsvorschriften[519] und zur nachträglichen Änderung des Strafantragsrechts,[520] in denen das BVerfG stets überprüfte, ob

516 Hierzu und zum Nachfolgenden: *Saliger*, WM 2017, S. 2368f.

517 *Dannecker*, LK StGB, § 2 Rn. 55ff., *Schröder*, FS Mehle, S. 60; *Gaede*, wistra 2011, S. 369; *Tiedemann*, FS Peters, S. 193f.;

518 *Dannecker*, LK StGB, § 2 Rn. 55ff.

519 BVerfG, Beschl. v. 26.2.1969 – 2 BvL 15, 23/68.

520 BGH, Urt. v. 15.3.2001 – 5StR 454/00.

beim Täter schutzwürdiges Vertrauen entstanden sei.[521] *Gaede* versteht das Meistbegünstigungsprinzip als Ausprägung des speziell im Strafrecht verfassungsrechtlich besonders zu gewährleistenden Willkürschutzes als Teil des Rechtsstaatsprinzips.[522] Darüber hinaus plädiert er für eine „Inspiration" der Verfassungsauslegung durch das europäische Recht um gespaltene Grundrechtsstandards nach deutschem und europäischen Recht zu verhindern.[523]

b) Das Lex mitior-Prinzip als Ausprägung des allgemeinen Gleichheitssatzes

Zum Teil wird das Lex mitior-Prinzip als Ausprägung des allgemeinen Gleichheitssatzes des Art. 3 I GG aufgefasst.

Schützendübel sieht jedenfalls in der Festsetzung unterschiedlicher Rechtsfolgen für Tätergruppen, je nachdem, ob eine Verurteilung vor oder nach dem Aufbruch einer Ahndungslücke eintritt, eine nicht gerechtfertigte Ungleichbehandlung.[524] Zumindest müssten für eine solche Ungleichbehandlung gewichtige Gründe vorliegen.[525]

Diese Ansicht teilt auch *Sommer*. Das Milderungsgebot in § 2 III StGB stelle eine Ausnahme vom Grundsatz des Rückwirkungsverbots strafrechtlicher Gesetze dar.[526] Diese Einschränkung sei keine strafrechtliche Besonderheit des Art. 103 II GG, sondern sei vielmehr mit den Kernelementen verfassungsrechtlicher Straftheorien herzuleiten: der Generalprävention, der Spezialprävention und dem absoluten Charakter der Strafe. Aus dem Sinn und Zweck der Strafe ergebe sich eine Tatbeurteilung nach Gegenwartsmaßstäben, mithin nach dem milderen Gesetz. Daneben sei § 2 III StGB auch ein Gebot des verfassungsrechtlichen Gleichheitssatzes.[527] Der Milderungsgrundsatz ermögliche eine rechtmäßige Gleichbehandlung in den Fällen, in denen Taten unter dem alten, strengeren Recht begangen wurden mit Tätern, die vor und nach der Rechtsänderung verurteilt werden.[528]

---

521 *Schröder*, FS Mehle, S. 60f.

522 *Gaede*, wistra 2011, 367.

523 Ebd.

524 *Schützendübel*, S. 185f.

525 *Schützendübel*, S. 185f.

526 Hierzu und zum Nachfolgenden: *Sommer*, S. 50, 57f.

527 *Sommer*, S. 57f.; so auch *Rossi*, ZIP 2016, 2446; *Harms/Heine*, FS Amelung, S. 401; *Satzger*, FS Kühl, S. 416.

528 *Sommer*, S. 57f.

c) Das Lex mitior-Prinzip als Ausprägung des Rückwirkungsverbots (Art. 103 II GG)

Andere Stimmen der Literatur[529] sehen das Lex mitior-Prinzip entgegen der Auffassung des BVerfG im Rückwirkungsverbot des Art. 103 II GG verwurzelt.

Dies folge im Wesentlichen aus der Rechtsprechung des EGMR in der Sache *Scoppola*[530] in Verbindung mit dem Prinzip der völkerrechtkonformen Auslegung, wonach das gesamte deutsche Recht, einschließlich der Grundrechte und der rechtsstaatlichen Grundätze des GG konventionsfreundlich auszulegen ist, sofern dies nicht zu einer Einschränkung oder Minderung des Grundrechtsschutzes führt.[531] Es sei demnach nicht nur naheliegend, sondern sogar zwingend, die Gewährleistung des Art. 103 II GG so auszulegen, dass der Lex mitor-Grundsatz von ihr auch ohne ausdrückliche Erwähnung stillschweigend mitverankert sei.[532] Dies bewirke eine Stärkung der grundrechtlichen Position des Beschuldigten.[533] Für eine Verankerung des Lex-mitior Prinzips in Art. 103 II GG spreche auch die Verankerung des Lex mitior-Prinzips in der GRCh.[534] Zwar sei seine Geltung auch dort nicht absolut, jedoch scheide zumindest eine Einschränkung aus allgemeinen Zweckmäßigkeits- und Gerechtigkeitserwägungen aus. Vielmehr müsse ein Garantie-einschränkendes Gesetz die hohen Hürden einer verfassungsrechtlichen Rechtfertigung nehmen. Das Lex mitor-Prinzip genieße damit eine primärrechtliche Absicherung, die ihm (jedenfalls aus europäischer Sicht) im Kollisionsfällen zwischen europäischem und nationalem Recht eine über der deutschen Verfassung stehende Position einräume.

3. Fazit

Das vom BVerfG vertretene einfachrechtliche Verständnis des Lex mitor-Prinzips sieht sich zutreffender Kritik ausgesetzt. Nach hier vertretener Ansicht ist sowohl Kernelement als auch milderes Zwischenrecht verfassungsrechtlich geschützt, wobei die beiden Elemente auf unterschiedlichen Ausprägungen von Verfassungsprinzipien beruhen. Während das Kernelement, die rückwirkende

529 *Bohlander*, StraFo 2011, 169f.; *Hassemer/Kargl*, NK StGB, § 2 Rn. 21; *Schmitz*, MüKo StGB, § 2 Rn. 24; *Satzger*, FS Kühl, S. 416; *Dannecker*, FS Kindhäuser, S. 81.

530 Näheres zur *Scoppola*-Entscheidung des EGMR, → Teil 3, B, IV.

531 Näheres zur völkerrechtskonformen Auslegung, → Teil 3, B, IV.

532 *Bohlander*, StraFo 2011, 169f.; *Hassemer/Kargl*, NK StGB, § 2 Rn. 21, *Schmitz*, MüKo StGB, § 2 Rn. 24; *Satzger*, FS Kühl, S. 416; *Dannecker*, FS Kindhäuser, S. 81.

533 *Satzger*, FS Kühl, S. 415.

534 Hierzu und zum Nachfolgenden: *Satzger*, FS Kühl, S. 411f.

Verurteilung eines Beschuldigten nach Entscheidungszeitrecht und nicht nach Tatzeitrecht, im Rechtsstaatsprinzip als Ausprägung materieller Gerechtigkeit und Verhältnismäßigkeit begründet ist, beruht das Element der rückwirkenden Meistbegünstigung („Überhangelement“) auf der Ausprägung des Rechtsstaatsprinzips des Schutzes vor staatlicher Willkür und des Vertrauensschutzes. Der Willkürschutz ergibt sich, wie *Saliger* zutreffend erörtert, in der Eliminierung des vom Beschuldigten nicht beinflussbaren Momentes seiner Verurteilung, die Spielraum für staatliche Willkür lässt, je nachdem der Beschuldigte während des Zeitraums des zwischenzeitlich geltenden milderen Rechts oder eines rückwirkend geänderten strengeren Rechts verurteilt würde.[535] Die Strafjustiz wäre befähigt, ein Strafverfahren bewusst hinauszuzögern, um eine Verurteilung zu erzielen.[536] Darüber hinaus folgt der Verfassungsrang des Meistbegünstigungselementes aus dem schutzwürdigen Vertrauenstatbestand des Beschuldigten in die Nichtverfolgbarkeit seiner Tat und die Geltung des Lex mitior-Prinzips, das umso schützenswerter ist, je länger eine Strafbarkeitslücke bestand.[537]

Zudem kann ergibt sich der Verfassungsrang des Lex-mitior Prinzips nunmehr auch aus der EMRK. Mit der Rechtsprechungsänderung des EGMR hinsichtlich Art. 7 EMRK i.V.m. dem Grundsatz der völkerrechtskonformen Auslegung steht das Lex mitior-Prinzip letztendlich jedenfalls als Auslegungstopos über der deutschen Verfassung. Anders als die Grundrechtecharta muss für die Geltung der EMRK kein Gesetz sein, das der Durchführung der EMRK dient. Die Rechtsprechung des EGMR zu Art. 7 EMRK wirkt hingegen als Auslegungshilfe auf das deutsche Verfassungsrecht zurück.

Das bedeutet aber nicht zwingend, dass Art. 103 II GG, wie von der überwiegenden jüngeren Literatur gefordert, i.S.d. Art. 7 EMRK ausgelegt werden muss. Im Hinblick auf den vom BVerfG zutreffend aufgezeigten eng gefassten Wortlaut und Schutzzweck des Art. 103 II GG bietet es sich vielmehr an, den Lex mitor-Prinzip als Erweiterung des Rechtsstaatsprinzips zu verstehen, welches i.V.m. den Grundrechten auch subjektiv-rechtlich geltend gemacht werden kann.[538] Daneben wird vielfach der allgemeine Gleichheitsgrundsatz des Art. 3 I GG betroffen sein. Als sachlicher Grund für eine Ungleichbehandlung kann die Beseitigung eines gesetzgeberisch ungewollten Zustandes allein nicht ausreichen.

---

535 *Saliger*, WM 2017, 2329f.

536 Ebd.

537 Ebd.

538 Zur Frage, inwiefern die verfassungsrechtliche Erfassung des Meistbegünstigungselements europarechtlich geboten ist → Teil 2, D, III.

Teil 4: Einschränkungen von Art. 49 I S. 3 GRCh durch die Schließung anpassungsbedingter Sanktionslücken und Zeitgesetze

A. Schließung anpassungsbedingter Sanktionslücken

Wie bereits in Teil 1 der Arbeit beleuchtet (Teil 1 A II), setzt der deutsche Gesetzgeber zur Umsetzung unionaler Sanktionsverpflichtungen vielfach unionsrechtsakzessorische Blankettstrafgesetze ein.[539] Bei statischen Verweisen auf genau bezeichnete EU-Verordnungen kann es jedoch vorkommen, dass sich die von dem Blankettstrafgesetz konkret in Bezug genommene EU-Verordnung ändert und der deutsche Gesetzgeber es versäumt, das nationale Blankettstrafgesetz rechtzeitig an die nachfolgende EU-Verordnung anzupassen.[540] Bis zu einer Anpassung verweist die deutsche „Gesetzeshülle" folglich auf eine nicht mehr geltende EU-Verordnung und damit ins Leere.[541] Der Verstoß gegen das von der Blankettnorm in Bezug genommene unionsrechtliche Ver-oder Gebot ist mithin nicht mit Strafe bedroht. Eine spätere Anpassung des Strafgesetzes an die neue EU-Verordnung verhindert zwar die Straflosigkeit neuer Taten, kann jedoch nicht auf die im Zeitraum des Bestehens der Strafbarkeitslücke begangenen Taten zurückwirken.[542] Als „mildere Strafe" gilt gemäß Art. 49 I S. 3 GRCh für alle bis zur Anpassung des Strafgesetzes an die neue EU-Verordnung begangenen und nicht abgeurteilten Straftaten der Zustand der Straflosigkeit.

Um diese Konsequenz der unbeabsichtigten Strafbarkeitslücken zu verhindern, hat sich der deutsche Gesetzgeber in der Vergangenheit sog. Interklusionsnormen bedient, welche die Wirkung des § 2 III StGB nachträglich ausschließen, um so eine Bestrafung der Taten, die vor dem Eintreten der Straflosigkeit begangen wurden, zu ermöglichen.[543]

In diesem Teil der Arbeit soll untersucht werden, ob ein solches nachträgliches Eingreifen des Gesetzgebers in die Wirkungen des Lex mitor-Prinzips unter

---

539 Siehe Teil 1 I.; *Hecker*, Kap. 7 Rn. 76; *Ambos*, § 11 Rn. 28 f.; *Satzger*, § 9, 69f.

540 *Schützendübel*, S. 78f.

541 *Satzger*, § 9 Rn. 83; *Schützendübel*, S. 77; *Hecker*, FS Rengier, S. 471.

542 *Sturm*, NStZ 2017, 553f; *Hecker*, Kap. 7 Rn. 91.

543 *Schützendübel*, S. 89f.; andere Bezeichnungen: *Gaede*, wistra 2017, 41f. („Anpassungsgesetze"); *Hecker*, FS Rengier, S. 471f. („Reparaturgesetze").

der Geltung des Art. 49 I S. 3 GRCh und Art. 7 EMRK zulässig ist. Als praktisches Beispiel für eine zutage getretene Strafbarkeitslücke dient der verfrühte Geltungsbeginn des § 38 WpHG im Zuge der Novellierung des Kapitalmarktrechts durch die Marktmissbrauchsverordnung im Jahr 2016.

Im Folgenden wird zunächst das Vorliegen einer Ahndungslücke überprüft und im Anschluss die grundsätzliche Zulässigkeit von Interklusionsnormen und sodann des § 52 WpHG im Besonderen untersucht.

I. Strafbarkeitslücke des § 38 III Nr. 2, III 39 III b, III d WpHG

Hintergrund der prima facie aufgetretenen Strafbarkeitslücke waren Unstimmigkeiten bei der Umsetzung der Vorgaben der Marktmissbrauchsverordnung der Europäischen Union (Market Abuse Regulation, „MAR“[544]) und der darauf bezogenen Marktmissbrauchsrichtlinie (Market Abuse Directive, „MAD II“[545]), in welcher

strafrechtliche Sanktionen für Verstöße gegen ausgewählte Verhaltensnormen der MAR, insbesondere das Verbot des Insiderhandels und der Marktmanipulation, vorgesehen waren. Dem sich hieraus ergebenden Umsetzungsgebot wollte der deutsche Gesetzgeber mit dem 1. Finanzmarktnovellierungsgesetz (FiMaNoG[546]) nachkommen, das gemäß Art. 17 I FiMaNoG zum 2.7.2016 in Kraft trat.[547]

Bereits vor dem Inkrafttreten der MAR enthielt das WpHG zahlreiche Verhaltensgebote und -verbote. Mit seiner Novellierung im Zuge des FiMaNoG sind die Verhaltensnormen, u.a. das Verbot des Insiderhandels und der Marktmanipulation, akzessorische Blankettverweise auf die MAR geworden, die als EU-Verordnung in den Mitgliedstaaten unmittelbar anwendbar ist.[548] §§ 38, 39 WpHG in der zum Urteilszeitpunkt geltenden Fassung verwiesen zur Ausfüllung des Tatbestandes des Verbotes des Insiderhandels und der Marktmanipulation auf Art. 14 MAR bzw. Art. 15 der MAR. Problematisch daran war, dass die MAR zwar am zwanzigsten Tage nach ihrer Veröffentlichung im Amtsblatt der EU vom 12.6.2014 in Kraft trat, die maßgeblichen Vorschriften des Insiderhandels und der Marktmanipulation sowie deren Begriffsbestimmungen aber gemäß Art. 39 II MAR erst ab dem 3.7.2016 in den Mitgliedstaaten

544 ABlEU v. 12.6.2014, L 173/1.

545 ABLEU v. 12.2.2014, L 173/ 179.

546 BGBl. 2016, 1514.

547 Hierzu und zum Nachfolgenden: Stage, jurisPR-StrafR 3/2018, Anm. 1.

548 *Klöhn/Büttner*, ZIP 2016, 1801f.

anwendbar waren.[549] Das FiMaNoG, welches die zur Tatzeit einschlägigen Regelungen aufhob und in den geänderten Tatbeständen auf die MAR verwies, trat jedoch bereits am 2.7.2016 in Kraft, sodass die entscheidenden Tatbestände prima facie für einen Tag „ins Leere" verwiesen.[550] Im Folgenden wird zunächst auf die Diskussion um das tatsächliche Vorliegen einer Strafbarkeitslücke eingegangen.

1. *Entstehung einer Strafbarkeitslücke im WpHG*

a) *BGH, Beschl. v. 10.1.2017 – 5 StR 532/16*

Der Entscheidung des BGH[551] ging eine Stellungnahme der Bundesanstalt für Finanzdienstleistungen (BaFin) voraus, wonach keine Ahndungslücke bestehe.[552] Die Straf-und Bußgeldvorschriften des WpHG seien bereits am 2.7.2016 geltendes Recht gewesen, weil der Gesetzgeber diese Sanktionsvorschriften – unabhängig davon, dass die Sanktionsvorschriften europarechtlich erst ab dem 3.7.2016 anzuwenden waren – bereits am 2.7.2016 für anwendbar erklärt habe.

Der BGH schloss sich der Auffassung der BaFin insoweit an, als die Bezugnahmen auf die MAR in den Tatbeständen des WpHG dazu geführt haben, dass seine Vorschriften bereits vor der unmittelbaren Anwendbarkeit des MAR ab dem 2.7.2016 durch den Gesetzgeber für anwendbar erklärt wurden. Es sei deshalb nicht zu einer Ahndungslücke gekommen, die gemäß § 2 III StGB bzw. § 4 III OWiG zur Folge gehabt hätte, dass das Handeln der Angeklagten nicht mehr verfolgbar gewesen wäre. Aus der Auslegung der Normen des WpHG ergebe sich, dass ihre Gültigkeit nicht von einer unionsrechtlichen Rechtsnorm abhängig ist, auf die verwiesen wird. Es entspreche dem Willen des deutschen Gesetzgebers, unionsrechtliche Vorschriften ungeachtet ihrer unmittelbaren Anwendbarkeit im nationalen Recht in eine Blankettnorm aufzunehmen. Das Bestimmtheitsgebot stünde dem nicht entgegen. Zum einen seien die in Bezug genommenen EU-Vorschriften dem Normadressaten durch eine frühere ordnungsgemäße Veröffentlichung zugänglich gewesen. Zum anderen handele es sich vorliegend um eine verfassungsrechtlich unbedenkliche statische Verweisung mit der Folge, dass die bei Verabschiedung der Neufassung der §§ 38, 39 WpHG bereits in Kraft getretene Fassung der in Bezug genommenen Vorschriften der MAR in Geltung gesetzt wurde. Es verstehe sich von selbst, dass ein Mitgliedstaat die Verbotsvorschriften

549 *Stage*, jurisPR-StrafR 3/2018, Anm. 1.
550 *Rothenfußer/Jäger*, NJW 2016, 2690.
551 BGH, NJW 2017, 966.
552 Stellungnahme der BaFin vom 8.7.2016, Keine Strafbarkeitslücke im Kapitalmarktrecht.

eines Regelwerkes mit all ihren Bezügen ins nationale Recht umsetzen und nicht nur eine punktuelle Verweisung vornehmen wolle. Hinzukomme, dass auch eine unionsrechtskonforme Auslegung einer Blankettbestimmung auf der Grundlage einer bereits in Kraft getretenen EU-Verordnung möglich ist, unabhängig davon, ob einzelne Vorschriften der Verordnung bereits gelten.

Die Bezugnahme der MAR sei auch europarechtlich zulässig. § 39 II MAR verbiete es nicht, einzelne Regelungen schon vor dem 3.7.2016 umzusetzen; es bestehe kein „umgekehrter Anwendungsvorrang". Zudem folge aus der Marktmissbrauchsrichtlinie auch kein Verbot einer vorzeitigen Umsetzung. Eine Umsetzungspflicht bestand bereits nach der zuvor anwendbaren RL 2003/6/EG des Europäischen Parlaments vom 28.1.2003 über Insider-Geschäfte und Marktmanipulation (MAD I).[553]

b) Literaturansichten zum Aufbruch einer Strafbarkeitslücke im WpHG

Diese Rechtsprechung des BGH ist, wie bereits die Stellungnahme der BaFin, in der Literatur vielfach auf Kritik gestoßen.[554]

Nach *Rothenfußer/Jäger* sei es dem Gesetzgeber durchaus konstruktiv möglich, in Blankettnormen auf Vorschriften Bezug zu nehmen, die noch nicht gelten, solange die Blankettnorm klar erkennen lasse, worauf sich die Verweisung bezieht und die in Bezug genommenen Vorschriften den Normadressaten durch eine frühere Veröffentlichung zugänglich seien.[555] Es sei deshalb grundsätzlich zulässig gewesen, die in Bezug genommenen Verhaltenspflichten und Verbote der MAR bereits vor dem Inkrafttreten des 1. FiMaNoG zum 2.7.2016 zu sanktionieren. Dafür genüge aber nicht der schlichte Verweis auf die Vorschriften der MAR. Die Verhaltensnorm müsse vielmehr so ausgestaltet sein, dass die Sanktionierung des darin beschriebenen Verhaltens unabhängig von der Geltung der in Bezug genommenen Verhaltensnormen erfolgt. Die Sanktionsvorschriften verlangen kein in der MAR beschriebenes verbotswidriges Verhalten, sondern einen Verstoß gegen die MAR selbst. Dies aber setze voraus, dass sich für den Normadressaten aus der MAR rechtsverbindliche Verhaltensanforderungen ergeben, was am 2.7.2016 jedoch nicht der Fall gewesen sei. Das bloße Inkrafttreten der MAR in 2014 habe für den Normadressaten noch keine Verhaltenspflichten

553 Amtsblatt der Europäischen Union vom 12.4.2003, L 96/16.

554 Für das Vorliegen einer Ahndungslücke: *Rothenfußer/Jäger*, NJW 2016, 2689.; *Gaede*, wistra 2017, 41; *Bülte/Müller*, NZG 2017, 205; *Lorenz/Zierden*, HRRS 2016, 433; *Wessing/Janssen*, EWiR 6/2017, S. 165; a.A. *Klöhn/Büttner*, ZIP 2016, 1801; *Kudlich*, ZBB/JBB 2017, 72.

555 Hierzu und zum Nachfolgenden: *Rothenfußer/Jäger*, NJW 2016, 2689f.

ausgelöst; solche könnten erst ab dem Zeitpunkt des Geltungsbeginns Pflichten für den Normadressaten erzeugen. Nicht zuletzt spreche auch die Existenz der Übergangsvorschrift des § 50 S. 2 WpHG gegen eine beabsichtigte vorgezogene Anwendung der Sanktionsvorschriften und den zugehörigen Begriffsdefinitionen und Ausnahmevorschriften. Die Tatsache, dass der Gesetzgeber die ersatzweise Geltung nationaler Definitionen für den Zeitraum vor Geltungsbeginn der RL 2014/65/ EU angeordnet hat, sei ein weiteres Indiz dafür, dass es sich bei der Formulierung der §§ 38, 39 WpHG vielmehr um eine „gesetzgeberische Panne" als um eine bewusste, vorzeitige Geltungsanordnung der §§ 38, 39 WpHG durch Inbezugnahme der MAD II gehandelt habe.

Dieser Beurteilung schließt sich auch *Gaede* an. Die vom BGH vertretene These des „konkludenten Normanwendungsbefehls" verstoße gegen das Gesetzlichkeitsprinzip aus Art. 103 II GG und sei überdies europarechtlich nicht geboten.[556] Der nationale Wortlaut „*entgegen Art. 14a der Verordnung*" in § 38 III Nr.1 WpHG a.F.,[557] auf den es für Art. 103 II GG ankomme, ordne nicht die Geltung der MAR an. Er gebe nur an, dass Verstöße einer Strafe unterliegen, soweit sie der geltenden MAR widerstreiten; das Tatbestandsmerkmal „entgegen" dürfe nicht verschliffen werden. Auch eine systematische und teleologische Auslegung könne zu keinem anderen Ergebnis führen. Der um eine Klärung bemühte Normadressat würde bei der Auswertung der MAR auch auf § 39 II WpHG verwiesen, der eine Geltung von Art. 14, 15 MAR vor dem 3.7.2016 nicht vorsieht. Zudem bestätigen auch die Gesetzgebungsmaterialien, dass der Gesetzgeber in Art. 39 II MAR keinen Anlass zu einer abweichenden nationalen Rechtsetzung gesehen hat. Vielmehr habe er eine zeitgleich mit dem MAR einhergehende unmittelbare Geltung der Änderungen angestrebt. Europarechtlich habe darüber hinaus vor dem 3.7.2016 keine Verpflichtung bestanden, Verstöße gegen Verhaltenspflichten strafrechtlich zu sanktionieren. Jedoch waren zu diesem Zeitpunkt noch die Verhaltenspflichten der MAD I zu erfüllen und Verstöße zumindest mit verwaltungsrechtlichen Sanktionen zu belegen, sodass es insoweit zu einem Umsetzungsausfall gekommen wäre. Die vom BGH angeführte Möglichkeit einer unionsrechtskonformen Auslegung zur Vermeidung eines Umsetzungsausfalles könne jedoch ebenfalls nicht weiterhelfen. Wenn eine Auslegung bereits an der Wortlautgrenze des Art. 103 II GG scheitere, schließe

556 *Gaede*, wistra 2017, 41f.

557 Fassung vom 2.7.2016, Bundesgesetzblatt 2017, 1514.

dies nach der Rechtsprechung des EuGH eine unionsrechtskonforme Auslegung gleichermaßen aus.[558]

Bülte/Müller halten der These des konkludenten Normanwendungsbefehls unionsrechtliche Erwägungen entgegen.[559] Dem nationalen Strafgesetzgeber stehe der Ausspruch eines Geltungsbefehls der unionsrechtlichen Normen aus kompetenzrechtlichen Erwägungen nicht zu. Dies ergebe sich bereits aus dem Normwiederholungsverbot wie auch aus der fehlenden Befugnis, unbestimmte Rechtsbegriffe in unionsrechtlichen Bezugsnormen nach nationalem Verständnis zu konkretisieren. Der Hinweis des BGH, es sei „dem nationalen Rechtsanwender bereits nach allgemeinen Regeln nicht verwehrt, eine unionsrechtskonforme Auslegung der nationalen Blankettbestimmung auf der Grundlage von Normen einer bereits in Kraft getretenen EU-Verordnung vorzunehmen, und zwar unabhängig davon, ob einzelne Vorschriften der Verordnung bereits gelten",[560] sei nicht weiterführend, da vorliegend nicht eine bloße Normauslegung, sondern die Möglichkeit eines nationalen Geltungsbefehls in Bezug auf unionsrechtliche Normen in Rede stehe.

c) Eigene Bewertung

Letztendlich muss man unter dem Eindruck der rechtswissenschaftlichen Diskussion entgegen der Auffassung des BGH zu dem Ergebnis gelangen, dass die Regelung des §§ 38 II Nr. 3, 39 II WpHG für den Rechtsunterworfenen nicht hinreichend bestimmt waren. Der Bestimmtheitsgrundsatz, hier in seiner freiheitsgewährleistenden Komponente, gibt dem Gesetzgeber vor, die Voraussetzungen der Strafbarkeit so konkret zu umschreiben, dass Tragweite und Anwendungsbereich der Straftatbestände unbedingt zu erkennen sind.[561] Gleichzeitig muss der Gesetzgeber aber bei der Vornahme strafrechtlicher Regelungen in der Lage bleiben, der Vielgestaltigkeit des Lebens Rechnung tragen zu können, weshalb das Bestimmtheitsgebot die Verwendung unbestimmter Begriffe nicht ausschließt, solange mithilfe der üblichen Auslegungsmethoden eine Grundlage für die Anwendung der Norm gewinnen lässt.[562] Die Grenze zwischen einer noch zulässigen Auslegung und einem Verstoß gegen das strafrechtliche Analogieverbot wird jedoch von dem äußersten Wortsinn der Norm

558 *Gaede*, wistra 2017, 41f.

559 Hierzu und zum Nachfolgenden: *Bülte/Müller*, NZG 2017, 205.

560 BGH, Beschl. v. 10.1.2017 – 5 StR 532/16, NJW 2017, 966.

561 BVerfG, Urt. v. 23.6.2010 – 2 BvR 2559/08, NJW, 2010, 3209f.

562 BVerfG, Urt. v. 23.6.2010 – 2 BvR 2559/08, NJW, 2010, 3209f.

gezogen. Diese Grenze wurde nach hier vertretener Ansicht überschritten. Gegen eine strafrechtliches Verhaltensverbot oder -gebot kann nur verstoßen werden, wenn dieses auch Geltung beansprucht. Zwar fallen Inkrafttreten und Geltung einer Norm in der Regel zusammen, sodass der materielle Unterschied der beiden Begriffe[563] oftmals nicht augenscheinlich wird. Im vorliegenden Fall wurde in § 39 II WpHG aber ausdrücklich eine – vom Datum des Inkrafttretens versetzte – spätere Geltung des § 38 WpHG angeordnet. Die Begriffe der Geltung und des Inkrafttretens dürfen infolge des strafrechtlichen Analogieverbotes nicht zum Nachteil des Bürgers „verschliffen" werden. Die streitgegenständliche Strafnorm genügte daher nicht dem von Art. 103 II GG verbürgten Bestimmtheitsgebot.

Ein Blick in die Gesetzesmaterialien offenbart darüber hinaus, dass der Gesetzgeber selbst irrtümlicherweise von einem gleichzeitigen Inkrafttreten des 1. FiMaNoG und der MAR am 2.7.2016 ausgegangen war.[564]

Die von *Bülte/Müller*[565] aufgeworfenen Zweifel an der kompetenzrechtlichen Zulässigkeit eines (konkludenten) Anwendungsbefehls des deutschen Gesetzgebers vermögen jedoch nicht zu überzeugen.

Nach der Rechtsprechung des BVerfG sind auch Verweise auf nicht mehr in Kraft befindliche Normen oder demnächst außer Kraft getretene Regelungen zulässig, wenn und solange hinreichend deutlich wird, dass die Verweisung Geltung besitzen soll, obwohl die Bezugsnorm außer Kraft getreten ist.[566] Entgegen der Ansicht *Bültes/Müllers*[567] ist die Verweisung auf eine noch nicht geltende Bezugsnorm mit der vom BVerfG für zulässig erachteten Konstellation vergleichbar. Wenn auch die gesetzgeberische Intention der Anordnung einer partiellen (strafrechtlich relevanten) Teilgeltung der MAR einen Tag vor dem Inkrafttreten der MAR Fragen aufwirft, ist der Gesetzgeber aufgrund seiner Kompetenz zur Kriminalstrafgesetzgebung nicht daran gehindert, eine solche Anordnung auszusprechen.[568] Der Verweis auf das Normwiederholungsgebot ist ebenfalls nicht nachvollziehbar, da eine Verschleierung der unionsrechtlichen Norm aufgrund des Blanketttcharakters der Vorschrift nicht befürchtet werden muss.

563 Handbuch der Rechtsförmlichkeit des BMJV, Teil C, 447 ff.

564 Gesetzesentwurf zum 1. FiMaNoG, BT-Drucks. 19/16 S. 53.

565 *Bülte/Müller*, NZG 2017, 205

566 BGH, Urt. v. 23.7.1992 – 4 StR 194/92, NStZ 1992, 535; *Bülte/Müller*, NZG 2017, 205.

567 *Bülte/Müller*, NZG 2017, 205.

568 Ebd.

Auch die vom BGH vorgebrachte Möglichkeit einer unionsrechtskonformen Auslegung einer Blankettbestimmung auf der Grundlage einer bereits in Kraft getretenen EU-Verordnung kann die Unbestimmtheit des §§ 38 II Nr. 3, 39 II WpHG nicht ausräumen. Denn die Pflicht der Mitgliedstaaten zur unionsrechtskonformen Auslegung wird durch das nationale Verfassungsrecht begrenzt.[569] Der EuGH verlangt lediglich, dass die nationalen Gerichte das Gebot der unionsrechtskonformen Auslegung im Rahmen des von ihnen durch das innerstaatliche Recht eingeräumten Beurteilungsspielraum anwenden. Der unionsrechtskonformen Auslegung kommt demnach richtigerweise nur ein relativer Vorrang gegenüber den nationalen Auslegungsmethoden zu. Folglich kann auch im vorliegenden Fall eine unionsrechtliche Auslegung nicht darüber hinweghelfen, dass nach nationalem Verfassungsrecht die Wortlautgrenze des Art. 103 II GG überschritten wurde.

Die infolge der Aufdeckung eines etwaigen Verweisungsfehlers durch *Rothenfußer*[570] vom BGH entwickelte „Theorie des konkludenten Normanwendungsbefehls" ist daher zwar rechtspolitisch nachvollziehbar (Vermeidung von Ahndungslücken), aber aus rechtsdogmatischen, verfassungsrechtlichen und unionsrechtlichen Gründen nicht überzeugend. Hätte der Gesetzgeber die Bestimmungen der Verordnung früher in Geltung setzen wollen, hätte er dies transparenter und eindeutiger begründen und gestalten müssen.

Trotz – nach hier vertretener Ansicht – berechtigter Kritik am Beschluss des BGH vom 10.1.2017, hielt das BVerfG die Argumentation des BGH für verfassungsrechtlich unbedenklich.[571] Voraussetzung einer wirksamen Inbezugnahme eines Verweisungsobjekts sei lediglich, dass die in Bezug genommenen Vorschriften dem Normadressaten durch eine frühere ordnungsgemäße Veröffentlichung zugänglich sind, was aufgrund der bereits im Jahr 2014 erfolgten Veröffentlichung der MAR im Amtsblatt der Europäischen Union der Fall sei. Zudem überschreite die Auslegung des BGH nicht die Wortlautgrenze, da sich dem Begriff des Verstoßes nicht entnehmen lasse, dass die Verhaltensregel, gegen die verstoßen wird, bereits – unabhängig von einer Bezugnahme im Rahmen einer Blankettnorm – bestimmte Rechtsfolgen zeitigt. Auch die Entwurfsbegründung des 2. Finanzmarktnovellierungsgesetzes, mit der in der Literatur vorgebrachte Zweifel ausgeräumt werden sollten, ließe keinen Rückschluss auf einen tatsächlichen Verstoß gegen die Wortlautgrenze zu.

---

569 Hierzu und zum Nachfolgenden *Hecker*, Europäisches Strafrecht, 5. Auflage 2015, 10, 26f.

570 *Rothenfußer/Jäger*, NJW 2016, 2689.

571 Hierzu und zum Nachfolgenden: BVerfG, Urt. v. 3.5.2018 – 2 BvR 463/17, NWJ 2018, 3091.

Die sich innerhalb der Wortlautgrenze bewegende Auslegung durch den BGH erwiese sich zudem nicht als objektiv willkürlich. Sie entspreche dem gesetzgeberischen Willen zur durchgängigen Ahndung des Insiderhandels und verkenne auch nicht europäisches Recht.

Auch sei die Verneinung einer Kompetenzüberschreitung des nationalen Gesetzgebers verfassungsrechtlich unbedenklich, da der BGH damit weder von bestehender Rechtsprechung des EuGH abgewichen, noch europarechtliche Vorgaben verkannt, sondern sich vielmehr ausdrücklich mit der Frage der europarechtlichen Zulässigkeit der von ihm angenommenen Vorverlagerung des Anwendungszeitpunktes des Art. 14 MAR auseinandergesetzt und zudem zu Recht davon ausgegangen, dass auch der europarechtliche Ursprung der Norm verschleiert wurde.

Die Entscheidung des BVerfG kann nach hier vertretener Ansicht nicht vollends überzeugen. Nachvollziehbar ist, wie bereits erläutert (siehe Teil 4, A, I, 1.c) die Bestätigung der grundsätzlichen kompetenzrechtlichen Zulässigkeit der Vorverlagerung des nationalen Anwendbarkeitszeitpunktes des Art. 14 MAR. Ebenso überzeugend ist die Ablehnung der Verschleierung des europäischen Ursprungs der Norm.

Nicht gefolgt werden kann hingegen der Beurteilung des BVerfG, § 38 III Nr. 1 WpHG verstoße nicht gegen das strafrechtliche Analogieverbot des Art. 103 II GG. Auch mangelt es nach hier vertretener Ansicht an einer überzeugenden Begründung. Die Wortlautgrenze ist aus der Sicht des Normadressaten zu bestimmen.[572] Maßstab für die Bestimmtheit und Auslegung einer Norm muss das Verständnis eines verständigen Bürgers sein. Nach allgemeinem Sprachgebrauch setzt der Begriff „Verstoß“ voraus, dass die Regelung, gegen die verstoßen wird, auch Geltung beansprucht. Das Wort „Verstoß“ impliziert die Illegalität eines bestimmten Verhaltens, die nur entsteht, wenn eine Norm auch Teil des *geltenden* nationalen Rechts ist. Anderenfalls ist das bestimmte Verhalten lediglich ein Handeln im Rahmen der von Art. 2 GG geschützten allgemeinen Handlungsfreiheit.

Gestützt wird dieses Verständnis zudem durch die Verwendung der Formulierung „entgegen Art. 14 Buchstabe a“. Hier wird nicht die in Rede stehende tatbestandliche Handlung beschrieben oder auf eine den in Art. 14 a beschriebenen Tatbestand Bezug genommen, sondern schlicht zur Ausfüllung des Tatbestandes auf Art. 14 a verwiesen. Dieses deutet unter Zugrundelegung des Empfängerhorizontes eines verständigen Bürgers ebenso auf die Notwendigkeit

572 Ebd.

der Geltung dieser Norm hin, da man anderenfalls nicht (ent-)gegen das Gesetz handelt, sondern schlichtweg handelt. Die Auslegung des BGH des § 38 III Nr. 1 WphG und die damit verbundene Ausweitung der Strafbarkeit zulasten des Täters verletzt damit nach hier vertretener Ansicht das strafrechtliche Analogieverbot.

2. Unionsrechtskonformität des § 52 WphG

Obgleich der 5. Strafsenat des BGH in seiner Entscheidung vom 10.1.2017 das Bestehen einer Ahnungslücke ablehnte, trat am 25.7.2016 – zur Herstellung der „Rechtssicherheit" – mit dem 2. Finanzmarktnovellierungsgesetz folgender § 52 WpHG als Übergangsvorschrift in Kraft:

> *„(1) Straftaten nach § 38 in der bis zum Ablauf des 1. Juli 2016 geltenden Fassung werden abweichend von § 2 Absatz 3 des Strafgesetzbuches nach den zum Zeitpunkt der Tat geltenden Bestimmungen geahndet.*
>
> *(2) Ordnungswidrigkeiten nach § 39 in der bis zum Ablauf des 1. Juli 2016 geltenden Fassung können abweichend von § 4 Absatz 3 des Gesetzes über Ordnungswidrigkeiten nach den zum Zeit- punkt der Tat geltenden Bestimmungen geahndet werden."*

Fraglich ist, ob dieser Reparaturversuch des Gesetzgebers mittels Außerkraftsetzung des Meistbegünstigungsprinzips unionsrechtlich tragfähig ist. Die Begründung des Gesetzesentwurfs der Bundesregierung fällt an dieser Stelle sehr knapp aus. Nach Auffassung der Bundesregierung stelle der Ausschluss der Meistbegünstigung keinen Verstoß gegen Art. 103 II GG dar, da das Prinzip der Meistbegünstigung verfassungsrechtlich nicht geboten sei.[573] Zudem stünde auch Art. 49 I S. 3 GRCh der Regelung nicht entgegen. Es sei nicht ersichtlich, dass der unionsrechtliche Grundrechtsschutz strengere Anforderungen aufstellen würde als der Grundrechtsschutz in § 2 III StGB und § 4 III StGB.[574] Dieses Verständnis wurde später vom BVerfG im Nichtannahmebeschluss vom 13.6.2018 wortgleich übernommen.[575]

a) Kritik an der Schaffung von Interklusionsnormen

Die Frage der europarechtlichen Zulässigkeit von Gesetzen,[576] die rückwirkend die Wirkung des Lex mitor-Prinzips ausschließen, knüpft unmittelbar an die in Teil 2 der Arbeit diskutiere Frage der Anforderungen an die „Einführung einer

573 Deutscher Bundestag, Drucksache 18/10936, S. 218.

574 Deutscher Bundestag, Drucksache 18/10936, S. 218.

575 BVerfG, Beschl. v. 13.06.2018 – 2 BvR 375/17, 2 BvR 1785/17, WM 2018, 1251.

576 Zur verfassungsrechtlichen Zulässigkeit von Interklusionsnormen siehe *Schutzdendübel*, S. 123ff.

milderen Strafe" i.S.d. Art 49 I S. 3 GRCh an (→ Teil 2, d, III). An dieser Stelle wurde diskutiert, ob der europäische Lex mitor-Prinzip nur für beabsichtigte Rechtsänderungen bzw. Änderungen der rechtlichen Bewertung des strafwürdigen Unrechts gilt. Im Ergebnis wurde aufgezeigt, dass der Gewährleistungsgehalt des Art. 49 I S. 3 GRCh grundsätzlich jegliche und nicht etwa nur absichtsvolle Gesetzesänderungen erfasst. Bei der mit § 52 WpHG erfolgten Schließung einer anpassungsbedingten Sanktionslücke handelt es sich um ein Paradebeispiel eines in den Gewährleistungsbereich des Art. 49 I S. 3 GRCh eingreifenden Reparaturgesetzes.

Wie aber bereits in Teil 2 erläutert, ist das europäische Lex mitor-Prinzip in Art. 49 I S. 3 GRCh, ungeachtet einer Übertragung der Rechtsprechung des EGMR zu Art. 7 EMRK,[577] nicht vorbehaltslos gewährleistet.[578]

Eine Einschränkung des Grundsatzes ist nur unter den Voraussetzungen des Art. 52 GRCh möglich. Demnach muss jede Einschränkung der Ausübung der in der Charta anerkannten Rechte und Freiheiten gesetzlich vorgesehen sein und den Wesensgehalt dieser Rechte und Freiheiten achten. Art. 52 I S. 2 GRCh hebt unter Verweis auf den Grundsatz der Verhältnismäßigkeit hervor, dass Eingriffe nur vorgenommen werden dürfen, wenn sie erforderlich sind und den von der Union anerkannten, dem Gemeinwohl dienenden Zielsetzungen oder den Erfordernissen des Schutzes der Rechte und Freiheiten anderer tatsächlich entsprechen.

aa) Herrschende Lehre: Keine Rechtfertigung der Korrektur von Verweisungsfehlern

Die herrschende Ansicht in der Literatur spricht sich für die Fälle der Korrektur eines gesetzgeberischen Versehens grundsätzlich gegen eine Rechtfertigungsmöglichkeit nach Art. 52 GRCh aus.[579] *Gaede* ist der Ansicht, dass rechtfertigende Gründe für eine Nichtachtung von Art. 49 I S. 3 GRCh keinesfalls in einem Verweis auf ein gesetzgeberisches Versehen gefunden werden können.[580] Anderenfalls wären nationale Gesetzgeber stets berechtigt, Fehler bei der Strafgesetzgebung zu korrigieren, indem sie in ein EU-Grundrecht eingriffen. Fehler einer ordnungsgemäßen Strafgesetzgebung seien damit unerheblich.

---

577 EMRK, Urt. v. 17.9.2009 – *Scoppola*, NJOZ, 2010, 2726.

578 Siehe Teil 2, B, I.

579 *Dannecker*, FS Kindhäuser, S. 78; *Rothenfußer/Jäger*, NJW 2016, 2689f.; *Saliger*, WM 2017, 2329f.; *Sajnovits/Wagner*, WM 2017, 1189f.; *Sturm*, NStZ 2017, 553f.

580 Hierzu und zum Nachfolgenden: *Gaede*, wistra 2017, 48.

Gerade aber im Strafrecht müsse der Bürger darauf vertrauen dürfen, dass Änderungen mit Bedacht vorgenommen werden. Sollte der Gesetzgeber keine generellen Zweifel an der Verlässlichkeit der Strafgesetzgebung aufwerfen wollen, müsse er sich zumindest an der Geltung seiner Grundsätze und Prinzipien festhalten lassen.[581] Eine Einschränkung von Art. 49 I S. 3 GRCh wäre hingegen möglich, wenn der Rang des geschützten Rechtsgutes oder ein außergewöhnliches Fallaufkommen in besonderer Weise zu einer Ahndung anhalten. Seien diese Voraussetzungen erfüllt, soll es auch auf den Zeitraum zwischen Ahndungslücke und „Lückenschließung“ ankommen.[582] Je länger der Gesetzgeber die zur Ahndungslücke führende Rechtslage hinnehme, umso gewichtiger werde das Argument der Rechtssicherheit und des Vertrauensschutzes auf Seiten der Normunterworfenen, das zur Aufrechterhaltung des Meistbegünstigungsprinzips dränge. Das gelte zumindest für die Fälle, in denen die Einschränkung des Art. 49 I S. 3 GRCh mit einem besonders dringlichen Ahndungsbedarf begründet werde. Hinzukommend müsse die Lückenschließung in einer Art und Weise erfolgen, die einen willkürlichen Umgang mit dem verfahrensentscheidenden Gesetzgebungsakt verhindert, wie etwa die Möglichkeit ein Verfahren gezielt ruhen zu lassen oder ein im Übrigen sinnloses Rechtsmittel einzulegen, um infolge der Korrekturgesetzgebung noch verurteilen zu können. Wie eine solche Ausgestaltung aussehen könnte, lässt *Gaede* offen.

Auch *Dannecker* hält es mit blick auf Art. 52 GRCh für unzulässig, Gesetzgebungspannen rückwirkend zu schließen.[583] Wie *Gaede* ist auch er der Ansicht, dem Gesetzgeber dürfe nicht gestattet werden, seien eigenen Fehler auf Kosten der Einschränkung eines europäischen Grundrechts ohne jede begrenzende Rechtfertigungslast zu korrigieren. Der nicht sorgfältig arbeitende Gesetzgeber müsse sich an einer Entscheidung festhalten lassen, wenn er keine Gründe benennen kann, die über die allgemeinen Gründe für die Schaffung des Tatbestandes hinausgehen.

Rossi sieht in dem Bestreben, die Auswirkungen von gesetzgeberischen Pannen zu beschränken, ebenfalls keine Rechtfertigung für die Beschränkung des Lex mitor-Prinzips.[584] Das Ziel, eine gleichmäßige Sanktionierung über den Geltungszeitraum einer Norm zu ermöglichen, könne zwar grundsätzlich als legitimer Zweck einer Beschränkung genügen. Da eine rückwirkende

581 Diese Auffassung bestätigen in ihren Grundzügen auch *Rothenfußer/Jäger*, NJW 2016, 2689f, *Rossi*, ZIP 2016, S. 2437f. und *Saliger*, WM 2017, 2329f.

582 Hierzu und zum Nachfolgenden: *Gaede*, wistra 2017, 49.

583 Hierzu und zum Nachfolgenden: *Dannecker*, FS Kindhäuser, S. 67f.

584 Hierzu und zum Nachfolgenden: *Rossi*, ZIP 2016, 2443.

Außerkraftsetzung des Lex mitior-Gesetzes aber mit dessen Wesensgehalt in Konflikt gerät, schätzt auch *Rossi* die Anforderungen an die Verhältnismäßigkeit an eine solche Außerkraftsetzung als besonders hoch ein.

bb) Mindermeinung: Korrektur zulässig bei offensichtlich unbeabsichtigten Fehlleistungen

Eine andere Sichtweise wird von *Bülte/Müller* vertreten.[585] Nach ihrer Auffassung vermag das Lex mitor-Prinzip Alttätern im Falle offensichtlicher unbeabsichtigter Fehlleistungen des Gesetzgebers keinen Schutz zu gewähren. Das Gebot der rückwirkenden Anwendung milderer Strafgesetze beruhe auf den Grundsätzen des Vertrauens- und Willkürschutzes, welche im Fall legislativer Fehlleistungen nicht greifen. Ein Beschuldigter, dessen Handlung im Tatzeitpunkt strafbewehrt war, dürfe nicht damit rechnen, einer Bestrafung zu entgehen, wenn es sich bei der Gesetzesänderung nicht um eine Änderung der Rechtsauffassung handele. Es erschiene vielmehr willkürlich, in „Altfällen" wegen einer Ahndungslücke von einem Tag von einer Sanktionierung abzusehen.

b) Verhältnismäßigkeitsprüfung des § 52 WpHG am Maßstab des Art. 52 GRCh

Anhand der aufgestellten Theorien wurde § 52 WpHG in der Literatur einer Überprüfung am Maßstab des Art. 52 GRCh unterzogen.

aa) Herrschende Lehre: Keine Rechtfertigung von Verweisungsfehlern (*Gaede, Rossi, Saliger*)

Gaede sieht die von ihm aufgestellten Voraussetzungen[586] für den Fall der Schließung der entstandenen Ahndungslücke im Kapitalmarktrecht als nicht erfüllt an. Aus der Tatsache, dass es sich bei § 39 WpHG nur um einen Ordnungswidrigkeitentatbestand handele und dem Umstand, dass die MAD I für Verstöße nur verwaltungsrechtliche Sanktionen vorsah, ließe sich bereits ableiten, dass es sich hierbei nur um „durchschnittlich bedeutsame Delikte" handele.[587] Zudem lägen keine Informationen vor, die eine besonders geartete Ausnahmelage begründen.[588] Es handele sich vielmehr um einen bei der Konzeption des

585 Hierzu und zum Nachfolgenden: *Bülte/Müller*, NZG 2017, 212.

586 Verhältnismäßigkeit unter Beachtung des Rangs des geschützten Rechtsgutes oder ein außergewöhnliches Fallaufkommen in besonderer Weise.

587 *Gaede*, wistra 2017, 441f.

588 *Gaede*, witsra 2017, 441f.

Art. 49 I S. 3 GRCh bedachten Normalfall. Hinzukomme, dass die Ahndungslücke erst nachträglich öffentlich bekannt wurde (Veröffentlichung von *Rothenfußer* in der Börsenzeitung vom 7.7.2016), sodass Präventionsverluste der Norm nicht zu befürchten waren.[589]

Rossi verweist überdies darauf, dass weder das Unionsrecht noch das Ultima-Ratio-Verständnis des nationalen Strafrechts (→ Teil 1, B, III) eine strafrechtliche Sanktionierung der Verletzung materieller Pflichten des WpHG gebietet. Außerdem sei zu beachten, dass die aufgetretene Ahndungslücke nur für einen Tag bestanden habe. Die präventive Wirkung der Sanktion sei deshalb in keiner Weise beeinträchtigt gewesen.

Saliger greift in seinen Überlegungen zur Unionsrechtswidrigkeit des § 52 WpHG einen weiteren Punkt auf: Die Anwendung des § 52 WpHG auf die Strafbarkeit einer Marktmanipulation durch Unterlassen (z.B. Unterlassen einer ad-hoc-Mitteilung trotz bestehender Verpflichtung).[590] In Bezug auf den Tatbestand der Marktmanipulation durch Unterlassen werde mit § 52 WpHG nicht nur eine temporäre Ahndungslücke geschlossen. Vielmehr werde dem Täter durch die in § 52 WpHG angeordnete Suspendierung der Lex mitior-Regel nicht nur die Geltung vorübergehenden milderen Zwischenrechts, sondern dauerhaften milderen Rechts (hier Straflosigkeit) zum Zeitpunkt des Entscheidungszeitrecht versagt. Das neue Entscheidungszeitrecht entspreche damit nicht den derzeitigen unionsrechtlichen Vorgaben, da MAR und MAD II keine Sanktion für einen Unterlassungstatbestand vorsehen. Eine von diesen Vorgaben abweichende Anordnung des Tatzeitrechts würde in diesem Fall wegen ihrer unionsrechtswidrigen Zielsetzung zu einer „Pervertierung des Lex mitor-Prinzips" führen. § 52 WpHG greife daher in den Wesensgehalt des Art. 49 I S. 3 GRCh ein. Eine tragfähige Rechtfertigung für diesen Eingriff habe der Gesetzgeber des 2. FiMaNoG weder gegeben, noch sei eine solche angesichts der hohen Rechtfertigungshürden für Eingriffe in den Wesensgehalt von Art 49 I S. 3 GRCh ersichtlich. § 52 WpHG sei deshalb im Hinblick auf eine Marktmanipulation durch Unterlassen unionsrechtswidrig und bei Annahme eines Gleichlaufs zwischen europäischem und nationalen Grundrechtsschutzes zudem verfassungswidrig und damit unwirksam.

Diese Argumentation greifen auch *Sajnovits/Wagner* auf.[591] Im Falle eines rückwirkenden Anwendungsbefehls des Tatzeitprinzips auf die

589 Vgl. hierzu und zum Nachfolgenden: *Rossi*, ZIP 2016, 2446 der auch keine Gefährdung der präventiven Wirkung der Norm sieht, dies aber mit dem Zeitraum der Ahndungslücke begründet.

590 Hierzu und zum Nachfolgenden: *Saliger*, WM 2017, 2369f.

591 Hierzu und zum Nachfolgenden: *Sajnovits/Wagner*, WM 2017, 1198.

Unterlassungsstrafbarkeit läge ein unverhältnismäßiger Eingriff in Art. 49 I S. 3 GRCh. Es sei kein gravierenderer Eingriff in Art. 49 I S. 3 GRCh denkbar, als in den Fällen, in denen der Gesetzgeber zwischen Tatbegehung und rechtskräftiger gerichtlicher Aburteilung dauerhaft seine strafrechtliche Beurteilung des in Rede stehenden Verhaltens in der Form ändert, dass er es gänzlich nicht mehr für strafwürdig hält. Wenn das Lex mitor-Prinzip selbst für den Fall einer vom Gesetzgeber beabsichtigten dauerhaften Straflosigkeit außer Kraft gesetzt werden könne (im Fall des § 52 WpHG für eine Marktmanipulation durch Unterlassen) bliebe von seinem Wesensgehalt als seinem absolut geschützten Kernbereich nichts mehr erhalten.

bb) Mindermeinung: Korrektur zulässig bei offensichtlich unbeabsichtigten Fehlleistungen

Hinsichtlich der Tatzeitanordnung (für die übrigen Straftatbestände des § 38 WpHG) vertreten *Sajnovits/Wagner* hingegen eine abweichende Ansicht. In Fällen in denen, anders als bei der Unterlassungsstrafbarkeit nur eine temporäre Ahndungslücke geschlossen werde, d.h. die Tat weiterhin strafbar ist, könne eine gesetzliche Anordnung des Tatzeitprinzips zur Wahrung des Gleichbehandlungsgrundsatzes noch als verhältnismäßig angesehen werden.[592] Das Lex mitor-Prinzip würde im Fall des § 52 WpHG nicht an Bedeutung verlieren, da sich die gesetzgeberische Bewertung der Strafwürdigkeit nicht geändert habe und die Verweisung nur an einem Tag versehentlich ins Leere ging.[593]

c) Eigene Bewertung

Im Ergebnis ist der herrschenden Lehre zuzustimmen, wonach eine differenzierte Entscheidung im Einzelfall anhand bestimmter Kriterien vorzunehmen ist. Eine wie bisher von der deutschen Rechtsprechung angenommene uneingeschränkte Disponibilität des Lex mitor-Prinzips im Falle versehentlicher Verweisungsfehler in Blankettstrafgesetzen kann vor dem Hintergrund des Primärrechtsranges und des Gewährleistungsinhaltes des Art. 49 I S. 3 GRCh nicht anerkannt werden.

Eine Differenzierung nach dem Rang des betroffenen Rechtsgutes, dem Fallaufkommen oder der Existenz einer besonderen Ausnahmelage, die eine außergewöhnliche Ahndungsnotwendigkeit mit sich bringe, um eine Ausnahme

---

592 So auch *Saliger*, WM 2017, 2369.

593 *Sajnovits/Wagner*, WM 2017, 1198; so im Ergebnis auch *Bülte/Müller*, NZG 2017, 212.

vom Grundgedanken des Art. 49 I S. 3 GRCh zu rechtfertigen,[594] ist überzeugend. Zutreffend wird auch dargelegt, dass in der bloßen Korrektur eines gesetzgeberischen Versehens kein legitimer Zweck für die Rechtfertigung einer Einschränkung des Lex mitior-Prinzips gesehen werden kann und dass selbst unter der Prämisse, dass man eine solche Befugnis zur gesetzlichen Fehlerkorrektur akzeptiere, der Zeitraum zu berücksichtigen sei, den der Gesetzgeber hingenommen hat, bis er seinen Fehler korrigiert hat. Mit der Formulierung „selbst wenn man eine solche Befugnis zur Fehlerkorrektur akzeptiere" kommt auch die zutreffend angenommene Nachrangigkeit des Argumentes der Zeitspanne als vertrauensbeeinflussendes Element zur Geltung. Anderenfalls wäre die Zeitspanne der entscheidende Faktor zur Bewertung der Rechtmäßigkeit eines Lex mitior-Ausschlusses, was der Wertung des Art. 49 I S. 3 GRCh widerspräche. Dort sind gerade keine zeitlichen Vorgaben an das Bestehen der milderen Gesetzeslage bzw. an die Straflosigkeit gestellt. Berechtigtes Vertrauen auf die Nichtverfolgbarkeit der Tat entsteht deshalb im Grundsatz bereits in der Sekunde des Lückenaufbruchs.

Rossis Unterscheidung zwischen dem Ziel der Eingrenzung der negativen Folgen von Pannen bei der Gesetzgebung als solches und dem Ziel einer gleichmäßigen Sanktionierung über die Zeit zu ermöglichen, ist nicht nachvollziehbar, da mit der Begründung der gleichmäßigen Sanktionierung jede Schließung einer versehentlichen Ahndungslücke legitimiert werden könnte. Auch ist das Argument des fehlenden Präventionsverlustes aufgrund des kurzen Zeitraums der Straflosigkeit nicht eingängig. Unbestritten ist das Verbot einer nachträglichen Strafdrohung für Taten, die während der Ahndungslücke begangen wurden. Die Bewertung dieses Zeitraums kann nicht als Argument zur Beantwortung der Frage dienen, ob die Strafbarkeit für Taten, die vor Aufbrechen der Sanktionslücke begangen wurden, rückwirkend angeordnet werden darf. Für die Frage des Präventionsverlustes ist insbesondere auf die Dauer des Zeitraums abzustellen, in dem das Aufbrechen der Ahndungslücke für den Normunterworfenen vor Begehung der Tat erkennbar war und er sein Verhalten darauf ausrichten konnte. Im Ergebnis kommt *Rossi* jedoch auch zu der Schlussfolgerung, dass die Außerkraftsetzung des Lex mitor-Prinzips in § 52 WpHG mit Art. 49 I S. 3 GRCh unvereinbar ist.

Der Ansatz *Saligers* und *Wagner/Sajnovits*, wonach die Schließung von nur temporären Ahndungslücken im Gegensatz zu dauerhaften Gesetzesänderungen grundsätzlich zulässig sei,[595] erscheint zu pauschal. Es trifft zwar zu, dass ein Eingriff in das Lex mitor-Prinzip in den Fällen, in denen der Gesetzgeber seine

594 Hierzu und zum Nachfolgenden: *Gaede*, wistra 2017, 41 ff.

595 *Saliger*, WM 2017, S. 2367; *Wagner/Sajnovits*, WM 2017, 1197.

Beurteilung der Strafwürdigkeit des Verhaltens dauerhaft geändert hat, deutlich gravierender ist als in Fällen von temporären milderen Zwischenrechtslagen. Dies kann aber nicht das einzige Kriterium zur Prüfung der Zulässigkeit eines Eingriffs in das Lex mitor-Prinzip sein. Der Vertrauensschutz des Bürgers auf die Geltung der gesetzlichen Prinzipien darf gerade im Strafrecht nur ausnahmsweise zurücktreten. Dazu müssen flexible Kriterien aufgestellt und die Umstände des Einzelfalls berücksichtigt werden. Unter Anwendung der von *Saliger* und *Wagner/Sajnovits* vorgeschlagenen Differenzierung käme man zu dem paradoxen Ergebnis, dass der Gesetzgeber in Fällen, in denen er aufgrund von Verweisungsfehlern selbst für die Strafbarkeitslücke verantwortlich ist, zum Nachteil des Bürgers in das Lex mitor-Prinzip eingreifen könnte, um seinen Fehler zu korrigieren. Gerade in solchen Fällen wäre es sinnvoller, rückwirkende Eingriffe nur unter besonders strengen Voraussetzungen zuzulassen, um den Gesetzgeber zu disziplinieren. Der Bürger sollte sich aber im Grundsatz und vor allem im Strafrecht auf eine ordnungsgemäße Gesetzgebung verlassen dürfen.[596]

Bülte/Müller verlagern die Frage, welche Anforderungen an das Erfordernis einer Rechtsänderung bzw. an die Einführung einer milderen Strafe zu stellen sind hin zur Frage, wann von Art. 49 I S. 3 GRCh schützenswertes Vertrauen vorliegt.[597] Sie stellen jedoch keine Kriterien dafür auf, wann es sich um eine für den Bürger offensichtlich unbedachte Fehlleistung des Gesetzgebers handeln soll. Die Verantwortung einer ordnungsgemäßen Blankettstrafgesetzgebung auf die Fähigkeit des Bürgers abzuwälzen, gesetzgeberische Fehler zu erkennen, kann kein zielführender Lösungsweg sein. Darüber hinaus dürften die Anforderungen an den Bürger solche Fehler generell erkennen zu hoch sein. Die gesetzgeberische Intention ist für den Bürger nicht erkennbar; insbesondere, wenn längere Zeit zwischen einer etwaigen Lücke und der Anpassungsgesetzgebung liegt kann es für den Bürger schwer nachzuvollziehen sein, ob es sich um eine bewusste oder versehentliche Strafbarkeitslücke handelt. Auch die Aussage, es erscheine willkürlich wegen einer Ahndungslücke von nur einem Tag von einer Sanktionierung abzusehen,[598] vermag nicht überzeugen. *Bülte/Müller* stellen mit dem Verweis auf die eintägige Ahndungslücke hinsichtlich der Bewertung der Schutzwürdigkeit des Vertrauens auf den falschen Zeitraum ab. Der Anknüpfungspunkt für die Entstehung schutzwürdigen Vertrauens ist nicht der Zeitraum der Ahndungslücke, sondern vielmehr der Zeitraum zwischen

596 *Gaede*, wistra 2011, 365f.

597 *Bülte/Müller*, NZG 2017, 205 ff.

598 *Bülte/Müller*, NZG 2017, S. 212.

Aufbruch der Gesetzeslücke und dem des gesetzlichen Ausschlusses des Lex-mitior-Grundsatzes durch ein Derogationsgesetz.[599] In diesem Zeitraum entsteht das schutzwürdige Vertrauen auf die Nichtverfolgbarkeit der Tat oder wie es *Rossi* beschreibt „das abstrakte Vertrauen in die Verbindlichkeit der gesetzlichen Vorschriften sowie konkret das Vertrauen in die einzelfallunabhängige Geltung und Anwendung des Grundsatzes".[600] Je länger der Zeitraum bis zum Erlass des Korrekturgesetzes andauert, desto mehr verstärkt sich das Vertrauen des Täters in die Nichtverfolgung seines Handelns. Die Schutzwürdigkeit dieses Vertrauens ergibt sich nicht nur aus der Existenz und der erwarteten Verbindlichkeit der gesetzlichen Vorschriften, sondern insbesondere daraus, dass das Bewusstsein wegen einer Tat nicht mehr verfolgt zu werden das Verhalten des Täters beeinflussen kann.[601] Ein Täter, der nicht mehr damit rechnet bestraft zu werden, wird sich hinsichtlich seiner Tatbegehung offener zeigen als jemand, der sich einer Strafverfolgung ausgesetzt sieht.[602]

Gaede und *Rossi* folgend stellt damit eine das Lex mitor-Prinzip ausschließende Korrekturgesetzgebung in der Regel und insbesondere im Falle des § 52 WpHG einen Verstoß gegen Art. 49 I S. 3 GRCh dar.

3. *Lösungsansätze*

Hecker, der die rückwirkende Schließung von Sanktionslücken europarechtlich grundsätzlich für zulässig hält,[603] schlägt eine alternative Lösung zur Vermeidung von Strafbarkeitslücken vor.[604] Anstatt einzelfallbezogener Reparaturgesetze spricht er sich de lege ferenda für eine bereichsspezifische Durchbrechung des Lex mitor-Prinzips des § 2 III StGB für unbeabsichtigte Sanktionslücken in unionsrechtsakzessorischen Blankettstrafgesetzen aus. Sein Formulierungsvorschlag für einen möglichen § 2 V StGB bzw. § 4 V OWiG lautet:

> *„Ein Gesetz, in dem die Zuwiderhandlung gegen eine unmittelbar geltende Vorschrift der Europäischen Union mit Strafe (Bußgeld) bedroht wird, ist auf Taten (Handlungen), die während seiner Geltung begangen sind, auch dann anzuwenden, wenn die unmittelbar geltende Vorschrift der Europäischen Union, auf die das Gesetz verweist, nach der Tatbeendigung durch eine inhaltsgleiche Vorschrift der Europäischen Union ersetzt wurde.*

---

599 So auch *Schützendübel*, S. 177 f.

600 *Rossi*, ZIP 2016, S. 2445.

601 So auch *Schützendübel*, S. 179.

602 *Schützendübel*, S. 179.

603 *Hecker*, FS Rengier, S. 471f.; so auch *Schützendübel*, S. 112f.; *Bülte/Müller*, NZG 2017, 205.

604 *Hecker*, FS Rengier, S. 471f.

Dies gilt nicht, wenn zum Zeitpunkt der Entscheidung ein nach der Tatbeendigung eingeführtes milderes Gesetz gilt."

Unter der Prämisse der grundsätzlichen Zulässigkeit von Einschränkungen des Art. 49 I S. 3 GRCh für gesetzgeberische Versehen wäre ein solches Gesetz ein geeignetes Instrument zur Vermeidung von Sanktionslücken im Anwendungsfeld unionsrechtsakzessorischer Blankettstrafgesetze. Taten, die vor und nach einer Änderung des Verweisungsobjekts begangen wurden, könnten bestraft werden, ohne dass es des Erlasses einer Interklusionsnorm bedarf. Fraglich ist allerdings wie mit Konstellationen, wie der oben beschriebenen Änderung des Kapitalmarktrechtes umgegangen würde. In diesem Fall handelte es sich nicht um die Konstellation einer unmittelbar geltenden Vorschrift der Europäischen Union, die durch eine inhaltsgleiche Norm ersetzt wurde. Vielmehr war es so, dass bisher im nationalen Recht verankerte Tatbestände in unmittelbar anwendbares Unionsrecht verlegt wurden, auf die dann wiederum in einem Blankettstrafgesetz verwiesen wird. Fälle wie diesen würde der Gesetzgebungsentwurf eines § 2 V StGB nicht erfassen.

Jenseits dieser Ausnahmekonstellation räumt *Heckers* § 2 V StGB-E die vorgebrachten Bedenken einer einzelfallunabhängigen grundsätzlichen Einschränkung des Art. 49 I 3 GRCh aus. Zum einen sind von dem Entwurf nur Konstellationen erfasst, die vorübergehendes milderes Zwischenrecht, mithin das Meistbegünstigungselement betreffen. Dauerhafte Strafmilderungen, die den Kerngehalt des Milderungsgebots betreffen sind nach § 2 V 2 StGB-E ausgeschlossen, sodass jedenfalls das Kernelement des Lex mitior-Prinzips uneingeschränkt bleibt. Zum anderen wird beim Täter von vorneherein kein schutzwürdiges Vertrauen in die Nichtverfolgbarkeit der „Alttat" entstehen, das geschützt werden müsste. Zudem bestehen durch die Begrenzung auf die Fallgruppe eines „Ersatzes durch eine inhaltsgleiche Vorschrift, auf die das Gesetze verweist" keine Bedenken hinsichtlich der Erkennbarkeit der fortlaufenden Strafbarkeit für den Bürger, der nach dieser Vorschrift keine gesetzgeberischen Intentionen erahnen muss. Der von *Hecker* vorgeschlagene § 2 V StGB-E ist demnach ein verfassungsrechtlich tragfähiger Entwurf, unbeabsichtigte Sanktionslücken in unionsrechtsakzessorischen Blankettstrafgesetzen zu verhindern.

Ein weiteres Instrument zur Vermeidung von Sanktionslücken würde nach hier vertretener Ansicht die von *Hecker* an anderer Stelle vorgeschlagene Einrichtung eines ständigen Gesetzgebungsausschusses mit der Aufgabe der Anpassung nationaler Blankettgesetze an EU-Rechte sein.[605] Mit diesem Instrument

605 *Hecker*, Jus 2017, 79f.

könnten auch rechtzeitige Gesetzesanpassungen vorgenommen werden, die keinen inhaltsgleichen Austausch betreffen, wie die oben beschriebene Änderung des Kapitalmarktrechts, in der bisher im nationalen Recht verankerte Tatbestände in unmittelbar anwendbares Unionsrecht überführt wurden, auf die dann wiederum in einem nationalen Blankettstrafgesetz verwiesen wird.

B. Verwendung von Zeitgesetzen

Wie in Teil 3 der Arbeit ausgeführt, setzt der deutsche Gesetzgeber oftmals Zeitgesetze ein, um „erkennbar wechselnden Zeitverhältnissen und Zeitnotwendigkeiten" gerecht zu werden.[606] Die nähere Untersuchung der Konzeption des Zeitgesetzes in § 2 IV StGB im Lichte der Rechtsprechung des EuGH und des EGMR in Teil 3 hat ergeben, dass der Begriff des Zeitgesetzes, sofern man das Lex mitior-Prinzip überhaupt für einschränkbar hält,[607] eng auszulegen ist. Zeitgesetze können demnach nur solche sein, deren Geltung der Gesetzgeber von vorneherein befristet hat oder durch den Eintritt eines konkreten Ereignisses bedingt hat. Darüber hinaus muss ein Zeitgesetz aber auch die weiteren Voraussetzungen für Einschränkungen des Lex mitor-Prinzips gemäß Art. 52 GRCh erfüllen. Im Folgenden soll dargelegt werden, unter welchen Voraussetzungen die Verwendung von Zeitgesetzen gemäß Art. 52 GRCh zulässig ist. Anschließend wird die europarechtliche Zulässigkeit eines Zeitgesetzes am Beispiel[608] des § 11 SchwArbG i.V.m. § 284 SGB III untersucht.

I. Zeitgesetze als Einschränkung des Art. 49 I S. 3 GRCh

Neben dem Erfordernis einer expliziten Befristung muss ein Zeitgesetz nach Art. 52 GRCh verhältnismäßig sein, den Wesensgehalt des Lex mitior-Prinzips achten, erforderlich sein und den von der Union anerkannten, dem Gemeinwohl dienenden Zielsetzungen und Erfordernissen des Schutzes und der Rechte und Freiheiten anderer tatsächlich entsprechen. Die Gemeinwohlgründe bzw. Rechte und Freiheiten anderer dürfen sich nicht in den Legitimationsgründen der Strafnorm selbst erschöpfen.[609] Es müssen besondere Gründe hinzutreten, die eine zeitliche „Nachwirkung" der konkreten Strafnorm erfordern. Dies kann der Fall sein, wenn besonders schutzwürdige Rechtsgüter betroffen sind oder eine

606 *Satzger*, S/S/W, StGB, § 2 Rn. 35.

607 Siehe Teil 3, B, IV, 2., b).

608 Alternatives Praxisbeispiel: Rechtfertigung von Antidumpingzöllen, *Gaede*, wistra 2011, 370f.

609 Hierzu und zum Nachfolgenden: *Gaede*, wistra 2011, 365f.

akute Ausnahmesituation herrscht, die eine Erhöhung der Geltungskraft einer Strafnorm durch die Schaffung eines Zeitgesetzes erfordert. Darüber hinaus muss die Verhältnismäßigkeitsprüfung eine hinreichende Rechtfertigungsschwelle gewährleisten, um zu verhindern, dass das Regel-Ausnahme-Verhältnis der Grundrechtsgeltung und der Einschränkung von Art. 49 I S. 3 GRCh nicht umgekehrt wird.

Die Wesensgehaltsgarantie fordert darüber hinaus den Schutz des Kerns des Grundrechts, in den keinesfalls eingegriffen werden darf.[610] In den Kerns des Grundrechts wird dann eingegriffen, wenn die Gewährleistung des Rechts nicht in Frage gestellt wird und die Einschränkung nur aufgrund individuellen Verhaltens und in Ausnahmefällen greift.[611] Die gesetzliche Grundlage der Einschränkung muss mithin einen willkürlichen Umgang der Geltung des Grundrechts durch eine hinreichende Bindung des Rechtsanwenders sicherstellen.[612]

Ferner müssen die Einschränkungen tatsächlich erforderlich i.S.e. empirischen Belastbastbarkeit sein, um den anerkannten Gemeinwohlgründen zu dienen. Die aufgeführten Gründe müssen folglich zutreffend sein und dürfen sich nicht in allgemeinen Behauptungen erschöpfen.[613] Selbst bei Bestehen eines Beurteilungsspielraums für den nationalen Gesetzgeber müssen die der Entscheidung zugrunde gelegten Daten ernsthaft überprüft werden.[614]

II. Verhältnismäßigkeitsprüfung des § 11 SchwArbG anhand Art. 52 GRCh

§ 11 SchwArbG i.V.m. § 404 I, 284 SGB III a.F. regelte die Strafbarkeit illegaler Beschäftigung von Rumänen und Bulgaren vor dem Inkrafttreten der vollen Arbeitnehmerfreizügigkeit für Angehörige dieser Staaten. Die Überprüfung von Strafvorschriften, die im Zuge von Übergangsregelungen im Rahmen eines EU-Beitritts erlassen werden, kann aber ebenso für weitere Beitrittskandidaten wie Mazedonien oder andere Balkanstaaten relevant werden. Die nachfolgende Untersuchung soll als Praxisbeispiel dafür dienen, wie man in solchen oder ähnlichen Fallkonstellationen die Rechtmäßigkeit von Einschränkungen

---

610 *Krämer*, Stern/Sachs, GRCh, Art. 52 Rn. 58.

611 EuGH, Urt. v. 15.02.2016, C-601/15 – *PPU* Rn. 52, NVwZ 2016, 1789.

612 *Gaede*, wistra 2011, 365f.

613 EuGH, Urt. v. 21.7.2011– *Fuchs und Köhler*, C-159/10 Rn. 77, NJW 2011, 2781; für objektive Kriterien bei der Ermessensausübung *Schwerdtfeger*, Meyer/Hölscheidt, GRCh, Art. 52 Rn. 43; *Jarass* GRCh, Art. 52 Rn. 44.

614 *Jarass*, GRCh, Art. 52 Rn. 45; EuGH, Urt. v. 8.12.2011, C-386/10 – *Chalkor* Rn. 54, EuZW 2012, 190.

der Charta-Grundrechte anhand Art. 52 I GRCh tatsächlich überprüfen kann. Zudem verdeutlicht die Verweisungskette der zu untersuchenden Norm, die vom Schwarzarbeitsgesetz über das Sozialgesetzbuch III (SGB III) in ein Protokoll der EU-Beitrittsverträge von Bulgarien und Rumänien über das „2+3+2 Modell" auf eine Entscheidung der deutschen Bundesregierung (nicht das Parlament) verweist, wie aufwendig es auch für einen „verständigen" Bürger sein kann, sich über die Voraussetzungen eines Straftatbestandes zu informieren.

Im Folgenden soll überprüft werden, inwiefern § 11SchwArbG i.V.m. §§ 404, 284 SGB III a. F. den oben beschriebenen Anforderungen an Zeitgesetze gemäß Art. 52 GRCh gerecht werden konnte bzw. inwiefern Altfälle illegaler Beschäftigung von Rumänen und Bulgaren nach dem vollständigen EU-Beitritt von Bulgarien und Rumänien weiterhin bestraft werden können.

Bei § 11 SchwArbG handelt es sich um einen Blankettstraftatbestand, der die Beschäftigung oder Beauftragung von Ausländern ohne Genehmigung oder ohne Aufenthaltstitel unter Strafe stellt. § 11 I Nr. 1 SchwArbG verweist für das Tatbestandsmerkmal „ohne Genehmigung" über § 404 I SGB III auf den damaligen § 284 SGB III, wonach Staatsangehörige der Staaten, die nach dem Vertrag über den Beitritt der Republik Bulgarien und Rumäniens zur Europäischen Union, der Europäischen Union beigetreten sind, von Arbeitgebern nur beschäftigt werden durften, soweit nach Maßgabe des EU-Beitrittsvertrags abweichende Regelungen als Übergangsregelungen der Arbeitnehmerfreizügigkeit anzuwenden sind.

Besagte Übergangsregelungen waren die Einschränkungsmöglichkeiten der Freizügigkeit nach Art. 1 III des EU-Beitrittsvertrags zwischen der Republik Bulgarien und Rumänien und den Mitgliedstaaten der Europäischen Union i.V.m. Art. 20 des Protokolls über die Bedingungen und Einzelheiten der Aufnahme der Republik Bulgarien und Rumänien. Dieser verweist auf die Anhänge VI und VII, wonach die derzeitigen Mitgliedstaaten abweichend von den Art. 1 bis 6 der Verordnung EWG Nr. 1612/68 nationale Maßnahmen anwenden können, um den Zugang bulgarischer Staatsangehöriger zu ihren Arbeitsmärkten zu regeln.[615] Der Vertrag über den Beitritt Bulgariens und Rumäniens vom 25.4.2005 sah eine dreiphasige bis zu siebenjährige Übergangsfrist nach einem „2+3+2-Modell" vor.[616] Nach dem EU-Beitritt Bulgariens und Rumäniens am 1.1.2007 endete die erste Phase der Übergangsregelungen zum 31.12.2008, die zweite Phase zum 31.12.2011 und die dritte Phase spätestens zum 31.12.2013. Eine Verlängerung der Maßnahmen (zweite Phase) konnte dabei nach einer Überprüfung auf der Basis eines Berichts der Bundesregierung an die Europäischen Kommission erfolgen.

615 Amtsblatt der Europäischen Union vom 21.06.2005 L 157/104f., L 157/138f.
616 Amtsblatt der Europäischen Union vom 21.06.2005 L 157/104f., L 157/138f.

Maßnahmen in der dritten Phase sollten nur im Falle schwerer Störungen des Arbeitsmarktes oder der Gefahr solcher Störungen möglich sein.

1. Anwendungsbereich der Grundrechtecharta

Zu überprüfen ist zunächst, ob der Anwendungsbereich der GRCh gemäß Art. 51 GRCh eröffnet ist.

An dieser Stelle sind zwei Sichtweisen denkbar. Einerseits stand es im Ermessen der Mitgliedstaaten, Verstöße gegen die Einschränkungen der Arbeitnehmerfreizügigkeit zu sanktionieren. Man könnte demnach annehmen, es handele sich bei § 284 SGB III um rein in nationalen Interessen begründetes nationales Recht.[617]

Hier gilt es jedoch zu berücksichtigen, dass sich die Beschränkungen der Arbeitnehmerfreizügigkeit aus den Protokollen zu den EU-Beitrittsverträgen ergeben.[618] Gemäß Anhang VI und VII 1. Freizügigkeit, jeweils Nr. 2:

> *„werden die derzeitigen Mitgliedstaaten abweichend von den Artikeln 1 bis 6 der Verordnung (EWG) Nr. 1612/68 und bis zum Ende eines Zeitraums von zwei Jahren nach dem Tag des Beitritts nationale und sich aus bilateralen Abkommen ergebene Maßnahmen anwenden, um den Zugang bulgarischer* [/rumänischer] *Staatsangehöriger zu ihren Arbeitsmärkten zu regeln. Die derzeitigen Mitgliedstaaten können solche Maßnahmen bis zum Ende eines Zeitraums von fünf Jahren nach dem Tag des Beitritts weiter anwenden."*

Daraus ergibt sich, dass die die Arbeitnehmerfreizügigkeit regulierenden Beschränkungen jedenfalls in den ersten zwei Jahren nach dem Beitritt Bulgariens und Rumäniens nicht im freien gesetzgeberischen Ermessen der Mitgliedstaaten standen, sondern unionsrechtlich determiniert waren. Diese Regulierungen waren notwendig, um die Osterweiterung der EU infolge des Beitritts von Bulgarien und Rumänien erst zu ermöglichen.

Nach ständiger Rechtsprechung des EuGH sind Beschränkungen von Grundfreiheiten, hier der Arbeitnehmerfreizügigkeit, eine „Durchführung von Unionsrecht" i.S.d. Art. 51 I 1 GRCh.[619] Darüber hinaus handeln die Mitgliedstaaten auch in Ausführung einer Vorschrift, die eine Durchführung des Unionsrechts bezweckt. Die nationale Umsetzung der Einschränkungen durch

---

617 *Mosbacher*, NStZ 2015, 255f.

618 Vgl.im Ergebnis *Tuengerthal*, NZWist 11/2014, 413.

619 EuGH, Urt. v. 18.6.1991 – *ERT*, C-260/89, EuZW 1991, 507; EuGH, Urt. v. 30.04.2014 – *Pfleger*, C-930-12; EuGH, Urt. v. 10.3.2016 – *Safe interenvios*, C- 235/14.

§ 284 SGB III entspricht daher zudem den Kriterien des EuGH in den Rechtssachen *Åkerberg Fransson* und *Siragusa*[620] (→ Teil 2 C II).

2. *§ 284 SGB III als „Zeitgesetz"*

Weiterhin ist zu überprüfen, ob § 284 SGB III überhaupt ein Zeitgesetz darstellt. § 284 SGB III verwies für die Notwendigkeit einer Arbeitsgenehmigung auf von den EU-Beitrittsverträgen abweichende Übergangsregelungen der Arbeitnehmerfreizügigkeit nach dem „2+3+2-Modell". Nach diesem Modell war nur festgelegt, wann einschränkende Maßnahmen spätestens enden. Die konkrete Dauer der Einschränkungen war bei Erlass des Modells nicht absehbar und lag im Ermessen des nationalen Gesetzgebers. Folglich war die vorübergehende Geltung für besondere Verhältnisse erkennbar, nicht aber deren Befristung im Einzelfall. Folgt man dem hier vertretenen europarechtlich gebotenen engen Verständnis von Zeitgesetzen (→ Teil 3 B, IV), muss man § 284 I SGB III bereits die Qualität eines Zeitgesetzes absprechen. Wenn man berücksichtigt, dass jedenfalls spätestens nach dem Ablauf von sieben Jahren nach dem Beitritt Bulgariens und Rumäniens jegliche Übergangsregelungen auslaufen sollten, könnte man jedoch auch eine Befristung annehmen. Nach dem weiten Verständnis der Rechtsprechung ist der Zeitgesetzcharakter von § 284 SGB III jedenfalls gewahrt, denn die vorübergehende Geltung des Gesetzes für besondere Verhältnisse ist nach dessen Inhalt und Zweck deutlich erkennbar.[621] Unter der Prämisse des hier vertretenen engen Zeitbegriffs (→ Teil 3 B, IV), mangelt es schon an einer eindeutig erkennbaren Befristung des § 284 I SGB III, weshalb das Lex mitior- Prinzip im Fall einer Gesetzesänderung zwischen Tatbegehung und Verurteilung anwendbar bliebe.

Folgt man dem demgegenüber dem von der Rechtsprechung vertretenen weiten Verständnis eines Zeitgesetzes, gelangt man zu dem Ergebnis, dass es sich bei § 11 SchwArbG i.V.m. § 284 SGB III um ein Zeitgesetz handelt. Unter dieser Prämisse wird im Folgenden die Verhältnismäßigkeit und tatsächliche Erforderlichkeit von § 284 I SGB III überprüft.

3. *Einführung einer milderen Strafe*

Dieser Annahme folgend ist zu untersuchen, inwiefern der nunmehr erfolgte vollständige EU-Beitritt Bulgariens und Rumäniens eine von Art. 49 I S. 3 GRCh geforderte „Einführung einer milderen Strafe" darstellt.

---

620 EuGH, Urt. v. 26.2.2013 – *Åkerberg Fransson*, C-617/10, NJW 2013, 1415; EuGH, Urt. v. 6.3.2014 – *Siragusa*, C-206/13, NVwZ 2014, 575.

621 BGH, Urt. v. 14.12.1994 – 5 StR 210/94; BGH, Urt. v. 14.7.1998 – 1 StR 110/98.

Mit dem Ende der maximalen Übergangsphase von sieben Jahren nach Beitritt war der Beitrittsprozess Bulgariens und Rumäniens am 31.12.2013 abgeschlossen. Bulgarische und rumänische Staatsangehörige sind folglich seitdem nicht mehr als taugliche Täter i.S.d. §§ 10, 11 SchwArbG i.V.m. § 284 SGB III erfasst. Mit Gesetzesänderung vom 1.1.2014[622] wurden bulgarische und rumänische Staatsangehörige aus dem Tatbestand des § 284 SGB III gestrichen, der daraufhin nur noch für kroatische Staatsangehörige galt. Mit dem Entfallen der Strafbarkeit ist nach Art. 49 I S. 3 GRCh grundsätzlich auch für Altfälle Straflosigkeit eingetreten.

In der Literatur wird demgegenüber jedoch die Ansicht vertreten, Änderungen des persönlichen Anwendungsbereiches einer Strafnorm stellten keine i.S.v. § 2 III StGB relevante Änderung des Norminhalts dar.[623] Zur Untermauerung dieser These wird auf die zum Ausländerrecht entwickelte Rechtsprechung des BGH verwiesen.[624] Wie bereits in Teil 3 der Arbeit[625] aufgezeigt, kann dieser Ansicht nicht gefolgt werden.[626] Etwas anderes folgt auch nicht aus den später ergangenen Urteilen des BGH[627] und des LG Bamberg,[628] die in ähnlichen Konstellationen zu entscheiden hatten, da keine der genannten Entscheidungen sich mit der Anwendbarkeit des § 2 III StGB oder auch nur dem blankettausfüllenden § 284 I SGB III auseinandersetzte. In dem ersten der von *Mosbacher* angeführten Urteilen des BGH lässt sich dies darauf zurückführen, dass zum Zeitpunkt des erstinstanzlichen Urteils noch gar keine Gesetzesänderung eingetreten war und allem Anschein nach im Revisionsverfahren unentdeckt blieb. In der zweiten angeführten BGH-Entscheidung wurde der Tatvorwurf des § 11 SchwArbG aus prozessökomischen Gründen eingestellt. Im Beschluss des LG Bamberg unterblieb eine Diskussion des § 2 III StGB vollständig, weshalb nach hier vertretener Ansicht keine dieser Entscheidungen Präjudizwirkung für die Beurteilung von Änderungen des persönlichen Anwendungsbereiches in der vorliegenden Fallkonstellation entfalten kann.[629]

---

622 Gesetz vom 17.06.2013, Bundesgesetzblatt S. 1555.

623 *Mosbacher*, NStZ 2015, 255f.

624 *Mosbacher*, NStZ 2015, 255f. unter Hinweis auf BGH, Urt. v. 27.9.2011, wistra 2012, 28; BGH, Urt. v. 4.9.2013 – 1 StR 94/13, NStZ 2014, 321.

625 Siehe oben, Teil 3 A II 3.

626 Prüfung im Hinblick auf BGH, Beschl. v. 11.5.2005 – 5 StR 122/05, NStZ 2005, 408.

627 BGH, Urt. v. 27.9.201, wistra 20212, 28; BGH, Urt. v. 4.9.2013, wistra 2014, 199f.

628 OLG Bamberg, Beschl. v. 28.01.2014, wistra 2014, 199f.

629 So auch *Thuengerthal/Rothenhofer/Henneke*, NStZ 2015, 445f.

Etwas anderes ergibt sich auch nicht aus der Argumentation des EuGH in der Sache *Paoletti*,[630] in der sich der EuGH mit Änderungen des persönlichen Anwendungsbereichs einer Strafnorm befasste. Im Gegensatz zum italienischen Einschleusungstatbestand, handelt es sich bei der unerlaubten Beschäftigung um ein Dauerdelikt, dessen Folgen nicht bereits vor dem vollständigen Beitritt eingetreten sind (→ Teil 3 A, II Nr. 4). Auch ist der Tatbestand der illegalen Beschäftigung im Gegensatz zur illegalen Einschleusung von Ausländern (sei es im italienischen oder im deutschen Recht) als Blanketttatbestand ausgestaltet, was bedeutet, dass Änderungen der ihn ausfüllenden Bezugsnorm grundsätzlich beachtlich sind.

Eine Beschränkung des Art. 49 I S. 3 GRCh würde außerdem der Wertung des EuGH in der Sache *ERT* und *Pfleger* widersprechen, wonach Beschränkungen der Grundfreiheiten stets den Anwendungsbereich des Unionsrechts eröffnen.[631] Auch wenn mit der grundsätzlichen Eröffnung des Anwendungsbereichs der Charta noch keine Entscheidung hinsichtlich einer Beschränkung des Art. 49 I S. 3 GRCh getroffen wird, spricht doch der grundsätzliche Wille des EuGH, Beschränkungen von Grundfreiheiten stets nach der GRCh zu prüfen, gegen eine initiale Beschränkung des Art. 49 I S. 3 GRCh ohne eine Prüfung des Schrankenvorbehalts des Art. 52 GRCh.

4. *Verhältnismäßigkeitsprüfung anhand Art. 52 GRCh*

Zu überprüfen ist daher, ob die Übergangsregelungen nach dem „2+2+3-Modell", als Einschränkungen der Arbeitnehmerfreizügigkeit, den von der Union anerkannten, dem Gemeinwohl dienenden Zielsetzungen oder den Erfordernissen des Schutzes der Rechte und Freiheiten anderer tatsächlich entsprechen, verhältnismäßig sind und den Wesensgehalt des Lex mitior-Prinzips achten. Folglich ist die Notwendigkeit der Übergangsregelungen im Hinblick auf die nationale Situation der Migration und Entwicklung auf dem Arbeitsmarkt während des Zeitraums der Übergangsregelungen zu untersuchen.

---

630 EuGH, Urt. v. 6.10.2016 – *Paoletti*, C-218/15, BeckEuRS 2016, 484871.

631 EuGH, Urt. v. 18.6.1991 – *ERT*, C-260/89, EuZW 1991, 507; EuGH, Urt. v. 30.04.2014 – *Pfleger*, C-930-12; EuGH, Urt. v. 10.3.2016 – *Safe interenvios*, C- 235/14.

a) *Gemeinwohlgründe*

Sinn und Zweck der Übergangsregelungen war der Ausgleich der hohen Zuwanderungserwartung im Zusammenhang mit der Osterweiterung der EU, um negative Effekte der erwarteten Migration abzumildern.[632]

b) *Tatsächliche Erforderlichkeit*

Eine Studie eines von der EU beauftragten Konsortiums von Arbeitsforschungsinstituten aus dem Jahre 2009 kommt zu dem Ergebnis, dass die Zahl der eingewanderten Rumänen und Bulgaren seit dem EU-Beitritt im Jahre 2007 zwar von 700.000 auf 1,9 Millionen Personen gestiegen ist, sich jedoch die Ost-West-Migration für Bulgaren und Deutsche aber in Richtung Italien und Spanien verlagert hat.[633] Zu Beginn der 1990er-Jahre waren dagegen Deutschland und Österreich die wichtigsten Zielländer dieser Personengruppe.

Eine Prognose über das Wanderungspotential bezüglich aller NMS-10-Staaten (Estland, Lettland, Litauen, Polen, Slowakei, Slowenien, Tschechien, Ungarn seit 2004, ab 2007 auch Rumänien und Bulgarien) zeigt, dass die Bereitschaft nach Deutschland und Österreich auszuwandern, wesentlich niedriger lag, als zu Beginn der Osterweiterung der EU erwartet wurde. Zudem belegen von der Kommission in Auftrag gegebene Studien, dass es durch die Wanderung der Bulgaren und Rumänen nicht zu schwerwiegenden Störungen des Arbeitsmarktes gekommen ist und aller Wahrscheinlichkeit nach auch in Zukunft nicht kommen wird.[634] Bereits nach der ersten Phase der Übergangsregelungen zeigte sich, dass Umfang und Richtung der Mobilitätsströme vorrangig von anderen Faktoren, hauptsächlich der Lage bei Arbeitsangebot und Nachfrage beeinflusst wurden, als von Zugangsbeschränkungen, welche die Anpassung des Arbeitsmarktes vielmehr verzögert und zum Anstieg der Schwarzarbeit geführt haben.[635] Dies macht deutlich, dass die Übergangsregelungen von Anfang an nicht geeignet waren, die Migration der Bulgaren und Rumänen zu lenken. Auch die seit dem EU-Beitritt Rumäniens und Bulgariens gesunkene Arbeitslosenquote in Deutschland, bestätigt das Ergebnis der Kommission.

---

632 *Bug*, S. 4

633 Hierzu und zum Nachfolgenden: *Bug*, S. 8, 12.

634 Mitteilung der Kommission an das Europäische Parlament, den Rat, den Europäischen Wirtschafts-und Sozialausschuss und den Ausschuss der Regionen vom 18.11.2008, KOM (2008)765 endgültig; Bericht der EU-Kommission über die erste Phase der im Beitrittsvertrag 2005 festgelegten Übergangsregelungen und gemäß der im Beitrittsvertrag 2003 festgelegten Übergangsregelung, S. 16.

635 Ebd.

Schließlich belegen die Regelungen der Nachbarstaaten Rumäniens und Bulgariens sowie weitere EU-Staaten ebenfalls dieses Ergebnis. Nach dem EU-Beitritts Bulgariens und Rumäniens zum 1.1.2007 hatten die Tschechische Republik, Estland, Zypern, Lettland, Litauen, Polen, Slowenien, Slowakei, Finnland und Schweden ihre Arbeitsmärkte bereits während der ersten Phase geöffnet.[636] Ihnen folgten am 1.1.2009 Spanien, Griechenland, Ungarn und Portugal, am 1.5.2009 Dänemark und ab dem 1.1.2012 Irland und Italien.

Schon nach der ersten Phase der Übergangsregelungen forderte die Europäische Kommission die Mitgliedstaaten auf, zu überprüfen, ob eine Verlängerung der Übergangsregelungen tatsächlich notwendig sei, zumal eine Wiedereinführung der Beschränkungen bei sich ändernden Verhältnissen über die Schutzklausel unproblematisch möglich war. Vor diesem Hintergrund stellt sich schon die Verlängerung in der zweiten Phase als nicht zwingend erforderlich dar.

Nach einem weiteren Bericht der Europäischen Kommission Ende 2011[637] waren auch in der zweiten Phase des Übergangszeitraums Italien und Spanien weiterhin die wichtigsten Zielländer der Rumänen und Bulgaren. Die bereits in der ersten Phase des Übergangszeitraums gewonnene Erkenntnis, dass Übergangsmaßnahmen nur einen sehr begrenzten Einfluss auf die Einwanderung haben, hat sich auch für den Zeitraum von 2009 bis 2012 bestätigt. Vielmehr wurde die Zuwanderung durch andere Faktoren wie Arbeitsnachfrage, Netzwerkeffekte, bereits vorhandene Bevölkerungsgruppen oder die Sprache beeinflusst. Auch war die Kommission der Ansicht, dass das zukünftige Migrationspotenzial eher gering ist, da viele der bulgarischen und rumänischen Staatsbürger bereits emigriert waren.

Im Falle schwerwiegender Störungen des Arbeitsmarktes oder der Gefahr solcher Störungen konnten die Mitgliedstaaten nach Mitteilung an die Europäische Kommission auch nach dem 31.12.2011 Beschränkungen anwenden. Die Kommission weist in diesem Zusammenhang auf die vom EuGH geforderte, restriktive Auslegung von Abweichungen der Grundfreiheiten hin. Es bestehe daher die Erwartungshaltung, dass die Mitgliedstaaten eine umfassende Begründung einschließlich entsprechender Daten und überzeugender Argumente für das Vorliegen von Störungen des Arbeitsmarktes oder die Gefahr derartiger Störungen vorlegen, die über die schlichte Arbeitslosenquote hinausgeht.

636 Hierzu und zum Nachfolgenden: Bericht der EU-Kommission über die zweite Phase, S. 5–14.

637 Hierzu und zum Nachfolgenden: Bericht der Kommission an den Rat über die Anwendung der Übergangsregelungen für die Freizügigkeit von Arbeitnehmern aus Bulgarien und Rumänien vom 11.11.2011 KOM (2011) 729 endgültig.

Die Bundesregierung machte unter Verweis auf eine Gefahr für Langzeitarbeitslose und gering Qualifizierte sowie der Schuldenkrise im Euroraum von der Verlängerungsoption Gebrauch.

Angesichts der Ergebnisse der Untersuchung der Migrationsströme und der gebotenen restriktiven Auslegung von Beschränkungen der Grundfreiheiten, hier der Arbeitnehmerfreizügigkeit, erscheint diese Verlängerung sehr fragwürdig. Insbesondere wurden weder Arbeitslosenzahlen, noch weitere Daten oder überzeugende Argumente vorgelegt, die angesichts der tatsächlichen Migrationszahlen auch nicht vorliegen dürften.

c) Ergebnis

Die Erhebungen und Erkenntnisse der Europäischen Kommission zeigen auf, dass es weder in der ersten noch in der zweiten Phase zu den mit der Osterweiterung anfänglich befürchteten negativen Auswirkungen einer hohen Migration gekommen ist und dass die Migrationsströme nicht oder nur in sehr geringem Maße durch die Beschränkungen der Arbeitnehmerfreizügigkeit beeinflusst wurden. Die Verlängerung der Übergangsregelungen in der zweiten und dritten Phase war damit tatsächlich nicht erforderlich und unverhältnismäßig. Es mangelt daher an einer Ausnahmesituation, die entgegen der Geltung des Art. 49 I S. 3 GRCh, die strenge Durchsetzung eines Zeitgesetzes erfordert.

III. Lösungsansätze für die Verwendung von Zeitgesetzen

Es bleibt abzuwarten, wie sich der EuGH hinsichtlich der Zulässigkeit von Zeitgesetzen positionieren wird. Angesichts der Rechtsprechung des EGMR[638] und den hohen Anforderungen des Art. 52 GRCh ist aber davon auszugehen, dass Einschränkungen des Lex mitor-Prinzips restriktiv gehandhabt werden. Es stellt sich die Frage, wie nationale Zeitgesetze gegenwärtig und zukünftig angewendet und ausgestaltet sein müssen, um den Anforderungen der GRCh gerecht zu werden.

Zum einen müssen Zeitgesetze, wie in Teil 3 aufgezeigt, wenn man sie überhaupt zulässt, ein eindeutig bestimmbares Fristende beinhalten, da nur so dem Erfordernis der Vorhersehbarkeit Rechnung getragen werden kann (→ Teil 3, B, III). Zum anderen müssen Sie auf den Schutz besonders wichtiger Rechtsgüter oder auf besondere Ausnahmesituationen begrenzt werden.[639] Fraglich ist, wie die Wahrung dieser Erfordernisse gesetzlich umgesetzt werden kann. Um den

---

638 EGMR, Urt. v. 17.9.2009 – *Scoppola*, NJOZ 2010, 2726.

639 Siehe oben, *Gaede*, wistra 2011, 365f.

Anwendungsbereich auf den Schutz besonders wichtiger Rechtsgüter zu beschränken, wäre es ratsam, von der Blankettstrafgesetzgebung im Nebenstrafrecht generell nur restriktiv Gebrauch zu machen und den Anwendungsbereich der Zeitgesetze in den Bereich der Ordnungswidrigkeiten zu verlagern, für den die strengen Vorgaben des Art. 49 I 3 GRCh nicht gleichermaßen gelten. Ordnungswidrigkeiten und andere verwaltungsrechtliche Sanktionen werden nach der Rechtsprechung des EuG nur dann von Art. 49 I 3 GRCh erfasst, wenn sie einen strafrechtlichen Charakter haben.[640] Dies richte sich nach der rechtlichen Einordnung der Zuwiderhandlung im innerstaatlichen Recht, der Natur der Zuwiderhandlung sowie der Art und dem Schweregrad der angedrohten Sanktion.[641]

Eine Verlagerung ins Ordnungswidrigkeitenrecht wäre aus zweierlei Gründen sinnvoll. Zum einen würde das Opportunitätsprinzip gelten, sodass nicht jeder Verstoß gegen ein Zeitgesetz zwingend verfolgt und sanktioniert werden müsste. Würde sich nach dem Außerkrafttreten einer Norm herausstellen, dass diese schon vor Ablauf ihrer Frist obsolet geworden war, könnte man Verfahren erleichtert einstellen. Auch wäre der Beschuldigte vor allzu weitreichenden und belastenden Konsequenzen geschützt, wie einem Eintrag ins Vorstrafenregister und ins polizeiliche Führungszeugnis. Zum anderen würde man damit dem Ultima-ratio-Prinzip im Strafrecht Rechnung tragen und der Ausweitung des Strafrechts im Nebenstrafrecht entgegenwirken (→ Teil 1, B. III). Auch bei Zeitgesetzen stellt sich häufig die Frage der Kriminalstrafwürdigkeit von Verstößen. Es gilt näher zu überprüfen, ob beispielsweise Verstöße gegen preisregelnde Vorschriften[642] oder die Wohnraumbewirtschaftung[643] zwingend mit Kriminalstrafen zu ahnden sind. Diesem Ansatz entsprechend hat z.B. auch das Weinrecht in den vergangenen Jahren eine beträchtliche Entkriminalisierung erfahren.[644]

Wenn der Gesetzgeber es hingegen für unerlässlich hält, einen Verstoß gegen ein Gesetz, das nur vorübergehende Geltung beansprucht, mit einer

---

640 EuGH, Urt. v. 31.03.2011, C-546/09-*Aurubi Balgaria*; Kokott, NZWist 2017, 409.

641 Sog. *Engel*-Kriterien, vgl. EGMR, Urt. v. 8.6.1976, 5100/71 – *Engel v. Niederlande*; EGMR, Urt. v. 15.11.2016, 24130/11 und 29758/11 – *A and B v. Norway.*

642 *Hassemer/Kargl*, NK-StGB, § 2 Rn. 51; BGH, Urt. v. 7.12.1951 – 2 StR 121/51, NJW 1952, 436.

643 Wohnraumbewirtschaftungsgesetz, vom 31.1.1953, BGBl I S. 97, OLG Hamm, JMBlNRW 1965, 270; *Laaths*, S. 61.

644 *Kretschmer*, ZIS 2016, 763f., der darauf hinweist, dass man bis 2013 wegen des vollständigen Auspressens von Weintrauben theoretisch einer Freiheitsstrafe ausgesetzt sein konnte.

Kriminalstrafe zu ahnden (z.B. ein Embargo), ist es ihm zumutbar, Dauergesetz zu schaffen, für das das Lex mitior-Prinzip greift und das im Falle der Änderung der vorübergehenden Verhältnisse wieder angepasst oder abgeschafft werden muss. Unter strenger Berücksichtigung des Ultima-ratio-Prinzips würde sich der Anpassungsmehraufwand für den Gesetzgeber in Grenzen halten.

Eine andere Möglichkeit die Anwendung von Zeitgesetzen auf besondere Ausnahmesituationen zu reduzieren, bestünde darin, für alle strafrechtlichen Zeitgesetze vorab eine zeitliche Befristung festzulegen, je länger umso höher die verfügbaren Informationen und Erkenntnismöglichkeiten des Gesetzgebers zum Zeitpunkt des Erlasses sind. Spätestens dann sollte der Gesetzgeber die Ausnahmesituation, welche die besonders strenge Normdurchsetzung gebietet, erneut überprüfen. Dieser Ansatz käme der grundsätzlich sinnvollen Idee des oben überprüften „2+3+2-Modell" im EU-Beitrittsverfahren nahe. Zur stetigen Überprüfung der Ausnahmelagen könnte, ähnlich *Heckers* Vorschlag zur permanenten Angleichung von Blankettnormen,[645] ein ständiger Ausschuss im Bundestag gegründet werden. Dadurch könnte zudem vermieden werden, dass Zeitgesetze, um dem Erfordernis der kalendarischen Befristung nachzukommen, bei Unklarheit über die Dauer der Ausnahmesituation präventiv länger befristet werden als zwingend notwendig.

Letztlich könnte man erwägen, die Ausnahme vom Lex mitor-Prinzip für Zeitgesetze in § 2 IV StGB gänzlich zu streichen. Wie bereits in Teil 3 erörtert, stellt die Annahme des Geltungsverlusts einer Norm zum Ende ihres Bestands ohnehin eine eher schwache und bisher nicht überprüfte Alltagstheorie dar, als einen Strafgrund, der eine Einschränkung grundlegender europäischer Prinzipien (und nach hier vertretener Meinung auch verfassungsrechtlicher Prinzipien) rechtfertigt. *Jakobs* folgend, stellt sich ohnehin die Frage, was so dramatisch an einem Geltungsverlust einer Norm zum Ende ihres Bestands sein soll. Sollte man an der Plausibilität dieser Theorie festhalten, könnte man andere Verfahren erwägen, um eine Verurteilung zum Ende der Geltung einer Norm zu beschleunigen, wie beispielsweise ein gerichtliches Eilverfahren für die Verurteilung von Verstößen gegen Zeitgesetze. Dann könnten potentielle Straftäter auch nicht mehr auf eine ausbleibende Verurteilung spekulieren und die Geltungskraft der Norm wäre bis zum Ende hin gewahrt.

Wie sich das BVerfG in Zukunft hinsichtlich Einschränkungen des Lex mitior-Prinzips entscheiden wird, bleibt ungewiss. Angesichts der jüngsten einschlägigen Entscheidung, in der das BVerfG nochmals den (nur) einfachrechtlichen

645 *Hecker*, Jus 2017, 79f.

Rang des Lex mitor-Prinzips bestätigt hat, besteht allerdings wenig Grund zur Hoffnung.

Es bleibt zu wünschen, dass der EuGH alsbald die Gelegenheit bekommt umfassend Stellung zu nehmen, insbesondere hinsichtlich der Übertragung der EMRK-Rechtsprechung zu Art. 7 EMRK[646] auf die Einschränkbarkeit des Lex-mitior-Prinzips oder einer gebotenen restriktiven Auslegung von Einschränkungen des Lex mitior-Prinzips und geeigneten Parametern seiner Anwendung.

C. Zusammenfassung der Ergebnisse

Im Mittelpunkt der Arbeit steht die Untersuchung der Reichweite des europäischen Lex mitor-Grundsatzes bei der Anwendung von unionsrechtsakzessorischen Blankettstrafgesetzen. Als zentrales Ergebnis lässt sich festhalten, dass der Schutzbereich des Art. 49 I S. 3 GRCh möglichst weit zu fassen ist und nur unter strikter Wahrung der in Art. 52 GRCh normierten Einschränkungsvoraussetzungen erfolgen darf. Dies gilt nicht nur für die Interklusionsnormen zur Schließung anpassungsbedingter Strafbarkeitslücken, sondern auch für den Einsatz von Zeitgesetzen i.S.d. § 2 IV StGB.

Teil 1

Die Analyse der Rechtsprechung des BVerfG zum Blankettmodell der Rückverweisungsklauseln mit Entsprechungsklauseln hat eine begrüßenswerte Entwicklung hinsichtlich der Anforderungen an die Bestimmtheit von Blankettstrafgesetzen aufgezeigt. Auch wenn die berechtigten Zweifel des vorlegenden LG Stade an der Verfassungsmäßigkeit des § 58 III Nr. 2 i.V.m. § 6 I Nr. 1 LFGB letztendlich nicht auf die Bewertung des BVerfG durchschlugen, wurde anhand der Formulierungen des BVerfG deutlich, dass jedenfalls hinsichtlich der kompetenzsichernden Funktion des Bestimmtheitsgebots die Grenze der Verfassungsmäßigkeit erreicht ist. Auch wenn die Begründung des BVerfG nicht vollends zu überzeugen vermag, wird deutlich, dass das BVerfG Rückverweisungsklauseln in Blankettstrafgesetzen nicht generell für unzulässig hält und jedenfalls Rückverweisungsklauseln mit unionsrechtlich determinierten Entsprechensklauseln nach dem Modell des § 58 III Nr. 2 LFGB für „noch" verfassungsgemäß erachtet.

Die Diskussion der Verfassungsmäßigkeit von Blankettstrafgesetzen mit Rückverweisungsklauseln führte zu einer verfassungsrechtlichen

646 EMRK, Urt. v. 17.9.2009 – *Scoppola*, NJOZ, 2010, 2726.

Paralleldiskussion über die Begrenzung der Blankettstrafgesetzgebung im Nebenstrafrecht durch das Ultima-Ratio-Prinzip. Wenn auch das BVerfG und eine im Schrifttum vertretene Ansicht dem Ultima-Ratio-Prinzip bisher im Hinblick auf die Einschätzungsprärogative des Gesetzgebers neben dem Verhältnismäßigkeitsgrundsatz keine gesonderte Bedeutung beimessen, wird eine alternative Sichtweise beleuchtet – ein Bedeutungsgehalt, der über eine Verhältnismäßigkeitsprüfung hinausgeht und den Gesetzgeber bei dem Erlass von Strafgesetzen einzuschränken vermag.

Die an den Gesetzgeber zu richtende Forderung, jenseits evidenter Fälle der Strafwürdigkeit eine gesonderte Begründung des Erfordernisses einer Kriminalstrafe darzulegen, die sich an der Rechtsgutslehre orientiert, würde zu einer deutlicheren Trennung von Ordnungswidrigkeiten und Straftaten führen und einer weiteren Ausweitung des (Kriminal-)Strafrechts in den Bereich des Verwaltungsungehorsams vorbeugen.

Teil 2

Die Analyse der Auslegungsnormen der GRCh (Art. 52 II-VII), insbesondere des Art. 52 III GRCh hat ergeben, dass die in der Charta verankerten Grundrechte und die inhaltsgleichen Rechte der EMRK kohärent auszulegen sind. Nachdem der EGMR in der *Scoppola*-Entscheidung den Schutzbereich des Art. 7 EMRK auf den Lex mitor- Grundsatz erstreckt hat, bedeutet dies, dass sich die Auslegung des Schutzbereichs und der Schranken des Art. 49 I S. 3 GRCh an Art. 7 I EMRK zu orientieren hat. Die Konsequenz dieses Kohärenzgebotes wäre eine der EMRK entsprechende, schrankenlose Gewährleistung des Lex mitior-Prinzips. Bisher hat der EuGH sich noch nicht zu einer solchen Übertragung geäußert. Vielmehr lässt der EuGH in einer späteren Entscheidung in der Sache *Paoletti* weiterhin Einschränkungen des Lex mitior-Prinzips zu.

Die Auswertung der Rechtsprechung des EuGH und des EGMR hat ergeben, dass das Lex mitior-Prinzip in Art. 49 I S. 3 GRCh allumfassend zu verstehen ist. Erfasst sind sowohl Gesetzesmilderungen, in Form eines Wegfalls des Strafgesetzes als auch mildere Zwischenrechtslagen. Darüber hinaus beansprucht der Grundsatz nach hier vertretener Ansicht auch Geltung für alle Gesetzesänderungen, ungeachtet der gesetzgeberischen Intention. So sind sowohl solche Änderungen erfasst, die vom Gesetzgeber beabsichtigt waren, als auch versehentliche Anpassungsfehler, Änderungen aufgrund besonderer zeitlicher Verhältnisse, sowie Änderungen des persönlichen Anwendungsbereiches von Strafnormen.

Das Verständnis eines allumfassenden Schutzbereich des Art. 49 I S. 3 GRCh ist notwendig, um die Vorhersehbarkeit seiner Anwendbarkeit für den Bürger vorhersehbar zu machen und trägt zur Rechtssicherheit bei. Gerade im Bereich von unionsrechtsakzessorischen Strafgesetzen sind die Voraussetzungen der Strafbarkeit für den Bürger oft schwer zu ermitteln. Zusätzlich von ihm zu erwarten, die Beweggründe des Gesetzgebers für Rechtsänderungen zu erahnen oder von vorneherein zu erkennen, dass es sich bei einer Änderung um eine zu Tage getretene gesetzgeberische Fehlleistung handelt, die womöglich alsbald wieder rückwirkend geschlossen wird, um zu beurteilen, ob das Lex mitor-Prinzip Geltung beansprucht oder nicht ist dem Bürger nicht zumutbar. Es ist deshalb unumgänglich, den Schutzbereich des Art. 49 weit zu verstehen und Einschränkungen nur unter strenger Berücksichtigung der Voraussetzungen des Art. 52 GRCh zuzulassen.

Zudem hat die Analyse der Rechtsprechung des EuGH gezeigt, dass die vom BVerfG monierte und in der Literatur vielfach kritisierte Extension des Anwendungsbereiches der GRCh in der Entscheidung *Åkerberg Fransson* inzwischen wieder korrigiert wurde. Während der EuGH in der genannten Entscheidung, den Anwendungsbereich der Charta bereits dann eröffnet sah, wenn eine nationale Vorschrift auch einem Ziel der Union diente, selbst wenn es lediglich um einer abstrakte Schutzverpflichtung handelte, die einen eher marginalen Zusammenhang mit der Vorschrift aufwies, entschied sich der EuGH in der Sache *Siragusa* für die Entwicklung weiterer Kriterien. Danach müsse zwischen dem Ziel der nationalen Vorschrift und der Durchführung von Unionsrecht ein hinreichender Zusammenhang eines gewissen Grades vorliegen, der über eine mittelbare Beeinflussung oder der Benachbarung von Regelungen hinausgeht. Darüber hinaus soll überprüft werden, welchen Charakter die Regelung hat und ob andere, als die unter das Unionsrecht fallende Ziele verfolgt werden und ob für diesen Bereich eine spezifische Regelung im Unionsecht gibt.

Mit dieser Rechtsprechung hat sich der EuGH weitgehend von der sehr allgemeinen, extensiven Formel der *Åkerberg Fransson*-Rechtsprechung verabschiedet. Unter Anwendung der *Siragusa*-Kriterien wird man vielfach zur Nichtanwendbarkeit der Charta kommen.

Teil 3

Die Untersuchung des in § 2 III StGB verankerten nationalen Lex mitor-Prinzipes hat ergeben, dass dieser ebenso wie Art. 49 I S. 3 GRCh sowohl Zwischenrechtslagen erfasst, durch die eine im Zeitraum zwischen Tatbegehung und gerichtlicher Entscheidung begangene Tat straflos gestellt wird oder milder beurteilt wird, als auch unbeabsichtigte Strafbarkeitslücken erfasst.

Im Gegensatz zu dem nach seinem Wortlaut auf alle Strafgesetze anwendbaren Art. 49 I S. 3 GRCh bestimmt das deutsche Recht in § 2 IV StGB, dass die Lex mitior-Regel des § 2 III StGB nicht für Zeitgesetze gilt. Nach der Rechtsprechung greift die Ausnahmebestimmung des § 2 IV StGB bereits dann ein, wenn das Strafgesetz nach seinem Inhalt und Zweck erkennbar als vorübergehende Regelung für die Dauer besonderer Verhältnisse gedacht ist. Unter Berücksichtigung der Funktion von Zeitgesetzen und insbesondere im Lichte der Wertungen in Art. 49 und 52 GRCh und der Rechtsprechung zu Art. 7 EMRK ist diese Auslegung des § 2 IV StGB zu weit. Vielmehr müssen Zeitgesetze, ungeachtet weiterer Voraussetzungen einschränkend ausgelegt werden, um den Anforderungen des Art. 103 II GG unter Berücksichtigung der von Art. 7 EMRK geforderten Vorhersehbarkeit und objektiven Erkennbarkeit für den Bürger gerecht zu werden. Zeitgesetze i.S.d. des § 2 IV StGB sind deshalb nur solche, deren Geltung der Gesetzgeber kalendermäßig befristet oder durch den Eintritt eines bestimmten, in absehbarer Zeit eintretenden Ereignisses bedingt hat.

Im Hinblick auf die *Scoppola*-Rechtsprechung des EGMR zu Art. 7 EMRK und dem Grundsatz der völkerrechtskonformen Auslegung der Rechtsprechung des BVerfG, wonach sowohl das einfache Recht als auch das deutsche Verfassungsrecht konventionskonform auszulegen sind, müsste man konsequenterweise alle Einschränkungen des § 2 III StGB, auch die in Form von engen Zeitgesetzen, unterlassen. Das BVerfG ist diesem Auslegungsgebot für den Lex mititor-Grundsatz jedoch bisher noch nicht gefolgt.

Daneben hat die nähere Betrachtung von § 2 III StGB aufgezeigt, dass dem Lex mitior-Prinzip entgegen der Ansicht des BVerfG auch innerhalb der deutschen Normenhierarchie Verfassungsrang beigemessen werden muss. Der Verfassungsrang ergibt sich insbesondere aus der Aufwertung des Prinzips durch die Rechtsprechung des EGMR. Nach den Grundsätzen der völkerrechtskonformen Auslegung sind die Wertungen der EMRK und der Rechtsprechung des EGMR im Rahmen des methodisch Möglichen ins deutsche Verfassungsrecht zu übertragen. Unabhängig davon, ob man das Lex mitor-Prinzip in Art. 103 II GG, Art. 20 III GG oder Art. 3 GG verankert sieht, hat das Lex-mitior Prinzip durch die Aufwertung des EGMR auch im nationalen Recht Verfassungsrang erlangt.

Teil 4

Die Untersuchung zweier nationaler „Einschränkungsmodelle“ des Art. 49 I S. 3 GRCh, die Schließung anpassungsbedingter Sanktionslücken und die Verwendung von Zeitgesetzen, ergab, dass die Schranken-Voraussetzungen des Art. 52 I GRCh lediglich in besonderen Ausnahmelagen oder zum Schutz von besonders schutzwürdigen Rechtsgütern erfüllt werden können. Die bloße Korrektur eines gesetzgeberischen Versehens erfüllt die Voraussetzungen des Art. 52 I GRCh ebenso wenig wie Zeitgesetze, die schlicht aufgrund der Wandelbarkeit zeitlicher Verhältnisse erlassen werden. Die beispielhaften Überprüfungen von § 38 III Nr. 2, III 39 III b, III d WpHG WpHG und § 11 SchwArbG i.V.m. §§ 404, 284 I SGB III ergeben, dass die Kriterien in beiden Fällen nicht erfüllt sind und die Gesetze folglich gegen europäisches Primärrecht verstoßen.

Derzeit besteht zwischen EMRK, GRCh und GG ein stark abgestufter Schutz des Lex mitior-Prinzips. Während die EMRK diesen Grundsatz als schrankenloses Grundrecht anerkennt, sind nach der Grundrechte-Charta Einschränkungen ausnahmsweise erlaubt. Nach dem deutschen Recht gilt aufgrund des derzeit noch einfachrechtlichen Ranges des Lex mitior-Prinzips lediglich ein einfacher Gesetzesvorbehalt. Da sich bisher weder der EuGH noch das BVerfG mit der *Scoppola*-Rechtsprechung des EGMR auseinandergesetzt haben, sind Einschränkungen derzeit nach höchstrichterlicher Rechtsprechung zulässig. Allerdings wenden EuGH und BVerfG unterschiedliche Schranken an. Eine einheitliche Handhabung wäre jedoch, insbesondere wegen des oft unklaren Anwendungsbereiches der Charta, dringend geboten.

Dies würde auch der Linie der Rechtsprechung des BVerfG zur Bestimmtheit von Blankettstrafgesetzen entsprechen, in der neben der Wahrung des Parlamentsvorbehaltes die freiheitsgewährleistende Funktion des Art. 103 II GG hervorgehoben wird. Die Entscheidung des BVerfG zur Ahndungslücke im WpHG, in welcher wiederholt der einfachgesetzliche Rang des Lex mitior-Prinzips hervorgehoben wurde, weist jedoch eine andere Tendenz auf.

Es bleibt zu hoffen, dass das BVerfG zumindest bei der Beurteilung der Rechtmäßigkeit von Zeitgesetzen einen anderen Kurs einschlagen wird und solche nur in besonderen Ausnahmelagen wie etwa einem Krieg oder einer Pandemie oder zum Schutz besonders wichtiger Rechtsgüter zulassen wird.

Literaturverzeichnis

Monographien, Kommentare und Aufsätze

Achenbach, Hans, Das Strafrecht als Mittel der Wirtschaftslenkung, ZStW 119 (4)

Ambos, Kai, Internationales Strafrecht, 5. Auflage, 2018 (zit.: *Ambos*)

Anwaltkommentar StGB, herausgegeben von Leipold, Klaus/Tsambikakis, Michael/Zöller, Mark, 3. Auflage 2020 (zit. *Bearbeiter*, AnwK StGB)

Bäcker, Matthias, Das Grundgesetz als Implementierungsgarant der Unionsgrundrechte

Boch, Thomas, Ist das Blankett mit Rückverweisungsklausel im LFGB verfassungswidrig? Zugleich eine Anmerkung zum Beschluss des LG Staede vom 15. März 2017, ZLR 2017, 317

Bohlander, Michael, Konventionsfreundliche Auslegung von Art. 103 Abs. 2 GG nach Scoppola v Italy (No.2): Verfassungsrang für das Lex-mitior-Prinzip, StraFo 2011

Böse, Martin, Europäisches Strafrecht, in: Enzyklopädie Europarecht (Band 11), 2. Aufl., 2021 (zit. *Bearbeiter*, Enzyklopädie Europarecht)

Bülte, Jens, Weitreichende Sanktionslücken im Wirtschaftsstrafrecht durch die Entscheidung des BVerfG zu § 10 RiFlEtikettG?, BB 2016, 3076

Bülte, Jens, Blankette und normative Tatbestandsmerkmale: Zur Bedeutung von Verweisungen in Strafgesetzen, JuS 2015, 769

Bülte, Jens/*Müller*, Nadja, Ahndungslücken im WpHG durch das Erste Finanzmarktnovellierungsgesetz und ihre Folgen, NZG 2017, 205

Bülte, Jens, Zur Vereinbarkeit einer Blankettstrafnorm mit Rückverweisungs- und Entsprechensklausel mit den Bestimmtheitsanforderungen nach Art. 103 Abs. 2 in Verbindung mit Art. 104 Abs. 1 S. 1 und Art. 80 Abs. 1 GG, Anmerkung zu BVerfG vom 12.3.2020 – 2 BvL 5 /17

Callies, Christian/*Ruffert*, Matthias, EUV/AEUV, 6. Auflage 2022 (zit. Bearbeiter in Callies/Ruffert, EUV/AEUV)

Calliess, Christian, Kooperativer Grundrechtsschutz in der Europäischen Union, JRP 2015

Cornelius, Kai, Verweisungsbedingte Akzessorietät bei Straftatbeständen, 2016 (zit.: *Cornelius*)

Dannecker, Gerhard, Das intertemporale Strafrecht, 1993

Dannecker, Gerhard, Der zeitliche Geltungsbereich von Strafgesetzen und der Vorrang des Gemeinschaftsrechts, Festschrift für Christian Schröder, 2006 (zit.: *Dannecker*, FS Schröder)

Dannecker, Gerhard, Anforderungen des nationalen Strafverfassungsrechts an die Inbezugnahme EU-rechtlicher Verhaltensnormen und an Rückverweisungsklauseln in nationalen Rechtsverordnungen, ZIS 10/2016, 723

Dannecker, Gerhard, Das strafrechtliche Milderungsgebot im Mehrebenensystem des Völker-, Europa- und des nationalen Rechts, Festschrift für Urs Kindhäuser, 2019 (zit.: *Dannecker*, FS Kindhäuser)

Dauses, Manfred/*Ludwigs*, Markus (Hsrg.), Handbuch des EU-Wirtschaftsrechts, 51. EL, 2021

Engländer, Armin, Revitalisierung der materiellen Rechtsgutslehre durch das Verfassungsrecht, ZStW 2015, 127 (3), 616–634

Ernst, Guido P., Blankettstrafgesetze und ihre verfassungsrechtlichen Grenzen, 2018

Kudlich, Hans, Die Relevanz der Rechtsgutstheorie im modernen Verfassungsstaat, ZStW 2015, 127(3), 635

Fischer, Thomas, Strafgesetzbuch, 70. Auflage, 2023 (zit.: *Fischer* StGB)

Flämig, Christian, Steuerrecht als Dauerrecht, 1985 (zit.: *Flämig*)

Frisch, Wolfgang, Voraussetzungen und Grenzen staatlichen Strafens, NStZ 2016, Rn. 23.

Gaede, Karsten, Zeitgesetze im Wirtschaftsstrafrecht und rückwirkend geschlossene Ahndungslücken, wistra 2011, 367

Gaede, Karsten, Gebotene Sorgfalt bei der europäisierten Strafgesetzgebung – unvermeidliche Ahndungslücke im WpHG?, wistra 2017, 41

Gärditz, Klaus Ferdinand, Demokratizität des Strafrechts und Ultima Ratio-Grundsatz, JZ 2016, S. 641

Grabenwarter, Christoph, Europäischer Grundrechteschutz, 2. Auflage 2021 (zit.: *Grabenwarter*)

Grabenwarter, Christoph/*Pabel*, Katahrina, Europäische Menschenrechtskonvention, 7. Auflage 2021, (zit.: *Grabenwarter/Pabel*, EMRK)

Grabitz, Eberhard/*Hilf*, Meinhard/*Nettesheim*, Martin, Das Recht der Europäischen Union EUV/ AEUV, 71. Auflage, 2020 (zit.: *Bearbeiter*, Grabitz/Hilf/Nettesheim)

Graf, Jürgen, Peter/*Jäger*, Markus/*Wittig*, Petra, Wirtschafts- und Steuerstrafrecht, 2. Auflage, 2017 (zit.: *Bearbeiter*, Graf/Jäger/Wittig)

Hamm, Rainer, Richten mit und über Strafrecht, NJW, 2016, S. 1537

Harms, Monika/*Heine*, Sonja, EG-Verordnung und Blankettgesetz–Zum Verhältnis von Gemeinschaftsrecht und nationalem Recht, Festschrift für Knut Amelung, 2009

Kindhäuser, Urs/*Neumann*, Ulfrid/*Paeffgen*, Han-Ullrich (Hrsg.), Strafgesetzbuch, 5.Auflage 2017, (zit.: *Bearbeiter*, NK-StGB)

Hecker, Bernd, Europäisches Strafrecht, 6. Auflage 2021 (zit.: *Hecker*)

Hecker, Bernd, Vermeidung anpassungsbedingter Sanktionslücken im unionsrechtsakzessorischen Blankettstrafrecht de lege ferenda, Festschrift für Rudolf Rengier, 2018 (zit.: *Hecker*, FS Rengier)

Hecker, Bernd, Europäisches Strafrecht: Unionsrechtsakzessorische Blankettstrafgesetze, JuS 2017, 79

Hecker, Bernd, Verfassungswidrige Strafvorschrift im Rindfleischetikettierungsgesetz, Anmerkung zu BVerfG, Beschl. v. 21.9.2016 – 2 BvL 1/15, NJW 2016, 3648f

Heger, Martin/ *Widmann*, Veronika, Rindfleischetikettierung-Judikatur jetzt auch für Schweine – Anmerkung zum Beschluss des BVerfG zur Verfassungsmäßigkeit von § 58 Abs. 3 Nr. 2 LFGB v 11.3.2020, 2 BvL 5/17

Herz, Clara, Blankettstrafgesetze vor dem Bundesverfassungsgericht – Eine Bestandsaufnahme anlässlich BVerfG Beschl. v. 11.3.2020 – 2 BvL 5/17, NZWist 2020, 253

Heselhaus, Sebastian/*Nowak*, Carsten, Handbuch der Europäischen Grundrechte, 2. Auflage 2020 (zit.: *Bearbeiter*, Heselhaus/Nowak)

Honstetter, Nina, Kommentierung zum Vorlagebeschluss des LG Staede: Verfassungswidrigkeit einer Blankettnorm trotz Entsprechensklausel, NZWiSt 2017, 320

Jahn, Matthias/*Brodowski*, Dominik, Krise und Neuaufbau eine strafverfassungsrechtlichen Ultima Ratio- Prinzips, JZ 2016, 970

Jahn, Matthias/*Brodowski*, Dominik, Das Ultima Ratio- Prinzip als strafverfassungsrechtliche Vorgabe zur Frage der Entbehrlichkeit von Straftatbeständen, ZStW 2017, S. 372

Jakobs, Günther, Strafrecht, Allgemeiner Teil, 2. Auflage 2011 (zit.: *Jakobs*)

Jarass, Hans D., Charta der Grundrechte der EU, 4. Auflage 2021 (zit. *Jarass*, GRCh)

Jescheck, Hans-Heinrich/ *Weigend*, Thomas, Lehrbuch des Strafrechts, Allgemeiner Teil, 5. Auflage, 1996 (zit.: Jescheck/Weigend)

Kindhäuser, Urs, Straf-Recht und ultima-ratio-Prinzip, ZStW 2017 (129), S. 386.

Klink, Thomas, Pauschale Ermächtigungen zur Umsetzung von Europäischem Umweltrecht, 2005 (zit.: *Klink*)

Krey, Volker, Deutsches Strafrecht, Allgemeiner Teil, 6. Auflage 2016

Klöhn, Lars/*Büttner*, Siegfried, Generalamnestie im Kapitalmarktrecht, ZIP 2016, 1801

Kretschmer, Bernhard, Rätselraten im Nebenstrafrecht, ZIS 2016, 763f

Kudlich, Hans, Doch keine Generalamnestie im Kapitalmarktstrafrecht, ZBB/JBB 2017, 72

Kudlich, Hans, Die Relevanz der Rechtsgutstheorie im modernen Verfassungsstaat, ZStW 127 (3), 635

Laaths, Wolfgang, Das Zeitgesetz gemäß § 2 Abs. 4 StGB unter Berücksichtigung des Blankettgesetzes, 1991 (zit.: *Laaths*)

Ladewig, Jens/*Nettesheim*, Martin/von *Raumer*, Stefan, EMRK Europäischen Menschenrechtskonvention, 4. Auflage 2017, (zit.: *Ladewig/Nettesheim/von Raumer*, EMRK)

Landau, Herbert, Das ultima-ratio-Prinzip im Strafrecht, Festschrift für Wolfgang Schlick, 2015, S. 533

Leutheusser-Schnarrenberger, Sabine, Fragmentarisches Strafrecht in einer globalen vernetzten Welt, ZStW 2011, 123 (4), 651

Leipziger Kommentar, Strafgesetzbuch, Band 1, 13. Auflage, 2021 (zit.: *Bearbeiter*, LK StGB)

Leipziger Kommentar, Strafgesetzbuch, Band 1, 12. Auflage, 2007 (zit.: *Bearbeiter*, LK StGB, 12. Auflage 2007)

Lorenz, Manuel/*Zierden*, Johannes, Kleine Ursache, große Wirkung – 1. FiMaNoG eliminiert Strafbarkeit nach WpHG, HRRS 2016, 433

Ludwigs, Markus/*Sikora*, Patrick, Grundrechteschutz im Spannungsfeld von Grundgesetz, EMRK, und Grundrechtecharta, JuS 2017, 385

Maas, Heiko, Wann darf der Staat strafen?, NStZ 2015, 305

Maunz, Theoder/*Dürig*, Günter, Grundgesetz GG, 92. Auflage 2020 (zit.: *Bearbeiter*, Maunz/Dürig)

Meyer-Ladewig, Jens/*Nettesheim*, Martin/von *Raumer*, Stefan, EMRK Europäische Menschenrechtskonvention, 4. Auflage 2017 (zit.: *Meyer-Ladewig*, EMRK)

Meyer, Jürgen/*Hölscheidt*, Sven, Charta der Grundrechte der Europäischen Union, 5. Aufl. 2019 (zit.: *Bearbeiter*, Meyer/Hölscheidt, GRCh)

Mosbacher, Andreas, Keine Straffreiheit für Altfälle unerlaubter Beschäftigung von Unionsbürgern, NStZ 2015, 255

Münchener Kommentar zum StGB, Band 1, 4. Auflage 2020 (zit.: *Bearbeiter*, MüKo StGB)

Münchener Kommentar zur StPO, Band 4, 1. Auflage 2018 (zit.: Bearbeiter, MüKo StPO)

Pechstein, Matthias/*Nowak*, Carsten/*Häde*, Ulrich, Frankfurter Kommentar zu EUV, GRCH und AEUV, Bnd 1, 1. Auflage 2017 (zit.: Pechstein/Noak/Häde)

Pohlreich, Endlich ein perfektes Modell unionsrechtsakzessorischer Blankettstrafgesetzgebung durch dynamische Verweisung mit Entsprechensklausel?, HRRS 2020, 481

Prittwitz, Cornelius, Das Strafrecht: Ultima ratio, propria ratio oder schlicht strafrechtliche Prohibition, ZStW 2017, 129 (2); 390

Riedel, Christian, Die Grundrechtsprüfung durch den EuGH, 2020

Rossi, Matthias, Blankettstrafnormen als besondere Herausforderung an die Gesetzgebung – Amnestie als Folge des zu frühen Inkrafttretens des 1. FiMaNoG, ZIP 2016, S. 2437

Rothenfußer, Christoph/*Jäger*, Christian, Generalamnestie im Kapitalmarktrecht durch das Erste Finanzmarktnovellierungsgesetz, NJW 2016, 2689

Systematischer Kommentar zum Strafgesetzbuch, Band 1, 9. Auflage 2017 (zit.: Bearbeiter, SK-StGB)

Satzger, Helmut/*Schluckebier*, Wilhelm/*Widmaier*, Gunter, StGB Strafgesetzbuch, 5. Auflage 2020, (zit.: *Bearbeiter*, S/S/W, StGB)

Safferling, Christoph, Der EuGH, die Grundrechtecharta und nationales Recht: Die Fälle Åkerberg Fransson und Melloni, NStZ, 2014, 545

Sajnovits, ALexander/*Wagner*, Sebastian, Marktmanipulation durch Unterlassen? – Untersuchung der Rechtslage unter MAR und FiMaNoG sowie deren Konsequenz für Alt-Taten -, WM 2017, 1189

Saliger, Frank, Straflosigkeit unterlassener Ad-hoc-Veröffentlichungen nach dem 1. FiMaNoG, WM 2017, 2365

Samson, Erich, Möglichkeiten einer lesgislatorischen Bewältigung der Parteispendenproblematik, wistra 1983, 235

Satzger, Helmut, Internationales Strafrecht, 9. Auflage, 2020 (zit.: *Satzger*)

Satzger, Helmut, Der europarechtlich bedingte Bedeutungszuwachs der Meistbegünstigungsklausel, FS Kristian Kühl, 2014 (zit.: *Satzger*, FS Kühl)

Sauer, Heiko, „Solange" geht in Altersteilzeit – Der unbedingte Vorrang der Menschenwürde, NJW 2016, 1134

Schaut, Andreas, Europäische Strafrechtsprinzipien, 2012

Schönke, Adolf/*Schröder*, Horst, StGB, StGB – Strafgesetzbuch Kommentar, 30. Auflage 2018, (zit.: *Bearbeiter*, Schönke/Schröder, StGB)

Schröder, Christian, Die strafrechtliche Verantwortung zwischen Grundgesetz, BasisVO und dem neuen Lebensmittelgesetz, ZLR 2004, 265

Schröder, Christian, Neue Verteidigungsstrategien im europäischen Wirtschaftsstrafrecht, Festschrift für Volker Mehle, 2009 (zit.: *Schröder*, FS Mehle)

Schützendübel, Charleen, Die Bezugnahme auf EU-Verordnungen in Blankettgesetzen, 2012 (zit.: *Schützendübel*)

Schwarze, Jürgen/*Becker*, Ulrich/*Hatje*, Armin/*Schoo*, Johann, EU-Kommentar, 4. Auflage 2019 (zit.: *Bearbeiter*, Schwarze)

Sommer, Ullrich, Das mildeste Gesetz im Sinne des § 2 Abs. 3 StGB, 1979 (zit.: *Sommer*)

Stage, Diana, Fast (erneute?) Strafbarkeitslücke im Kapitalmarktstrafrecht, jurisPR-StrafR 3/2018 Anm. 1, 2018

Stern, Klaus/*Sachs*, Michael, Europäische Grundrechte-Charta, 1. Auflage 2016 (zit.: *Bearbeiter*, Stern/Sachs, GRCh)

Sturm, Jan Felix, Meistbegünstigte Meistbegünstigung, Gesetzgeberische Reaktionsmöglichkeiten auf versehentliche Generalamnestien und ihre grundrechtlichen Grenzen, NStZ 2017, 553

Thym, Daniel, Blaupausenfallen bei der Abgrenzung von Grundgesetz und Grundrechtecharta, DÖV 2014, 941

Tiedemann, Klaus, Die gesetzliche Milderung im Steuerstrafrecht, 1985

Tiedemann, Klaus, Verfassungsrecht und Strafrecht, 1990

Tiedemann, Klaus, Wirtschaftsstrafrecht, Einführung und Allgemeiner Teil, 5. Auflage 2017 (zit.: *Tiedemann*)

Tiedemann, Klaus, Zeitliche Grenzen des Strafrechts, Festschrift für Karl Peters, 1974 (zit.: *Tiedemann*, FS Peters)

Tuengerthal, Hansjürgen/*Geißer* Janine, Zur seltsamen Vernachlässigung der Rechtsfolgen des § 2 Abs. 3 StGB im Rahmen der Entwicklung der Arbeitnehmerfreizügigkeit im EU-Recht, NZWiSt 2014, 412

Tuengerthal, Hansjürgen/*Rothenhöfer*, Michael, Die Strafbarkeit von Altfällen illegaler Beschäftigung von Rumänen und Bulgaren im Lichte des Europarechts, wistra 2014, S. 417f.

von der *Groeben*, Hans/*Schwarze*, Jürgen/*Hatje*, Armin, Europäisches Unionsrecht, Band 1, 7. Auflage 2015 (zit: *Bearbeiter*, von der Groeben/Schwarze/Hatje)

Wessels, Johannes/*Beulke*, Werner/*Satzger*, Helmut, Strafrecht Allgemeiner Teil, 52. Auflage, 2022 (zit.: *Wessels/Beulke/Satzger)*

Wessing, Jürgen/*Janssen*, Maximilian, Keine Strafbarkeitslücke bei Insiderhandel und Marktmanipulation, EWiR 6/2017, S. 165

Zehetgruber, Christoph, Die EMRK, ihre Rechtstellung sowie die Entscheidungen des EGMR im Stufenaufbau der deutschen Rechtsordnung, ZJS 2016, 52

Sonstiges

Bug, Arnold, Arbeitnehmerfreizügigkeit nach der Osterweiterung der Europäischen Union, Deutscher Bundestag, Wissenschaftliche Dienste, Infobrief WD6- 3010 - 001/11, 2011(zit.: *Bug*)

Europäische Kommission, Mitteilungen der Kommission an das Europäische Parlament, den europäischen Rat, den europäischen Wirtschafts- und Sozialausschuss und den Ausschuss der Regionen, Auswirkungen der Freizügigkeit der Arbeitnehmer im Kontext der EU-Erweiterung, Bericht über die erste Phase, 18.11.2008, KOM (2008) 765 endgültig (zit.: Bericht der EU-Kommission über die erste Phase)

Europäische Kommission, Bericht an den Rat über die Anwendung der Übergangsregelungen für die Freizügigkeit von Arbeitnehmern aus Bulgarien und Rumänien, 11.11.2011, KOM (2011) 729 endgültig, (zit.: Bericht der EU-Kommission über die zweite Phase)

Abkürzungsverzeichnis

AEUV	Vertrag über die Arbeitsweise der Europäischen Union
AmBlEU	Amtsblatt der Europäischen Union
AuslG	Ausländergesetz
AWG	Außenwirtschaftsgesetz
BGBl.	Bundesgesetzblatt
BVerfG	Bundesverfassungsgericht
ChemG	Chemikaliengesetz
DAV	Deutscher Anwaltverein
EG	Europäische Gemeinschaft
EGMR	Europäischer Gerichtshof für Menschenrechte
EMRK	Europäische Menschenrechtskonvention
EU	Europäische Union
EuG	Gericht der Europäischen Union
EuSta	Europäische Staatsanwaltschaft
EUV	Vertrag über die Europäische Union
EWG	Europäische Wirtschaftsgemeinschaft
FPersG	Fahrpersonalgesetz
FPersV	Fahrpersonalverordnung
GRCh	Charta der Grundrechte der Europäischen Union
IfSG	Gesetz über die Verhütung und Bekämpfung
IPbR	von Infektionskrankheiten
IRG	Gesetz über internationale Rechtshilfe in Strafsachen
LFGB	Lebensmittel- und Futtermittelgesetzbuch
MAD	Market Abuse Directive
MAR	Market Abuse Regulation
FiMaNoG	Finanzmarktnovellierungsgesetz
OLAF	Office européen de Lutte anti-fraude
OWiG	Ordnungswidrigkeitengesetz
RbEuHB	Rahmenbeschluss zum Europäischen Haftbefehl
RiFlEttikG	Rindfleischetikettierungsgesetz
Rn	Randnummer
SchwarbG	Schwarzarbeitsgesetz
SGB	Sozialgesetzbuch
StGB	Strafgesetzbuch
StGB-E	Strafgesetzbuch-Entwurf

StPO	Strafprozessordnung
StrÄG	Strafrechtsänderungsgesetz
VO	Verordnung
WpHG	Wertpapierhandelsgesetz
ZP	Zusatzprotokoll

FSC
www.fsc.org
MIX
Papier | Fördert gute Waldnutzung
FSC® C083411

Kolibri 360 GmbH
Ferdinand-Jühlke-Straße 7
99095 Erfurt, Deutschland
produktsicherheit@kolibri360.de

Druck:
CPI Druckdienstleistungen GmbH
im Auftrag der
Kolibri 360 GmbH
Ferdinand-Jühlke-Str. 7
99095 Erfurt